Josef Franz Capesius

Die Metaphysik Herbarts in ihrer Entwicklungsgeschichte

und nach ihrer historischen Stellung. Ein Beitrag zur Geschichte der nachkantischen Philosophie.

Josef Franz Capesius

Die Metaphysik Herbarts in ihrer Entwicklungsgeschichte
und nach ihrer historischen Stellung. Ein Beitrag zur Geschichte der nachkantischen Philosophie.

ISBN/EAN: 9783743671812

Hergestellt in Europa, USA, Kanada, Australien, Japan

Cover: Foto ©Thomas Meinert / pixelio.de

Weitere Bücher finden Sie auf **www.hansebooks.com**

Die Metaphysik Herbart's

in

ihrer Entwicklungsgeschichte und nach ihrer historischen Stellung.

Ein Beitrag zur Geschichte der nachkantischen Philosophie

von

Dr. J. Capesius.

Leipzig,
Heinrich Matthes (F. C. Schilde).
1878.

Vorrede.

Eine Arbeit über Herbart's Metaphysik, die sich heute dem philosophischen Publicum darbietet, bedarf weit mehr als früher der besonderen Motivirung. Denn die Gährung, welche seit einem Jahrzehnt und darüber unserer philosophischen Gedankenkreise sich bemächtigt hat, hat von Bahnen, wie sie Herbart's Metaphysik einschlägt, mehr und mehr entfernt und die Signatur des Tages gibt der Ansicht Raum, dass man im Grossen und Ganzen Herbart's Metaphysik ad acta gelegt habe, so dass es ein Anachronismus wäre, heute noch auf dieselbe zurückzukommen. Einem solchen Einwurf indess begegnet schon der Titel der vorliegenden Schrift, der dieselbe als durchaus **geschichtlich** kennzeichnet. Mag man über den positiven Werth der Herbartischen Metaphysik wie immer urtheilen, so wird doch die historische Untersuchung, die selbst dem obscursten Scholastiker mit Eifer sich zuwendet, doppelt gerechtfertigt sein bei einem System, das jedenfalls für die philosophische Entwicklung Deutschlands von der nachhaltigsten, bis in die Gegenwart hereinreichenden Bedeutung gewesen ist.

Nur die Frage bliebe also noch ins Auge zu fassen, ob nicht durch die bisherigen Leistungen das historische Verständniss für die Lehre Herbart's bereits vollständig erschlossen und ins Reine gebracht wäre. Man könnte dies namentlich hinsichtlich ihrer **Entwicklungsgeschichte**, welche im ersten Theile meiner Arbeit dargestellt ist, um so eher meinen, als dieselbe der historischen Nachforschung nicht viele Anknüpfungspuncte zu bieten scheint. Es ist mir sogar die Bemerkung entgegengetreten, dass bei Herbart von einer durchschaubaren Entwicklung der Gedanken kaum die Rede sein könne. Bei ihm stehe mit einem Male Alles wandellos fertig da, und der Jüngling schon habe dem Manne das System bereitet. Nun ist aber thatsächlich bereits an der Entwicklungsgeschichte der Herbartischen Metaphysik gearbeitet worden, und zwar in begründender Weise von Hartenstein in der Einleitung zu Herbart's kleineren philosophischen Schriften, die er 1842 herausgegeben hat, und neuerdings von Zimmermann, welcher in den Sitzungsberichten der Wiener Akademie (phil.-hist. Cl. 83. Bd. 1876) eine „biographische Studie" über die „Perioden in Herbart's philosophischem Geistesgang" geliefert und sich dabei durchaus auf die Entwicklungsgeschichte beschränkt hat. Wäre uns die Entwicklungsgeschichte Herbart's wirklich so verhüllt, so würde Zimmermann nicht zwei Perioden derselben haben unterscheiden können, deren bei mir — mit gutem Grunde, wie ich glaube — gar vier geworden sind. Meine hiemit angedeutete Abweichung von Zimmermann mag zugleich erkennen lassen, dass ich mich bei seinen Resultaten nicht habe beruhigen können, und das Problem der Herbartischen Entwicklungsgeschichte dadurch nicht für vollständig gelöst erachtete. In der That glaube ich, in nicht unerheblicher Weise über Zimmermann hinausgegangen zu sein. Zwar nicht durch Herbeiziehung neuen Quellenmaterials; ein solches liegt überhaupt für die Entwicklungsgeschichte Herbart's nicht umfangreich vor, und über das bis noch Vorhandene hat Zimmermann — ja zum grössten Theil bereits Hartenstein — ebenso verfügt, als ich. Allein gerade auf diesem Gebiet kann die Verwerthung desselben Materials sehr verschieden ausfallen, und ich möchte hinsichtlich dieser Art der Verarbeitung die anscheinend paradoxe Ansicht aussprechen, dass der Anhänger eines Philosophen am wenigsten in der Lage ist, die Entwicklungsgeschichte desselben zu schreiben. Wie es dem Anatomen passiren kann, dass er an einem ihm theuren Object das Secirmesser nicht mit derselben Kaltblütigkeit und Sicherheit handhabt, wie „in corpore vili", so mag es auch dem Historiker gehen, der ebenfalls sein Object durch die Schärfe der kritischen Untersuchung in die kleinsten Fasern und Fibern zu zerlegen und ihr einstmaliges Zusammenwirken im lebendigen Organismus aufzuzeigen hat. Statt der kühlen, streng causalen Betrachtungsweise, die hier allein am Platze ist, tritt bei dem Verehrer nur zu leicht die Bewunderung für die Grösse und Vollkommenheit des Gegenstandes ein. Statt aufzuzeigen, wie eines aus dem anderen sich entwickelt hat, wie der Philosoph psychologisch determinirt worden ist, bestimmte Lehren auszubilden, weist er ihre logische Strenge und Folgerichtigkeit nach, womit sicherlich keine Entwicklungsgeschichte geliefert ist. Ein angesehener Herbartianer äusserte mir gegenüber einmal, er halte Zimmermann's Arbeit namentlich deshalb für sehr gelungen, weil sie den Nachweis erbringe, wie Herbart bei seinem Auftreten gegen Fichte und Schelling im Rechte sei. In diesem Urtheil zeigt sich auf das Schlagendste die Vermischung der beiden heterogenen Gesichtspuncte, des psychologisch erklärenden und des logisch beweisenden. Als ob eine Darlegung geschichtlicher Entwicklung mit der logischen Rechtfertigung derselben übereinkäme! Allerdings wird es an einer theilweisen Coincidenz beider Betrachtungsweisen in der Entwicklungsgeschichte philosophischer Ansichten nicht fehlen. Nach der eigenen Meinung der Philosophen müsste es ja so sein, dass die psychologische Entstehung ihres Systems nur in logischer Consequenz sich vollzogen hätte, und in einzelnen Puncten werden wir dies wohl auch zutreffend finden. Um so mehr aber ist es geboten, die beiden Gesichtspuncte im Princip strenge aus einander zu halten, zumal im Ganzen doch auch hier der streng geschichtliche Nachweis meist dazu gedient hat, das berüchtigte dictum von der Identität des Wirklichen und Vernünftigen ad absurdum zu führen. Wie leicht die geschichtlich-causale Ableitung einer Lehrmeinung in Widerspruch geräth mit der ungetheilten Bewunderung und Anerkennung derselben, hat die orthodox kirchliche Partei instinctiv gefühlt, als sie gegen die aufkommende historische Erklärung ihrer Lehren Front machte. Ebenso werden auch die Anhänger eines Philosophen gegen die streng causale Darlegung seines Entwicklungsganges vielfach eine feindselige Stellung einnehmen müssen. Denn jene wird, wenn sie unbefangen zu Werke geht, in dem genau aufgezeigten Wirklichen gar manches Unvernünftige entdecken.

In wie weit es mir gelungen ist, in meiner Entwicklungsgeschichte der Herbartischen Metaphysik die psychologische Erklärung in ihr principielles Recht eintreten zu lassen, wird von competenter Seite zu entscheiden sein. Die vielen Unzulänglichkeiten dieses Versuchs, deren ich mir selbst sehr wohl bewusst bin, mögen an der Schwierigkeit der gestellten Aufgabe, sowie an dem primitiven Zustand einer psychologisch erklärenden Geschichtschreibung der Philosophie einige Entschuldigung finden. Jedenfalls hoffe ich genauer, als dies bei Hartenstein und Zimmermann geschehen ist, Aufzug und Einschlag gesondert aufgezeigt zu haben, woraus das Gewebe der Herbartischen Metaphysik entstanden ist. Auch wo ich über die von jenen bereits angegebenen Beziehungen nicht hinausgegangen bin, dürften doch bei mir die Einzelfactoren, durch welche Herbart's metaphysische Entwicklung bedingt wurde, sorgfältiger separirt und in ihrer Function schärfer bestimmt worden sein. So hat selbst das Verhältniss Herbart's zu Fichte, welches von den genannten Autoren eingehend berücksichtigt worden ist, bei ihnen nicht die genügende Beleuchtung erfahren. Es ist zu wenig beachtet worden, wie manches Positive von den Einzelausführungen der Wissenschaftslehre in die Metaphysik Herbart's übergegangen ist, und wie namentlich seine Psychologie — die dann fundirend geworden ist für die Metaphysik — Elemente des Fichte'schen Philosophirens aufgenommen hat. Am augenfälligsten wird meine Abweichung von Zimmermann in der äusseren Abgrenzung und Periodengliederung der Entwicklungsgeschichte sein. Zimmermann setzt als Grenzpunkte derselben die Jahre 1794 und 1802, während ich ihr, gestützt auf die unzweideutigsten Quellenbelege die Zeit von 1788 bis 1806 zuweise. Dadurch tritt dann die erste Periode (1788—1794) in ihr volles Recht ein, welche eine ganz selbständige, und für den besonderen Character des Herbartischen Systems grundlegende Bedeutung bereitet.

Soviel zur Rechtfertigung meines Unternehmens, nach Hartenstein und Zimmermann noch eine Entwicklungsgeschichte der Herbartischen Metaphysik zu schreiben. Dass eine solche als Vorarbeit zu einer richtigen Geschichte unserer deutschen Philosophie geliefert werden müsse, ist heute, wo man so vielfach auf entwicklungsgeschichtliche Betrachtungen drängt, zu allgemein anerkannt, als dass es hier noch besonders erhärtet zu werden brauchte. Die Entwicklungsgeschichte der einzelnen Philosophen nimmt selbst einen breiten Raum ein in der Aufgabe der Geschichte der Philosophie, und ich habe Eingangs des zweiten Theiles, der über die historische Stellung der Herbartischen Metaphysik handelt, kurz darauf hingewiesen, wie die „historische Stellung" eines Philosophen streng genommen allein durch seine Entwicklungsgeschichte bedingt ist. Wollte man an dieser strengen Deutung der üblichen Terminologie festhalten, so bliebe neben der Entwicklungsgeschichte für die Erörterung der geschichtlichen Stellung eines Philosophen kein sonderlicher Platz mehr übrig, denn die letztere ergäbe sich nur als eine unmittelbare Folge aus jener. Der Sprachgebrauch begreift unter „historischer Stellung" weit mehr ein — so viel, dass es schwer sein würde, alle Beziehungen, die er dadurch andeutet, einzeln hervorzuheben. Diesen

weiter gefassten Begriff habe ich im Titel benützt, ohne ihn freilich durch
meine Ausführung auch auszufüllen. Hieraus erwächst der Uebelstand,
dass man im zweiten Theil leicht den einheitlichen Gedanken vermissen
wird, der denselben zu einem für sich bestehenden Ganzen macht. Namentlich werden die Unterabtheilungen sich sehr wenig als die Glieder eines
solchen einheitlichen Gedankens zu erkennen geben. In der That waren
bei Aufstellung derselben auch rein äussere Gesichtspuncte massgebend.
Die Ausdehnung des Vorurtheils, welches Herbart als einen Fortbildner
Kantischer Lehren ansieht, und die gewichtige Geltung der Autoritäten,
auf welche es sich stützt, machte erforderlich, dasselbe in einem gesonderten Abschnitt zu widerlegen, und dadurch das Haupthinderniss für die
richtige historische Einordnung der Herbartischen Metaphysik aus dem
Wege zu räumen.

Nachdem dies geschehen war, konnte in positiver Weise ihre „historisch-systematologische" Stellung bestimmt werden. Was damit gemeint
ist, sagt das Wort wohl deutlich genug: die Stellung, welche dem Systeme
Herbart's unter den übrigen historisch gegebenen Systemen rein nach der
sachlichen Aehnlichkeit oder Verschiedenheit der Lehrmeinungen zukommt.
Eine derartige Eintheilung der Systeme schafft uns die feststehenden Gruppen
derselben, welche nicht nach den zeitlichen Zusammenhängen geschichtlicher
Aufeinanderfolge, sondern nach systematologischen Kategorieen geordnet
sind. Solche Kategorieen in zutreffender Weise zu besitzen, ist bei jenen
Gruppirungsversuchen vor allen Dingen nothwendig. Bisher ist nun
Herbart's System vorzugsweise als Realismus (oder auch wohl als Spiritualismus, Individualismus) bezeichnet worden. Ich glaube nicht nur
einer mehr und mehr emporkommenden philosophischen Richtung, sondern
dem inneren Wesen des Systems selbst Rechnung getragen zu haben,
wenn ich statt jener Frage nach dem Was des realen Weltinhalts die
andere nach der logisch-methodologischen Formung der metaphysischen
Erkenntniss in den Vordergrund rückte, und danach Herbart's System
vorwiegend als Rationalismus bezeichnete. Diese Kategorie bot sich
mir mit hinreichender Schärfe und Bestimmtheit dar; doch reichten sie
zur Characterisirung des Herbartischen Systems noch nicht aus; denn die
gegnerischen Lehren, wie sie gleichzeitig im deutschen Idealismus auftraten, präsentiren sich gleichfalls als reinster Rationalismus. Hier
musste also noch ein, die factisch gegebene Divergenz characterisirendes
Unterscheidungszeichen der beiden Richtungen gefunden werden. Diese
Bestimmung steht in engem Zusammenhange mit den wichtigsten Principienfragen und um so gewagter kann daher mein erster Versuch in
dieser Richtung erscheinen. In der That darf derselbe um so weniger
auf eine allgemeinere Anerkennung rechnen, als die Beleuchtung, welche
der Kantische sogen. Kriticismus dabei erfährt, dem gegenwärtig noch
äusserst verbreiteten Kantcultus zu sehr widerspricht. Auch konnte ich
an diesem Orte keine umfassendere Begründung meiner Ansicht über die
Kantische Philosophie geben. Allein vielleicht stehe ich mit derselben
doch nicht so vereinzelt da, und es mehren sich die Anzeichen, welche
hoffen lassen, dass man in der Zukunft einmal nur von einem Kantischen
Jahrhundert der deutschen Philosophie werde sprechen können, dessen
Ende dann bereits ziemlich nahe gerückt wäre. — Im Zusammenhang
mit der modificirten Auffassung des Kantianismus ergab sich mir der

Gesichtspunct für die Characterisirung der von ihm ausgehenden sogen. idealistischen Strömung, wodurch das Verhältniss derselben zu Herbart bedingt wird. Das Wesentlichste bei den neuen Bestimmungen, die ich hier versucht habe, dürfte sein, dass das methodologische Kriterium, welches sich für die ganze neuere Philosophie als in erster Linie massgebend erweist, in sein principielles Recht eingesetzt worden ist. Der weitere Anblick, den ich hierdurch auch über den Rahmen der Herbartischen Metaphysik hinaus genommen habe, wird es doppelt rechtfertigen, dass ich meine Arbeit als einen Beitrag zur Geschichte der nachkantischen Philosophie bezeichne.

Vollständig orientirt über die historische Stellung eines Systems ist man erst dann, wenn man auch ein Urtheil besitzt über die Giltigkeit oder Ungiltigkeit seiner Lehren — d. h., genau genommen, über sein Verhältniss zum eigenen, für richtig erkannten Standpunct. Und zwar genügt es in dieser Beziehung auch hinsichtlich der gegnerischen Meinungen nicht, nur im Allgemeinen von ihrer Unhaltbarkeit überzeugt zu sein, sondern man muss eine genau formulirte Kritik derselben besitzen. In diesem Zusammenhange bringt der zweite Theil als dritten Abschnitt noch eine kritische Beleuchtung des Herbartischen Rationalismus. Kritisirt ist Herbart wohl genug worden, niemals aber, soviel ich gefunden habe, speciell unter dem Gesichtspuncte des Rationalismus. Und in der That ist es nothwendig, die Kritik im Anschluss an die systematologischen Gruppenbildungen zu üben, in der Weise, dass man ein Gesammturtheil über eine ganze Richtung feststelle, dessen Specialisirung und Individualisirung dann auf die einzelnen Vertreter geht. Ein solches Gesammturtheil wird am sichersten auf inductivem Wege als Resultat aus der Zusammenfassung der Einzelkritiken sich ergeben. In diesem Sinne kann meine Beurtheilung des Herbartischen Rationalismus als ein Beitrag zur Kritik des Rationalismus überhaupt gelten. Hinsichtlich der Zeitgemässheit der Kritik aber mögen die Worte J. St. Mill's noch am Platze sein, mit welchen dieser die Abfassung seiner „Examination of Sir W. Hamilton's philosophy" motivirt: „I had for some time felt, that the mere contrast of the two philosophies (that of Intuition, and that of Experience and Association — nach unserer Terminologie Rationalismus und Empirismus) was not enough, that there ought to be a hand-to-hand fight between them, that controversial as well as expository writings were needed, and that the time was come when such controversy would be useful." Weniger zutreffend allerdings auf den Fall Herbart's wird man in vielen Kreisen die weitere Ausführung Mill's finden: „Considering then the writings and fame of Sir W. Hamilton as the great fortress of the intuitional philosophy in this country, a fortress the more formidable from the imposing character, and the in many respects great personal merits and mental endowments of the man, I thought it might be a real service to philosophy to attempt a thorough examination of all his most important doctrines, and an estimate of his general claims to eminence as a philosopher." (J. St. Mill, Autobiography. London 1873, p. 275). Allein ich möchte in der That behaupten, dass die angeführte Characterisirung unter den deutschen Philosophen am ehesten auf Herbart zutrifft, denn auch der Kantische Rationalismus steht auf schwächeren Füssen als derjenige Herbart's. Sollten wir also wirklich bei einem „hand-to-hand fight" zwischen Rationalismus und Empirismus angelangt sein (und Vieles scheint darauf hinzudeuten) so wage ich mit meiner Arbeit mich als einen Mitstreiter in den Kampf des Tages — wie bescheiden meine Leistung auch sein mag — zu stellen.

Abgesehen davon, dass ich die Kritik Herbart's unter diesem besonderen Gesichtspunct unternehme, ist noch ein Umstand zu bemerken, welcher die früheren Kritiken (ich erinnere mich namentlich an diejenigen Trendelenburg's, Lotze's, Fechner's, Langenbeck's, die auch den neueren Kritikern die Grundlage geliefert haben) für uns als unzulänglich erscheinen lässt. Sie theilen alle mehr oder weniger den Standpunct Herbart's und greifen ihn nicht im Princip, sondern nur in seiner besonderen Gestaltung an. Hinsichtlich der allgemeinen Tendenz zur aprioristischen Construction eines metaphysischen Weltbildes sind sie mit ihm einverstanden, und finden nur in der Einzelausführung Vieles zu tadeln. Das aber genügt heute nicht mehr; der principielle Boden für den Kritiker ist gegenwärtig ein anderer. — Bei dieser eigenartigen Anlage meiner Beurtheilung hielt ich es für überflüssig, in einzelnen Puncten, in denen ich mit den früheren Kritikern übereinstimme, auf diese näher Bezug zu nehmen. Um so eher durfte ich hier auch unberücksichtigt lassen, was gegen dieselben von Seiten der Herbartischen Schule zur Vertheidigung ihrer Lehren gesagt worden ist. Weshalb eine solche Berücksichtigung überhaupt nicht geboten war, habe ich in Anm. 23 kurz angedeutet.

Der ursprünglich und wesentlich bestimmende Grund allerdings, zufolge dessen ich meine Kritik nicht in Anlehnung an vorgängige Leistungen habe auftreten lassen, ist ihre durchaus selbständige Entstehung. Ich war durch einen besonderen Studiengang veranlasst worden, mich völlig in die Herbartische Metaphysik hineinzuarbeiten, und ich habe mich selbstthätig aus derselben auch wieder herausgearbeitet. Nach diesem seinem objectiven Ursprung bildet auch mein Schriftchen ein einheitliches, untrennbares Ganze. Allerdings war die kritische Betrachtung bei mir das erste, und aus ihr erst ergab sich das Bedürfniss nach einem entwicklungsgeschichtlichen Verständniss für die Lehre Herbart's. Sobald dieses aber einmal erwacht war, sah ich ein, dass die Entwicklungsgeschichte der Ansatzpunct sei für alle übrigen Betrachtungen. Nach diesem Gesichtspunct gestaltete sich denn auch der weitere Gang meiner Ueberlegungen, deren innerer Zusammenhang sich kurz folgendermassen markiren lässt: Die Metaphysik Herbart's offenbart sich in ihrer Entwicklungsgeschichte als ein in positivem Sinne zunächst an Wolff anschliessender logischer Rationalismus. Daher ist es unzulässig, sie, wie es noch grossentheils geschieht, mit Kant und dem Kantianismus in Zusammenhang zu bringen. Zugleich ergibt sich aus jener allgemeinen Characterisirung des Systems der fundamentale Gesichtspunct, von dem aus wir uns heute kritisch mit demselben abzufinden haben.

Schliesslich erlaube ich mir noch an diejenigen, welche dem Büchlein nähere Aufmerksamkeit widmen, die Bitte, bei der Lectüre desselben von dem sehr specialisirten Inhaltsverzeichniss Gebrauch machen zu wollen. Hier tritt die Gliederung der Gedanken besser hervor als im Text, wo sie durch die fortlaufende Darstellung leicht verdeckt wird.

Der Verfasser.

Inhaltsverzeichniss.

I. Theil.
Die Entwicklungsgeschichte der Herbartischen Metaphysik.

I. Schulbildung. Das logisch-rationalistische Fundament 1
Frühe philosophische Einflüsse 1. *Selbstthätige Verarbeitung derselben* 2. *Allgemeiner Character und grundlegende Bedeutung dieser ersten philosophischen Bethätigung* 2 f.

II. Universitätsaufenthalt. Fichte's Wissenschaftslehre. Princip und Methode der Philosophie 3
Erste Beschäftigung mit der Wissenschaftslehre: Mächtige Einwirkung Fichte's 3 f. Logische Prüfung einzelner Sätze der Wissenschaftslehre 4. Annäherung an Fichte 5.
Begründung der eigenen Position in der Kritik Schelling's: Spinoza und Schelling 7 f. Herbart's Stellung zur Wissenschaftslehre 8 f. Kritik der Schelling'schen Schriften; allgemeine Bedeutung dieser Kritik 9. Wesen des Princips; das Ich als Princip 10. Das Verhältniss von Denken und Sein (Idealismus und Realismus) 11 f. Das absolute Sein 12 f. Unklare Stellung in der Frage nach Idealismus oder Realismus 13 f.
Die entwicklungsgeschichtlichen Zusammenhänge: Vorwiegend formales Interesse Herbart's; Anknüpfungspuncte dafür in der Wissenschaftslehre 15. Fortbildung derselben in logisch-rationalistischem Sinne (Princip und Methode der Philosophie) 15 f. Reaction gegen die Wissenschaftslehre, erklärlich aus deren abweichenden Motiven und Tendenzen 16. Fichte's Freiheitsstreben von Herbart nicht getheilt 17. Sein Sinn für die Wirklichkeit (Realismus). Das eleatische Sein. Logische Reflexion über Begründen und Folgern 18. Bedeutung der neuen Errungenschaften 19.

III. Erzieherwirksamkeit. Die psychologische Richtung. Auflösung des Ich-Problems und Grundlegung der Psychologie . . 19
Einflüsse der neuen Lebensstellung: Kräftigung des Wirklichkeitssinnes und der Tendenz zur Abschliessung und Selbstständigkeit 19 f. Erzieherische Thätigkeit; deterministisch-psychologische Ueberlegungen 20.
Philosophischer Erwerb: Intensive speculative Bemühungen. Ausblick auf den philosophischen Lebensberuf 21. Entwurf der Wissenslehre; Problemstellung und Plan zur Lösung 22 f. Process der Vorstellungsbildung 23 f. Die Wechselwirkung unter den Vorstellungen (Hemmung, mathematische Psychologie) 24 f. Die Bildung abstracter Begriffe; das Ich 25.
Die entwicklungsgeschichtlichen Zusammenhänge: Zusammenhang mit Fichte 25 f. Originelle Leistung in Anleh-

nung an die Erfahrung und das Vorbild der exacten Wissenschaft; Gegensatz gegen Fichte 27 f.

Character und Bedeutung des neuen Erwerb's: Specifisch-psychologischer Character desselben 29. Geringe metaphysische Bedeutung; in dieser Richtung kein Fortschritt 29 f. Andere Schätzung bei Herbart selbst 30 f. Abgrenzung der Periode 32.

IV. Vorbereitung zum akademischen Beruf und erste Ausübung desselben. Die griechische Philosophie und die positiven Wissenschaften. Abschluss des metaphysischen Systems. 32

Aeussere Lebensumstände. Pädagogische Arbeiten. Beschäftigung mit Mathematik und den Griechen 32 f.

Die Thesen: Ungerechtfertigte Deutung derselben durch Hartenstein und Zimmermann 33. Der Inhalt der Thesen führt über den Standpunct des „ersten Entwurfes" nicht hinaus 34 f. Eigene Aeusserungen Herbarts über den mangelnden Abschluss eines Systems 35.

Erste philosophische Schriften: Der Plan zu philosophischen Vorlesungen 36. Die Abhandlung über Platon 36 f. Abschluss des Systems in den Hauptpuncten der Metaphysik 37 f.

Die entwicklungsgeschichtlichen Zusammenhänge: Ueberblick 38. Die Probleme der äusseren Erscheinungswelt den Griechen entlehnt 39. Analogie mit dem Ich-Problem; die physikalisch-chemische Erklärung der Körperwelt 40 f. Psychologische Analogieen 41. Allgemeine Formulirung des Lösungsverfahrens: Methode der Beziehungen 41 f. Umstempelung der psychologischen zu allgemein metaphysischen Vorstellungsweisen 42 f. Zusammenhang mit Fichte 43 f. Spiritualisch-monadologische Metaphysik 44. Die synechologischen Untersuchungen 45.

Allgemeiner Character dieser Periode 46.

Schlusswort. Zusammenfassung 46. Eigenartiger Character der Entwicklung Herbart's. Rationalistische Grundrichtung 47.

II. Theil.

Die historische Stellung der Herbartischen Metaphysik.

I. Verhältniss zu Kant 48

Wie hat Herbart Kant verstanden? Haupttheile, die er in der Kantischen Lehre unterscheidet 49. Verschiedene Würdigung derselben: am wichtigsten der Kantische Seinsbegriff 49 ff. Daraus resultirender Gesammtcharacter der Kantischen Lehre 51.

In welchem Sinne nennt er sich Kantianer? Einziger Stützpunct die absolute Position 51 f.

Mit welchem Rechte? Die absolute Position Kant's 53. Die absolute Position Herbart's 54. Völlige Divergenz beider Begriffe 55.

Mangelhaftes Verständniss Herbart's für die Lehre Kant's: Hinsichtlich der „Formen der Erfahrung" 56. Hinsichtlich des Problems der Synthesis a priori (Unzulänglichkeit des eigenen Lösungsversuchs) 56 ff. Hinsichtlich der Seelenvermögen 58. Entwicklungsgeschichtlicher Erklärungsgrund dafür (vergl. S. 35) 58 f.

Resultat: Durchaus negirende Stellung Herbart's zu Kant 59.

II. Historisch-systematologische Stellung 59

Skizzirung der benachbarten Erscheinungen: Der Wolffische Rationalismus 59 f. Der vorkritische Kant 60. Der

Empirismus Hume's 60 f. Der Kantische Kriticismus und sein principieller Irrthum 61 f. Ausbildung dieser Richtung bei den Nachfolgern Kant's 62 ff. Der psychologische Rationalismus 64. Die Metaphysik Herbart's: Logisch-rationalistischer Character 64 f. Verwandtschaft mit Wolff 65 f. Aeusserungen über den Empirismus 66 f. Geschichtliche Würdigung der Herbartischen Metaphysik 67 f. Vergleichung des Resultates mit den Ergebnissen der Entwicklungsgeschichte 68.

III. Kritische Beleuchtung des Herbartischen Rationalismus 69

Einleitendes: Hauptgegensatz in der heutigen Philosophie derjenige zwischen Rationalismus und Empirismus; typische Ausprägung des Rationalismus bei Herbart 69. Characterisirung dieses Typus durch Kant 69 f.

Die rationalistische Grundlegung: Das Problem der Synthesis a priori bei Herbart 70 f. Vermeintliche Lösung durch Bearbeitung gegebener Widersprüche (Meth. d. Bezieh.) 71. Ein Widerspruch gegen das Identitätsgesetz kann nicht gegeben werden: die vermeintlichen Widersprüche von Herbart nicht gelöst (das Ding m. mehreren Merkmalen, die Veränderung, das Continuum, das Ich) 72—76. Die Lösung gegebener Widersprüche begründet keine besondere rationalistische Methode und führt nicht über die empirisch giltigen Urtheile hinaus 76 ff. Das Problem bleibt somit ungelöst 78. Die unbewiesenen Synthesen a priori im Seinsbegriff 78 f. Verhältniss zur Erfahrung: Ausgleichsversuch durch Einführung des „Geschehens" 79.

Aufbau des Systems in der Theorie des wirklichen Geschehens: Die zufälligen Ansichten (Hinfälligkeit der ihnen zu Grunde liegenden Analogieen aus Mathematik, Mechanik, Psychologie) 80—83. Die Störungen und Selbsterhaltungen 83 ff. Das Vorbild für dieselben: die psychologischen Hemmungen 85 f.

Resultat: Erfahrung und Denken bei Herbart unzulänglich 87 f., fehlerhaft 88 f., unter einander nicht übereinstimmend 90.

Schlusswort. Zusammenfassung 90. Historisches Verdienst und relative Vorzüge der Herbartischen Metaphysik 91 f. Hinweis auf eine Gesammtwürdigung Herbart's (seine Psychologie, Pädagogik, Ethik) 92 ff.

Anmerkungen 95

Störende Druckfehler.

Seite	Zeile			statt:		lies:
„ 5	„ 6	von unten	„	unserem	„	unseren.
„ 22	„ 12	„ oben	„	Wissenschaft	„	Wissenslehre.
„ 25	„ 8	„ „	„	L. IV	„	LIV.
„ 32	„ 1	„ unten	„	Privatstunden	„	Privatstudien.
„ 35	„ 3	„ oben	„	den	„	die.
„ 69	„ 15	„ „	„	Cordinotion	„	Cordination.
„ 94	„ 14	„ „	„	freisinnige	„	feinsinnige.
„ 96	„ 13	„ „	„	demselben	„	denselben.
„ 96	„ 18	„ unten	„	wollen	„	sollen.

Anführungszeichen sind ausgelassen:

S. 23, Z. 22 von oben, hinter: könnte), S. 24, Z. 24 von unten, vor: Aber, S. 26, Z. 20 von unten vor: Wechsel-Thun, S. 56, Z. 1 von unten, hinter: fasst, S. 97, Z. 10 von oben, hinter: Nothwendigkeit.

Durch eine nachträgliche Aenderung des Satzes ist eine Reihe von Seitenangaben, welche sich auf frühere Stellen des Buches beziehen, unrichtig geworden und sind folgende richtige Seitenzahlen an die Stelle zu setzen: S. 8, Z. 2 von unten: **8**, S. 10, Z. 3 von unten: **6**, S. 11, Z. 11 von oben: **8**, S. 14, Z. 3 von unten: **8 f.**, S. 22, Z. 22 von unten: **10 f.**, S. 26, Z. 12 von oben: **7**, S. 29, Z. 9 von oben: **22**, S. 30, Z. 1 von oben: **23 f.**, S. 34, Z. 17 von unten: **14**, S. 40, Z. 10 von oben: **24**, S. 40, Z. 25 von unten: **22**, S. 43, Z. 14 von unten: **26**, S. 54, Z. 4 von oben: **18**, S. 55, Z. 12 von unten: **11**, S. 56, Z. 1 von unten: **8**, S. 57, Z. 19 von unten: **15,41 f.**, S. 65, Z. 13 von oben: **34**, S. 76, Z. 21 von oben: **15**, S. 86, Z. 16 von oben: **25**

I. Theil.
Die Entwicklungsgeschichte der Herbartischen Metaphysik.

I. Schulbildung.
Das logisch-rationalistische Fundament.

Die geistige Entwicklung jedes Einzelnen beruht auf der Wechselwirkung zwischen Individualität und Ueberlieferung. Sie vollzieht sich als ein Apperceptionsprocess[1]), durch welchen die Individualität die überlieferten Stoffe in sich aufnimmt und verarbeitet — verarbeitet zu wesentlich neuen Resultaten, wenn wir es mit einem hervorragenden Geist zu thun haben, dessen Auszeichnendes eben in der schöpferischen Kraft der Individualität besteht. In der Darlegung dieses Processes — wie die specielle Gestaltung jener beiden Factoren und die besondere Art ihres Zusammenwirkens das Zustandekommen einer bestimmten geistigen Bildung bedingt — findet die Entwicklungsgeschichte eines individuellen Geisteslebens ihre Aufgabe.

Die gleichen Gesichtspuncte sind massgebend für die Entwicklungsgeschichte eines philosophischen Systems, denn ein solches bildet nur eine besondere Seite im Geistesleben seines Urhebers.

Mag streng genommen bei jeder Entwicklung die individuelle Anlage, der Boden gleichsam für die lebensfähigen Keime, das Primäre sein, so gibt sich dieselbe doch erst in ihrer Bethätigung an der einwirkenden Ueberlieferung zu erkennen und wird anfangs durch letztere selbst so überwiegend bedingt, dass diese zuerst in bestimmten Umrissen der Betrachtung sich darbietet.

Auf Herbart wirken schon früh specifisch philosophische Einflüsse, welche für die Grundlegung seiner philosophischen Entwicklung als bedeutsam erscheinen. Er geniesst frühzeitig einen vorzüglichen Privatunterricht (Herbart's kleinere philos. Schr., herausgeg. v. Hartenstein 1842. Bd. I. Einl. S. VII. f. und Herbartische Reliquien, herausgeg. v. Ziller 1871. S. 3) und lernt dabei bereits als Knabe von 11 Jahren die Logik (Rel. S. 158). Der Religionsunterricht berührt „vielfach Fragen aus der Moral, der Psychologie und der Metaphysik, nach dem Zuschnitt einer vorzüglich zur Wolffischen Philosophie sich hinneigenden Denkart" und Hartenstein, dem wir diese Mittheilungen danken, meint, dass jedenfalls „gerade dieser Unterricht das philosophische Bedürfniss Herbart's zuerst geweckt und ihm Nahrung zugeführt habe." (Kl. Schr. I. S. VIII) In Prima des Oldenburgischen Gymnasiums — welches Herbart 1788 bis 1794 besuchte — erhält er Unterricht in der Philosophie nach Baumeister's Institutiones philosophiae rationalis methodo Wolfii conscriptae (Rel. S. 3 u. 4), einem Buch, welches jenen Wolffischen „Geist der Gründlichkeit," den breit angelegten Formalismus der Schule, getreulich zum Ausdruck bringt. Dass er auch über die Anforderungen des Unterrichts hinaus mit herrschenden philosophischen Lehrmeinungen sich vertraut machte, bezeugt die spätere Aeusserung von ihm, dass sein philosophishes Denken „jahrelang von dem Eintritt in die Fichte'sche Schule" — dieser erfolgte aber bereits 1794 — „durch Wolffische und durch Kantische Lehren in Gang gesetzt war, natürlich in weiterem Umfange, als den die bekanntlich sehr enge Fichte'sche Schule hätte eröffnen können" (Sämmtl. Werke VII. S. 363). Auf nähere Beschäftigung mit Kant deutet noch die Notiz, dass er bei seinem Abgang vom Gymnasium (Ostern 1794) in einer lateinischen Abschiedsrede Cicero's und Kant's Gedanken über das höchste Gut und den Grundsatz der practischen Philosophie verglich (Rel. S. 6).

Die letztangeführten Daten weisen darauf hin, dass Herbart schon während seiner Schulzeit nicht bei blossem Aufnehmen, schulmässigem Aneignen dargebotener Lehrstoffe stehen blieb, sondern dieselben bereits selbstthätig zu verarbeiten suchte. In der That heisst es in der kurzen Vorbemerkung zur ersten, der Hauptsache nach vollständigen Darstellung seiner Metaphysik — den „Hauptpuncten" vom Jahre 1806: „In der Stille sind die Gedanken, deren kürzeste Bezeichnung hier erscheint, während des Laufs von achtzehn Jahren auf eigenem Boden gewachsen und gezogen" (III. 2). Demnach hätten wir den Anfang selbstthätiger philosophischer Entwicklung bei Herbart vom Jahr 1788, in welchem er (geboren 4. Mai 1776) sein 12tes Lebensjahr erfüllte, zu datiren. Als Beweis, „dass er sehr bald angefangen, fremde ihm mitgetheilte Gedanken selbständig zu verarbeiten und zu prüfen" führt Hartenstein einen kleinen handschriftlich erhaltenen Aufsatz mit der Ueberschrift: Etwas über die Lehre von der menschlichen Freiheit, vom Jahre 1790 an (Kl. Schr. I. S. IX), welcher in der That schon recht gewandt mit dem „Trieb nach Glückseligkeit", dem „Erfahrungssatz, dass jeder Zustand der menschlichen Seele in dem nächstvorhergehenden gegründet sei," der „lex continui", und anderem philosophischen Rüstzeug operirt. Ueber das Zustandekommen des Aufsatzes spricht sich Herbart selbst 10 Jahre später in bezeichnender Weise aus: „Uelzen's" (des frühern Privatlehrers) „Logik steckte mir mächtig im Kopfe; so auch seine vielen Triebe und Fähigkeiten des Menschen. In der Einleitung zu Less „von der Wahrheit der christlichen Religion" aber hatte ich Gründe gegen die Freiheit oder vielmehr Winke dazu gefunden. Nun mussten meine philosophischen Axiomen und Definitionen herbei, mussten sich verarbeiten lassen, wie sie konnten, um mir einen Begriff von Freiheit und Nichtfreiheit zu geben" (ebd. S. X).

So spärlich diese Andeutungen sind, lässt sich aus ihnen doch entnehmen, in welcher Richtung Herbart's philosophische Individualität sich zunächst entwickelte. Einen Hauptzug derselben bildet gewiss der „Trieb nach Bestimmtheit, Klarheit und Zusammenhang", der sich schon bei dem Knaben „in einem für ein so frühes Alter nur sehr selten vorkommenden Grade" verrieth (ebd. S. VIII). Dieser Trieb zeigt sich thatsächlich wirksam in den sorgfältigen Begriffsbestimmungen, in den klaren und umsichtigen Erörterungen jenes Aufsatzes über die Freiheit. Ebenso wenig lässt die den Regeln der formalen Logik genau entsprechende Fassung und Anordnung der Sätze in demselben eine strenge logische Schulung verkennen, welche auf Grund dieser frühen Uebung Herbart gleichsam zur zweiten Natur wurde und dadurch ebenfalls einen wichtigen Factor seiner philosophischen Individualität abgab.

Die Hauptquelle, aus welcher Herbart seine erste philosophische Bildung schöpfte, war jedenfalls der Wolffische Rationalismus und wir dürfen annehmen, dass ihn sein früh erwachter philosophischer Trieb nicht bei einzelnen Seiten des Lehrgebäudes verharren liess, sondern zur Einsichtnahme in die principiellen Grundlagen und systematischen Zusammenhänge drängte. Und nicht bloss aufgenommen, sondern auch innerlich verarbeitet wurden diese Einflüsse, welche Materie und Form hergaben zu den ersten selbständigen philosophischen Versuchen, deren Bedeutung für seine weitere Entwicklung Herbart selbst wiederholt hervorhebt. Sicherlich wurde er dadurch auch in Tendenz und habitus jenes Rationalismus*) eingeführt, welcher in dem, von wenigen Definitionen und schlechthin gewissen Axiomen syllogistisch fortschreitenden Denken das höchste constitutive Princip, das schöpferische Werkzeug alles echten Wissens erkannte.

Dass wir in der That berechtigt sind, dieses erste Bildungselement, welches sich die Individualität Herbart's wirksam aneignet, als Fundament für seine weitere philosophische Entwicklung anzusehen, dass die tüchtige logisch-formale Bildung und die damit verbundene rationalistische Tendenz, die er aus den Kreisen der Wolffischen Schule überkommt, das Apperceptionsorgan abgibt für alle philosophischen Einflüsse, die weiterhin auf ihn einwirken, kann erst die Darlegung dieser Folgeentwicklung selbst zeigen.

II. Universitätsaufenthalt.

Fichte's Wissenschaftslehre. Princip und Methode der Philosophie.

An weiteren Einflüssen der gewichtigsten Art konnte es nicht fehlen, als Herbart Ostern 1794 die Universität Jena bezog, wo damals die von Kant eingeleitete philosophische Bewegung sich concentrirte. Eben begann Fichte, der neueste und hervorragendste Interpret und Fortbildner des Kriticismus, dort seine academische Lehrthätigkeit und liess vor begeisterten Zuhörern das neue System der Wissenschaftslehre erstehen, das, getragen von einer gewaltigen Persönlichkeit, die schon anderwärts erregten Gemüther zum höchsten Enthusiasmus fortriss.

Da hatte sicher auch im jungen Herbart die alte Schulweisheit einen schweren Stand vor dem blendenden Glanz des neu aufgehenden Gestirns. Doch war ihre Herrschaft viel zu fest begründet, als dass sie leicht und willig den Platz geräumt hätte, und von der tiefgehenden und andauernden Erschütterung, welche Herbart's Gedankenkreis hiebei erfuhr, gibt er selbst in einem Brief vom 28. August 1795 (also nach bereits anderthalbjährigem Aufenthalt in Jena) eine sehr anschauliche Schilderung: „Aus einer Art von Ohnmacht des Körpers und Geistes glaube ich nachgerade zu erwachen. Da ich hieher kam, änderten sich meine Beschäftigungen so sehr, wie alle meine anderen Verhältnisse. Die Wissenschaftslehre machte, um für ihr unendliches Ich Platz zu gewinnen, eine unendliche Leere in meinem Kopfe. In ein Labyrinth von Zweifeln verwickelt werden, das kann vielleicht zu desto angestrengterer Thätigkeit spornen; aber unter mir wich aller Grund und Boden, betäubt lag ich da; ohne selbst mir helfen zu können, musste ich mich der Hand überlassen, die mich nur langsam wieder aufrichten konnte und wollte. Dies traf zwar nur das, wovon ich theoretisch überzeugt zu sein glaubte, aber damit verlor ich den Stoff zum eigenen Denken, das, was mich, es mochte noch so unbedeutend oder falsch sein, doch wenigstens am interessantesten beschäftigt, worin ich gleichsam gelebt und gewebt hatte." (Rel. S. 20 f.) Wie tief mussten die philosophischen Ueberzeugungen in Herbart's Geist bereits Wurzel geschlagen haben, wenn ihre Erschütterung so nachhaltig auf seinen ganzen Gemüthszustand zurückwirken konnte.

Auch hatte es, ehe er vor dem unendlichen Ich den Stoff zum eigenen Denken verlor, nicht an Versuchen gefehlt, die Wissenschaftslehre nach den gewohnten Massstäben zu prüfen. Noch immer wie damals, als er über die menschliche Freiheit philosophirte, steckte ihm die Logik mächtig im Kopfe und es mussten ihre Formeln herbei, um über die Sätze der Wissenschaftslehre Klarheit zu verschaffen. In der That sind die ersten Bedenken, die ihm dabei aufstiegen und noch im ersten Semester Fichte übergeben wurden (XII. 3 f.), logisch formaler Natur. Die Formel, auf der sich der zweite Grundsatz der Wissenschaftslehre aufbaut: — A nicht = A, scheint ihm nichts anderes zu besagen, als die Formel — A = — A, folglich wäre sie gleichbedeutend mit der ersten: A = A; und die Denkbarkeit eines solchen Subjectes — A bliebe immer noch fraglich. Der zweite Einwand will unterschieden wissen zweierlei Arten der Entgegensetzung: — A und 0 A (Null mal A). Die erste bedeutet Setzung einer negativen Grösse, die zweite völlige Aufhebung²). Aus dem Satz: 0 A nicht = A könnte gefolgert werden: das Ich setzt sich gegenüber ein 0 Ich. Ein solches aber würde in unauflöslichen Widerspruch mit dem Ich treten, indem es dasselbe nicht begrenzte, sondern völlig aufhöbe. — Der letztere Einwurf zeigt bereits die Aufmerksamkeit auf den Widerspruch im Verhältniss des Ich und Nicht-Ich, die Hauptschwierigkeit, welche Fichte's System drückte.

Allein zunächst sollte es doch nicht zu einer consequenten Durchführung der Polemik kommen. Auf logische Bedenken, wie die obigen, mochte die Mahnung Fichte's erfolgen, „nicht an den Buchstaben des Einzelnen zu kleben, sondern alles aus dem Gesichtspuncte des Ganzen anzusehen" (Rel. S. 21). In der That ist damit diejenige Seite der Wissenschaftslehre gekennzeichnet, welche ganz geeignet erscheint, Herbart's logisch-formales Streben anzuziehen: ihre systematische Vollendung und Geschlossenheit, die das Streben nach philosophischem Zusammenhang der Erkenntniss im höchsten Masse befriedigen musste. In dieser

II. Universitätsaufenthalt.

Richtung vollzog sich jedenfalls seine grössere Annäherung an Fichte, von welcher Hartenstein (Kl. Schr. I. S. XVII) spricht und die so weit ging, dass Herbart selbst nachmals äussern konnte: „Eine Zeit lang ist Fichte'n vielleicht keiner seiner Schüler näher gewesen als ich" (Ungedruckte Briefe von und an Herbart, herausgeg. v. Zimmermann 1877. S. 39). In gleichem Sinne heisst es in dem bereits citirten Brief vom 28. August 1795: „Erst seit kurzem schimmert mir der Geist der Wissenschaftslehre hell genug durch ihren anscheinend paradoxen Buchstaben, um mich die Stunden ansfüllen zu lehren, die ich vorher im Unmuth über mich zu verlieren pflegte" (Rel. S. 21). Im Verfolg spricht er sich über Fichte aus, an welchem er am meisten „die Totalität seines Geistes, welche sich auch in seinem System so sehr zeigt," bewundert. Fichte's Forderung, die Philosophie müsse alle Geistesvermögen des Menschen in Anspruch nehmen, und den Vorwurf mangelnder Einbildungskraft, den jener wider die Philosophen erhebt, führt er beifällig an, und hiemit scheint das Stadium in der Entwicklung Herbart's gekennzeichnet, wo er eine befreundetere Stellung zur Wissenschaftslehre einnimmt.

Lange über den erwähnten Zeitpunct hinaus dauerte dieselbe aber keinesfalls, sondern schlug bald in eine Reaction um. Die erste skeptische Aeusserung tritt uns entgegen in einem Brief vom 1. Juli 1796: „Besonders bin ich für diesen Sommer stark beschäftigt, endlich mit der Wissenschaftslehre aufs Reine zu kommen, d. h. — im Vertrauen gesagt — mir selbst eine zu machen, denn ob ich gleich ohne Fichte zu gar Nichts gekommen sein würde, so kann ich doch von seinem Buch, so wie es bis jetzt da ist, eigentlich nicht eine einzige Seite als reinen Gewinn für die Wahrheit ansehn" (Rel. S. 28). „Meine Philosophie oder mein Philosophiren geht mehr und mehr seinen eigenen Gang" schreibt er am 30. Juli 1796 (ebd. S. 33) und erklärt, dass er sich immer „unabhängiger von den verbis magistri" mache (S. 30).

Somit befand sich Herbart bereits im Sommer 1796 in bewusstem Gegensatz zu Fichte, wogegen allerdings streiten würde, wenn wir mit Hartenstein (Kl. Schr. I. S. XXIII) und Zimmermann (Sitz.-Ber. der Wiener Akad. 83. Bd. 1876. S. 186) in einem um die gleiche Zeit verfassten Aufsatz (XII. 4 dort fälschlich auf 1794 verlegt, die richtige Correctur gibt Zimmermann a. a. O. S. 185) noch einen Ausdruck der Anhängerschaft Herbart's an Fichte sehen wollten. Allein derselbe verräth bereits in dem Masse die wesentlich modificirte Auffassung der Wissenschaftslehre durch Herbart, dass er mir vielmehr die ersten Schritte zu kennzeichnen scheint, welche Herbart that, sich eine eigene Wissenschaftslehre zu schaffen.

Die einleitenden Worte der Abhandlung geben in bemerkenswerther Weise dem Interesse Ausdruck, welches Herbart durch die Wissenschaftslehre hauptsächlich zu befriedigen suchte. In der grossen Frage: „Wie sind synthetische Urtheile a priori möglich?" hat Kant das Bedürfniss der ganzen Vernunft zusammengefasst. Auf Synthesis geht unser wissenschaftliches Forschen; neue Vorstellungen wollen wir mit unserem bisherigen verbinden, die Grenzen unseres Gesichtskreises erweitern. So wird uns eine Wissenschaft Bedürfniss, welche zeige, ob nicht etwa das Ganze unseres bisherigen Gedankenkreises schon die Bedingungen seiner Erweiterung enthalte. Synthesis ist das Wesen dieser Wissenschaft.

Sie wird daher auch, wenn sie nur überhaupt möglich ist, „in allen ihren Theilen synthetisch zusammenhängen, von Einem Puncte aus wird man sie ganz durchlaufen können. Ein Grundsatz wird den ganzen Inhalt derselben bezeichnen, in ihm wird die ganze Idee der Wissenschaft concentrirt sein; er wird selbst die reinste Synthesis sein und zu allen übrigen Synthesen führen müssen" (XII. 5).

Die Forderung des Einen Grundsatzes, die hier kaum aus der inneren Consequenz des eingeschlagenen Gedankenganges, sondern mehr als Einbiegung in bekannte Bahnen auftritt, ist allerdings gut Fichtisch. Auch das Folgende scheint noch ganz im Sinne der Wissenschaftslehre gehalten: dass nur im Begriff des Ich die völlig reine Synthesis sich finde, da derselbe, rein gedacht, bloss den Begriff des sich selbst Vorstellens enthalte, so dass die beiden Verbundenen — das Vorstellende und das Vorgestellte Eins und Dasselbe seien. „Allein eben darum ist auch diese Synthesis für sich allein gar nicht denkbar, es kann Nichts zusammengesetzt werden, wenn nichts Verschiedenes da ist. Daher muss dieses vorgestellte Ich in gewisser Rücksicht ein anderes sein, eine neue Synthese eingehen, in der die vereinigten Glieder nicht eins und dasselbe sind. (Ich stelle z. B. mich vor als denjenigen, der hier sitzt und liest, so und so gekleidet ist, so alt ist u. s. w.) Und so musste es kommen, denn wenn der Grundsatz in sich selbst Vollständigkeit und Abgeschlossenheit hätte, so würde er nicht die Wissenschaft in eine Reihe von ihm verschiedener Sätze führen. — Durch eine neue Synthesis also soll die Wissenschaft ihren Grundsatz denkbar machen. Das Ich muss gewisse Verbindungen mit dem Nicht-Ich eingehen; aber aus diesen Verbindungen muss es die Wissenschaft wieder trennen. Sie muss zeigen, wie ich dazu komme, mich nicht bloss als den, der hier sitzt u. s. w., sondern als Ich, als den sich selbst Vorstellenden zu setzen. Man sieht leicht, dass hier ein unendlicher Cirkel entsteht. Jene Unendlichkeit muss erschöpft werden. Das geschieht, indem das Ich sich die Aufgabe selbst, die ganze Unendlichkeit in Einem Begriffe vorstellt. Das Begreifen, Umfassen der Unendlichkeit wird also durch den Begriff des Ich postulirt, hat die Wissenschaft dies Postulat erklärt, so ist ihr Problem gelöst" (S. 6).

So bestechend hier die Anklänge an die Wissenschaftslehre auch sein mögen, so zeigt eine nähere Betrachtung doch einen durchaus eigenthümlichen, von jener abweichenden Gedankengang.

Vor allem würde Herbart's Ausführung sich den Vorwurf Fichte's zugezogen haben, den dieser auch Reinhold und Aenesidemus gemacht (Fichte's S. W. I. S. 8), dass sie von einer Thatsache, dem „todten Begriff" (ebd. S. 454) des sich selbst Vorstellens, ausgehe, während doch eine Thathandlung, die Production eines „Lebendigen und Thätigen" an die Spitze treten müsse. Ferner geschieht es durchaus nicht in Uebereinstimmung mit der Wissenschaftslehre, wenn das reine Ich, — der erste Grundsatz als Synthesis gefasst wird. Der erste Grundsatz ist bei Fichte blosse Thesis, und erst nachdem der zweite die Antithesis des Nicht-Ich aufgestellt, spricht der dritte die Synthesis aus: das Ich setzt im Ich dem theilbaren Ich ein theilbares Nicht-Ich entgegen (ebd. S. 110, 113, 123 f.). Für die Wissenschaftslehre beginnt die Undenkbarkeit, deren Lösung das System ergibt, erst bei dem Widerstreit zwischen dem Ich und Nicht-Ich, der schliesslich durch ein practisches Postulat „nicht sowohl gelöst, als in die Unendlichkeit hinaus versetzt wird" (ebd. S. 156). Die Schwierigkeit dagegen, welche Herbart im Ich-Begriff findet, liegt in der geforderten Identität des Vorstellenden und Vorgestellten und dem daraus entspringenden unendlichen Cirkel. Zur verschiedenen Formulirung der Ausgangspunkte kommt die **Verschiedenheit des Fortschreitens**. Bei Herbart treibt der Grundsatz unmittelbar zum Nachweis, wie aus dem mannigfaltigen, empirischen Ich das reine Ich hervorgehen könne. Die Wissenschaftslehre dagegen führt zunächst ihre Deductionen bis zum Postulat der productiven Einbildungskraft, und von hier aus erwächst erst die Aufgabe, aus der Wirksamkeit der letzteren und der auf sie ausgeübten Reflexion die Entstehung des Selbstbewusstseins, des sich selbst vorstellenden Ich zu erklären (vgl. K. Fischer, Gesch. d. n. Phil. V. S. 538). In Herbart's Ausführung des Plans, scheint es, würden all' die apriorischen Constructionen, durch welche die Wissenschaftslehre ihren Gang nimmt, zurückgetreten sein vor der Hinlenkung auf den empirischen Thatbestand und der Tendenz, das unmittelbar Gegebene zu erklären.

Tritt so in Bestimmung und Fassung des Grundsatzes, im Plan der Entwicklung die Differenz mit Fichte[4]) recht kenntlich hervor, so ist andererseits die Hinlenkung auf das spätere System Herbart's nicht minder augenfällig. Die Formulirung des Ichproblems und seiner Lösung, wie sie hier vorliegt, würde durchaus in den Rahmen desselben passen. Nur in zwei Puncten bekundet sich ein Gegensatz zu Herbart's nachmaligen Ansichten: in der Forderung eines einzigen Grundsatzes und der postulirten Umfassung der Unendlichkeit.

Dass Herbart seine entfremdete Stellung zur Wissenschaftslehre auch selbst mehr und mehr fühlte, zeigen die oben angeführten brieflichen Aeusserungen. Im Herbste des Jahres 1796 gelangt er zu einer entschiedeneren Ausprägung des Gegensatzes und zwar in einer Kritik, die ihrer ganzen Anlage nach eine Auseinandersetzung mit der Wissenschaftslehre bildet, aber sehr bemerkenswerth nicht gegen Fichte selbst, sondern gegen dessen neu auftretenden Jünger Schelling gerichtet ist. Obgleich Herbart nicht versäumte, sich in weiterem Umfange mit der zeitgenössischen philosophischen Bewegung bekannt zu machen — neben dem eingehenden Studium Kant's beschäftigen ihn z. B. die Schriften Jacobi's und Maimon's (vgl. Rel. S. 38) —, concentrirte sich doch die ganze Intensität seines Denkens auf die Wissenschaftslehre, und da musste das Auftreten des ersten eifrigen Apostels derselben, des jugendlichen Schelling, sein Interesse besonders in Anspruch nehmen. Den 1795 erschienenen philosophischen Erstlingsschriften desselben wendet er eingehendes Studium zu, und spricht in einem Briefe vom 30. Juli 1796 schon recht angelegentlich über den „Schellingianismus" (Rel. S. 33).

Als erste Frucht dieser Beschäftigungen ist uns eine Skizze unter dem Titel „Spinoza und Schelling" erhalten (XII. 7 ff.), welche mit feinem Scharfblick die beiden Philosophen einander gegenüberstellt.[5]) Wie Spinoza's Lehre die consequenteste Darstellung des Dogmatismus oder objectiven Realismus, so bildet Schelling's System — ihr offenbares Gegenstück — eine sehr ausgeführte Darstellung des Idealismus. Spinoza hatte, um das höchste Bedürfniss jeder Wissenschaft, die Vollendung der systematischen Form, zu befriedigen, die Eine allumfassende Substanz gesetzt, welche die ganze Mannigfaltigkeit der Welt als Ein Continuum und als Ein System darstellt, dabei aber den Fehler begangen, dass man nicht begreift, wie wir denn zur Erkenntniss dieser Welt, die nur ausser uns Realität haben soll, gelangt sind. Diese Schwierigkeit vernichtet Schelling: Jene Erkenntniss selbst ist dies Weltall; unser inneres Ich, das durch intellectuelle Anschauung seiner selbst sich erzeugt, schafft auch durch einen freien Act seiner absoluten Allmacht für sich selbst dies weite Universum. Dies ist aber dann durch Entgegensetzung ein Nicht-Ich und tritt in Widerspruch und Kampf mit dem Einen absoluten Ich, welches schliesslich durch einen Machtspruch Frieden gebietet, indem es seine Totalität unter beiden theilt (S. 8 u. 9).

Herbart behält sich vor, „dies merkwürdige System künftig genauer in's Auge zu fassen" und erhebt „vorläufig nur die Frage: wie kommt das Ich dazu, durch seine absolute Macht einen Kampf in sich zu begründen, der mehr Spiel als Beschäftigung zu heissen verdient, da er ein selbstgebotener Kampf mit einem selbstgeschaffenen Feinde ist?" und die andere: „wie wird Schelling seine intellectuelle Anschauung von diesem Ich irgend Jemanden mittheilen, wie sie nur sich selbst, sich als Schelling, als Individuum bewähren können?" (S. 9. f.)

Diesen letzten Einwand mochte in der That die erste Darstellung der Wissenschaftslehre, welche noch durchaus vom individuellen Ich ausging, nicht herausfordern; um so entschiedener gilt ihr aber der andere, dass man nicht einsehen könne, wie das Ich dazu komme, ein ihm widerstreitendes Nicht-Ich zu setzen. Dennoch erscheint der Einwurf bei Herbart ganz so, als ob er sich gegen das Specifische der Lehre Schellings richte, und dadurch wird die Annahme nahe gelegt, dass ihm wirklich im complicirten Constructionsapparat der Wissenschaftslehre ihre eigentliche Achillesferse verborgen geblieben sei, die ja eben im Verhältniss von Ich und Nicht-Ich lag. Dass erst durch Schelling seine Aufmerksamkeit in erhöhtem Masse diesem Punct zugelenkt worden sei, scheinen auch die Schlussworte des Aufsatzes anzudeuten: „Eine bessere Vorbereitung zur Wissenschaftslehre kann es übrigens wohl nicht geben, als das Studium des Schelling'schen Systems; mir wenigstens ist dadurch das Bedürfniss einer Synthese zwischen Idealismus und Realismus doppelt dringend und fühlbar geworden."

In solchem Sinne gefasst wirft diese Kundgebung zugleich ein helles Licht auf Herbart's ursprüngliche Stellung zur Wissenschaftslehre. Ihm war dieselbe in der That in erster Reihe „Wissenschaftslehre" d. h. eine Theorie unseres gesammten Wissens und Erkennens, welche die höchsten Anforderungen der Methodik und Systematik zu befriedigen suchte. Nirgends bezeichnet er Fichte's System als Idealismus, sondern scheint gelegentlich auch, wie Fichte es mit Vorliebe that, den Namen Kriticismus auf dasselbe anzuwenden. Kriticismus und Dogmatismus bezeichnen aber in der von Kant eingeführten, von Fichte allerdings wesentlich umgebogenen Fassung methodologische, und nicht, wie Idealismus und Realismus, metaphysische Gegensätze. So beruhte auch das intensive Interesse, welches Herbart an der Wissenschaftslehre nahm, auf ihrer eigenartigen Methodologie und nicht auf der Frage nach dem Ich und den Dingen an sich. Dies wird durchaus erklärlich, ja selbstverständlich auf Grund der oben (S. 5) gemachten Annahme, dass eine strenge logische Schulung, ein intensives Streben nach *systematisch* zusammenhängender, formal vollendeter Erkenntniss das Apperceptionsorgan bildete, durch welches er die Wissenschaftslehre auffasste. *Eine* wirksame Apperception derselben war nur insofern möglich, als sie verwandte Seiten darbot, als sie dem vorhandenen Bedürfniss Befriedigung, den drängenden Fragen Lösung verhiess. Freilich sah Herbart sie dann auch nur als eine Antwort auf seine Fragen an.

Dass aber die Wissenschaftslehre noch gar viel anderes und vielleicht auch jene Antworten nicht ganz in der Weise gab, wie Herbart sich sie gedacht, darauf hinzuweisen waren Schellings Schriften sehr geeignet. Es verrathen schon die Titel derselben — „Ueber die Möglichkeit einer Form der Philosophie überhaupt" und „Vom Ich als Princip der Philosophie oder über das Unbedingte im menschlichen Wissen" — einerseits die enge Analogie mit Fichte's beiden grundlegenden Schriften „Ueber den Begriff der Wissenschaftslehre" und „Grundlage der gesammten Wissenschaftslehre", und kennzeichnen andererseits genau dieselben Probleme, die für Herbart's eigenes Philosophiren die fundamentalen Fragen enthielten: nach der Form des Systems überhaupt und nach dem Princip desselben, welches auch Herbart im Ich findet. Seine Uebereinstimmung mit Schelling in der Anlage der Untersuchung spricht er auch geradezu aus (XII. 10 f.) Daher kann ihm die Kritik Schelling's so gut zum doppelten Zweck dienen: einerseits sich mit Fichte auseinanderzusetzen, andererseits die Grundlegung für sein eigenes neues System zu gewinnen.

Beide Gesichtspuncte hat er sich selbst zu klarem Bewusstsein gebracht. Die Kritik der beiden Schriften Schelling's (XII. 10 ff.) wird Fichte übergeben und von diesem mit Anmerkungen versehen, die freilich Herbart wenig befriedigen. Er beklagt sich über die Unaufmerksamkeit Fichte's, der über ihre beiderseitige Differenz „kein erhebliches Wort" sagt. „Gerade darüber", schreibt Herbart, „bedurfte ich der Belehrung am meisten, denn ich halte sie für bedeutend und Fichte's Darstellung der Wissenschaftslehre für unmethodisch und undeutlich" (Rel. S. 39).

Mit gleicher Klarheit und Entschiedenheit spricht er sich über den zweiten Punct aus. Im Schreiben an Smidt, dem er den Aufsatz sammt den beigefügten Noten Fichte's in einer übrigens etwas verspäteten Abschrift Anfang December 1796 zuschickt — so dass die Abfassungszeit mindestens in den October 1796 zu verlegen ist — heisst es: „Dieser Aufsatz ist das beste und ausgeführteste, was ich Dir von meinen philosophischen Versuchen mitzutheilen habe. Dass ich über **das Princip der Philosophie, über die vollständige Ansicht und den Gebrauch desselben, über die Methode des Fortschritts im Folgern**, und über einige nahe liegende und wichtige Lehrsätze mit mir einig geworden sei, werden Dir die einliegenden Blätter zeigen, und ziemlich bestimmt angeben, was Du von meiner Art zu philosophiren möchtest erwarten können. Nur muss ich Dich um eine etwas anhaltende Aufmerksamkeit und um das günstige Vorurtheil bitten, dass jede einzelne abgebrochene Aeusserung im Ganzen Sinn und Bedeutung haben werde, wenn sie auch für sich allein wenig verspricht. Du wirst viel hinzu denken müssen; denn ich habe mich so kurz als möglich gefasst" (ebd.).

Diese Mahnung ist auch für uns von Bedeutung. Sie versichert uns, dass wir nicht bloss durch Anklänge an das spätere System uns täuschen lassen, wenn wir hier bereits die bewusste Grundlegung desselben erblicken. Die Hauptleistung des Aufsatzes hat aber Herbart selbst in den von mir besonders hervorgehobenen Worten sehr zutreffend gekennzeichnet. Auch hier tritt die methodologisch-formale Seite in den Vordergrund. In dieser Richtung bewegen sich seine ersten Speculationen, in ihr kommen sie zuerst zu einem Abschluss.

Die Frage nach der Möglichkeit einer Form der Philosophie überhaupt bildet den Ausgangspunct für Herbart wie für Schelling. Vor allem handelt es sich hier darum, über das Wesen des Princips ins Klare zu kommen. Da definirt nun Schelling Wissenschaft als „ein Ganzes, das unter der Form der Einheit steht," und fordert als Gewähr dieser Einheit, dass alle Theile Einer Bedingung untergeordnet seien. Gegen jenes bemerkt Herbart, dass auch ein Aggregat von Sätzen die Form der Einheit haben könne und doch keine Wissenschaft ausmache, gegen dieses, dass jene letzte Bedingung — „der Grundsatz sich die abgeleiteten Sätze nicht bloss unterordnen, sondern sie ganz aus sich hervorzubringen suchen solle. Sonst ist jenes Bedürfniss einer systematischen Form nur halb befriedigt" (XII. 11). Auch dass es aus formalen Gründen Eine Bedingung, bloss Ein Grundsatz sein müsse, gibt er nicht zu. „Mehrere schlechthin gewisse Sätze können sich auf einander beziehen, ohne sich in einander zu verlieren" (S. 12). „Warum nicht mehrere Gründe für Eine Folge? Mehrere Anhängepunkte für Eine Kette? — Die Logik bedarf zweier Prämissen für Eine Conclusion. Die Mathematik demonstrirt die Congruenz der Triangel aus drei gleichen Bestimmungen derselben. — Zu zeigen, dass man dennoch für die Philosophie eines einzigen Princips bedürfe, dazu ist hier der Ort nicht; es ist genug, das Mangelhafte in Schelling's Beweisen zu bemerken" (S. 16). — Also dennoch ein einziges Princip für die Philosophie!

Das Princip muss seinem Begriffe gemäss einer doppelten Forderung entsprechen: einmal muss es an sich gewiss sein, und dann das auf ihm sich aufbauende System gewiss machen, bedingen. „Aber wie wir *Einen* alles *bedingenden* Inhalt finden, wie wir den grossen Ueberfluss des anderen unbedingten Inhalts durch jenen bedingen sollen, das ist die grosse Frage. Von einem gewissen Satze müsste man ausgehen; aber wie sollte man ihn wählen? Sollte man aus den vielen an sich gewissen durch blinde Willkür einen herausgreifen? Träfe man nicht gerade den rechten, so hätte man nun eine in sich *vollendete abgeschlossene Thesis, die allemal das Ende der Speculation ist*. Aus ihr kann man weder rückwärts noch vorwärts, wenn man nicht eine willkürliche Gedankenfolge zusammenreihen will; denn sie *fordert* weder Bedingungen noch Folgen; und wie kann irgend eine echt philosophische Untersuchung von einem Princip ausgehen, das nicht in sie hinein *treibt?* Jedes Princip muss an sich, d. h. ohne das System *gewiss* und dennoch ohne dasselbe *unmöglich* sein. Aus der Aufklärung dieses Widerspruchs muss das allgemeine Princip sich ergeben" (S. 14).

Der bestimmte Zielpunct, auf welchen dieser, bereits in einem früheren Aufsatz (s. oben S. 8) deutlich ausgeprägte Gedankengang hinsteuert, ist das Ich, das sogenannte reine Ich; denn dieses erfüllt jene doppelte Forderung. Durch die Erfahrung ist es als ein Gewisses gegeben; seinem Begriff aber „gehört der des sich selbst Setzens, des sich selbst Erzeugens wesentlich zu; und eben weil dieser Begriff in sich widersprechend ist und nur in wiefern er dafür anerkannt wird, ist es möglich, eine Philosophie von ihm abzuleiten, oder vielmehr an ihn anzuknüpfen" (S. 25). — Soweit die allgemein methodologischen Aufstellungen, welche für Herbart's Metaphysik auch weiterhin fundamental geblieben sind (man vgl. die Fragen nach dem Gegebenen und dem Zusammenhang von Gründen und Folgen III. 5 ff. IV. 17 ff. 30 ff.) Der Widerspruch im Ich, mit dem es die Untersuchung allein zu thun hat, ist auch hier der des sich selbst Setzens, und nicht der zwischen Ich und Nicht-Ich, wenn gleich Herbart, wie schon früher (s. oben S. 10), das grundlose Hervorgehen des Nicht-Ich aus dem Ich auf das Schärfste tadelt (XII. 27).

Welches ist denn nun seine Stellung zu dieser brennenden Frage um Ich und Nicht-Ich, um Idealismus und Realismus? War ihm doch durch das Studium Schellings eine Synthesis beider doppelt dringend geworden. Gleich der erste Satz von Schellings Buch über das Ich zeigt den angehenden Identitätsphilosophen. Dasselbe beginnt mit den Worten: „Wer etwas wissen will, will zugleich, dass sein Wissen Realität habe. Ein Wissen ohne Realität ist kein Wissen", und entwickelt hieraus die Forderung, dass es „einen letzten Punct der Realität", einen „Urgrund aller Realität", einen „Realgrund" alles unseres Wissens geben müsse. Denn das Letzte im menschlichen Wissen ist für Schelling zugleich Realgrund, „das Princip seines Seins und das Princip seines Erkennens muss zusammenfallen", es ist in Einem absolutes Sein und absolutes Wissen. Auf diesem Weg gelangt Schelling zu seinem absoluten Ich. Da findet es nun Herbart „sehr befremdend, wie hier, wo einem Princip des Wissens, d. h. einem *Wissen* schlechthin, von welchem alle Gewissheit ausgehe, nachgeforscht werden sollte" — der Titel von Schelling's Schrift nannte „das Unbedingte im menschlichen Wissen" — „von einer Realität schlechthin, die alles Dasein begründe, die Rede sein könne. Wir alle unterscheiden Sein und Wissen, also auch Sein schlechthin von unmittelbarer Gewissheit; dass ein gewisses (nämlich Fichte's) System kein anderes als ein gewusstes Sein anerkenne, geht uns hier theils noch nichts an, theils *unterscheidet* auch eben diese Philosophie, in wiefern sie Sein und Wissen *verbindet*, selbst diese Begriffe, denn nur verschiedene lassen sich verbinden. Sie dürfen daher nicht gleich anfangs als gleichbedeutend verwechselt werden, vielmehr werden Beweise einen Uebergang von einem zum anderen bahnen müssen" (S. 17). Diesen Uebergang bahnt sich Herbart durch die Formel: „Ich will, dass die Befugniss, mein Wissen auf ein Sein zu beziehen, unmittelbar statthabe, ich will durch einen einzigen Schritt aus dem Gebiete des problematischen Denkens in das Reich des Seins (oder des nothwendigen Denkens) hinübertreten" (S. 18). Jener erste Satz Schelling's hätte zu lauten: „Wer etwas wissen will, will zugleich, dass sein Wissen unwillkürlich und in allen seinen Bestimmungen nothwendig sei: Daher muss wenigstens Ein Gedanke sich unmittelbar aufdringen, und sich so ankündigen, dass aller Verdacht einer willkürlichen Erfindung ohne alles weitere Nachdenken unmöglich werde. Das Gedachte soll dem Versuche, es wegzudenken, Nothwendigkeit und Zwang entgegensetzen" (S. 19).

Man würde indess irren, wenn man meinte, dass Herbart mit diesen Feststellungen schon über den Idealismus der Wissenschaftslehre hinausgekommen wäre. Ganz in derselben Weise, wie es hier geschieht, bestimmt auch sie die Realität und das Kriterium derselben als ein Gefühl des Zwanges, Nicht-könnens, der Nothwendigkeit (Fichte's S. W. I. S. 289, 301, 367, vgl. auch 423, 426). Diese mit dem Gefühl der Nothwendigkeit begleiteten Vorstellungen geben das Ding. Dass ein solches Sein, nothwendig zu Denkendes auch nur ein „nothwendiges Product unserer Einbildungskraft" sein könne, gesteht Herbart a. a. O. ausdrücklich zu, und gegen Fichte's Einwurf, dass es einen Uebertritt aus dem Reich des Denkens in das Reich des Seins gar nicht gebe, sowie gegen die Beschuldigung des Dogmatismus wahrt er sich entschieden. Er spricht in der That nur von „verschiedenen Reflexionspuncten." Auch andere Stellen lauten im Sinne einer Uebereinstimmung mit Fichte: „Der Idealismus ist wahr und richtig, nur dann nicht, wenn er polemisch gegen den Realismus auftritt" (S. 23) — d. h. wohl, er muss aus sich heraus die relative Berechtigung der realistischen Anschauungsweise entwickeln, wie ja S. 36 geradezu verwiesen wird auf „die Wissenschaftslehre, wo der Beweis für die Identität des Idealismus und Realismus allgemein geführt worden," da Fichte — wie es die Anmerkung ausspricht — „den Idealismus sowohl als den Realismus als auf gewissen Reflexionspuncten nothwendige Systeme zulasse." Auch hier, wie bereits früher, wehrt er den Vorwurf des Dogmatismus als durch blossen Missverstand veranlasst, von sich ab. Aber im Sinne Fichte's, der den Dogmatismus nicht bloss dem Kriticismus, sondern auch dem Idealismus gegenüberstellte (S. W. I. S. 433) und ihn als diejenige Ansicht erklärte, „die dem Ich an sich in dem höher sein sollenden Begriffe des Dinges (Ens), etwas gleich- und entgegensetzt" (ebd. S. 119), ist jeder wahre Realismus Dogmatismus.

Nun scheinen in dieser Richtung einige Aeusserungen Herbart's weiter zu führen, durch welche er über den einfachen Begriff der Realität, des Seins als eines nothwendig zu Setzenden, nicht hinweg zu Denkenden hinausgeht, um mit Schelling noch von einem absoluten Sein zu sprechen. Dieser musste, bei seiner Identificirung von Wissen und Sein, dem absoluten Wissen ein absolutes Sein entsprechen, oder richtiger beide zusammenfallen lassen. „Er verwechselt", erklärt Herbart, „Realität des Wissens und absolutes Sein (Unbedingtheit des Gedachtwerdens mit gedachter Unbedingtheit), als ob sie Eins und Dasselbe wären. Die Unbedingtheit des *Setzens* soll diejenige des *Gesetzten* herbeiführen, beide sollen unzertrennlich verbunden sein, nur Eins ausmachen. Folglich müssen Setzen und Gesetztes nur Ein unbedingtes — das Ich sein" (XII 21). Somit kommt dem Ich, dem letzten Wissens- und Seinsprincip, auch das absolute, reine Sein zu. Aber „die Form des reinen Seins ist Unbedingtheit und wenn etwas sich selbst bedingt (wie das Ich) so ist es auch durch sich selbst bedingt, und von einem *Bedingtsein* ist beim absoluten Sein gar nicht die Rede," daher kann dieses auch dem sich selbst setzenden Ich nicht beigelegt werden. Zudem versieht Schelling sein Ich ganz ebenso, wie es Fichte gethan, mit einer Centrifugal- und Centripetalkraft. „Allein beim absoluten Sein, welches die vollkommenste Einfachheit der Position, das völligste Zureichen des leisesten Denkens erfordert, kann eine Centrifugalkraft, wie metaphorisch der Ausdruck auch genommen werden mag, nicht die allerentfernteste Bedeutung haben. Absolutes Sein ist absolute Ruhe und Stille; es ist das feierlichste Schweigen über der Spiegelfläche des völlig ruhenden Meeres; Niemand darf es wagen, diesen Spiegel nur durch die kleinsten Kerise zu trüben. — Gerade umgekehrt ist das Ich ein ewig aus sich heraus und in sich zurückarbeitender Strudel. Ruhe wäre der Tod des Ich, Thätigkeit ist sein einziges Sein" (S. 24). „Von diesem Allen", bemerkt Fichte, „verstehe ich nur soviel: man hat sich nicht bei dem Sein des Ich aufzuhalten, daraus wird Nichts; man gehe zu seiner *Thätigkeit* — und damit bin ich ganz einverstanden," und Herbart erklärt darauf, er habe in der That nur „Fichte's Behauptung, dass das durch sich selbst und das sich gleich Sein Formen des Ich seien, beweisen, zugleich aber auch klar machen wollen, dass diese Formen sich sowohl unter einander, als dem absoluten Sein widersprechen, dass folglich das Ich seinem *Begriffe* nach *gar nicht sei.*" Denn indem man dem Ich das absolute Sein ertheilt, sind die widersprechenden Vorstellungsarten im Ich, „wie fruchtbar sie auch sonst für die Philosophie sein würden, für dieselbe so gut wie verloren. Sobald sie den Stempel des absoluten Seins erhalten haben, sind die Widersprüche in ihnen durch Machtsprüche vernichtet und die philosophirende Vernunft hat ihr Recht verloren, ihnen noch etwas zuzusetzen, wodurch sie *erklärbar* würden. Wer kann denn das absolute Sein noch erklären?" (S. 25.)

In dem Begriff des absoluten Seins, wie Herbart ihn hier einführt, finden sich bereits all' die Bestimmungen der Relationslosigkeit, der Einfachheit und Unveränderlichkeit, durch welche dieser Begriff zu einem Grund- und Eckstein des Herbartischen Realismus geworden ist, unverkennbar angedeutet. Ist also die Aufstellung desselben nicht der beste Beweis dafür, dass Herbart die Bahn des Realismus, durch welchen er seinen Hauptgegensatz gegen die zeitgenössische Philosophie ausprägen sollte, bereits wirksam betreten habe? In der That fehlt es unserem Aufsatz auch an anderen Stellen nicht, welche gegenüber den oben mitgetheilten idealistischen Wendungen eine entschieden realistische Tendenz bekunden. So erklärt sich Herbart in der Anmerkung auf S. 36 mit Schelling darin einig, dass der „theoretische Idealismus nach Schelling's Erklärung" — und das ist ein solcher, der ein dem Ich Entgegengesetztes überhaupt leugnet, wie es ja bei Fichte thatsächlich der Fall war — unmöglich sei, weil er dem Bewusstsein geradezu widerspreche. „Aller Idealismus", lesen wir ferner auf derselben Seite, „muss subjectiver Realismus sein; denn man muss sich wenigstens zu Einem in jeder Rücksicht absolut, d. h. als Realität Gesetzten bekennen, weil man sonst gar nichts setzt." Das Ich sollte ja aber nicht absolut gesetzt werden — was also sonst? Gab es für den Anhänger des Fichte'schen „Kriticismus", der den Realismus nur als einen nothwendigen Standpunct der Reflexion gelten liess, noch irgend etwas? — Wohl findet sich mehrfach eine Vorstellungsweise angedeutet, die auf die spätere Ausgestaltung des Herbartischen Realismus hinweist. Gleich Eingangs der Kritik (S. 16) wird Schelling entgegengehalten eine „ebenso mannigfaltige Realität des Wissens als es Mannigfaltigkeit des Wissens gibt." Denn nur ein Missverstand, der das systematische Bedürfniss von der Form auf den Gegenstand übertrage, erlaube nicht, „ein mannigfaltiges ursprüngliches Sein in Wechselwirkung anzunehmen, ein Sein, das sich gegenseitig äussert, offenbart, erscheint, wodurch alles Ding an sich von Grund aus zerstört, und doch die systematische Form erhalten worden wäre" (S. 23). Das „Ding an sich" d. h. „ein völlig isolirtes Ding" passt nämlich in kein System (S. 28). Auf Fichte's Einwurf gegen die obige Mannigfaltigkeit der Realität gesteht aber die Anmerkung zu, dass dieses mannigfaltige Sein mit Fichte's Wechselwirkung des Endlichen und Unendlichen im Ich eins und dasselbe sei. Noch bemerkenswerther ist die Ausführung S. 31 f., dass man „in der Betrachtung über das absolute Sein, in wiefern es dem Wechsel zu Grunde liegt, unvermeidlich auf den Spinozismus, oder wenigstens auf sein wichtigstes Dogma, das ἓν καὶ πᾶν komme. „Diese Behauptung streitet nicht im geringsten gegen 19" — nämlich die zuvor angeführte Stelle. „Denn ein mannigfaltiges Sein, das aber nur in seiner Wechselwirkung ein Sein ist, lässt sich nur durch das absolute Setzen dieser Einen Wechselwirkung als Eine Realität setzen."

Wo stehen wir also jetzt? Dem Spinozismus — das zeigen alle seine Kundgebungen — ist Herbart entschieden abhold; also doch wohl auch dem mannigfaltigen Sein in Wechselwirkung, welches unvermeidlich auf ihn führen soll? Das isolirte Ding an sich ist auch zurückgewiesen und ebenso ein einziger Realgrund, denn — heisst es in den hinsichtlich des Causalproblems wichtigen Bemerkungen auf S. 16 — „jedes Bedingte setzt zwei Bedingungen voraus. (Bedingen heisst aus sich herausgehn; sein was und wo man nicht ist. Dies widerspricht sich, wenn man nicht herausgelockt wird.) Soll jemals eine absolute Realität Bedingung werden, d. h. etwas ihr entgegen zu Setzendes hervorbringen, so muss, damit sie selbst aus sich herausgehn könne, noch ein Drittes hinzukommen, welches, als Substanz das Bedingte als Accidens in sich aufnehme. — So führt der Begriff der Causalität auf den der Substantialität."

Damit scheint denn sowohl die Setzung mannigfaltiger Realitäten — ob in Wechselwirkung befindlich, oder ob isolirt —, als auch die Setzung Eines Realen ausgeschlossen. In der That ist es, soviel ich habe sehen können, nicht möglich, die vorhandenen Andeutungen zu einer bestimmten widerspruchslosen metaphysischen Ansicht zu combiniren. Immerhin mögen dieselben genügen, um — wie Herbart gegen Smidt (Rel. 39) äussert — ziemlich bestimmt anzugeben, was wir von seiner Art zu philosophiren möchten erwarten können. Es drängt ihn aus dem Idealismus — soviel dürfte aus dem Ganzen hervorgehen — auf das Entschiedensto heraus. Gegen wesentliche Bestandstücke desselben kehrt sich die schärfste Polemik, so gegen die Setzung des Nicht-Ich durch das Ich (S. 27) das absolute Streben (S. 33) u. a. — Mängel des Idealismus, welche bereits die Skizze über Spinoza und Schelling hervorgezogen hatte.

So tritt die Negation mit hinreichender Bestimmtheit auf, aber die Schaffung einer neuen eigenen Position ist erst in den allgemeinen methodologischen Grundlagen gelungen, während die im engeren Sinn metaphysischen Probleme, abgesehen von einigen ontologischen Ansätzen, noch der durchgreifenden Lösung harren.

Diese Stellung erklärt sich vollständig aus dem bereits (oben S. 10) geltend gemachten Gesichtspuncte, wonach der philosophische Entwicklungsgang Herbart's während der vorliegenden Periode unter die Formel fällt: Apperception der Wissenschaftslehre durch das logisch streng geschulte Denken und das Streben nach einer im rationalistischen Sinne vollendeten systematischen Erkenntniss, welches Herbart als Frucht seiner ersten Jugendbildung dem Studium der Wissenschaftslehre entgegenbrachte.

Es ist leicht begreiflich, wie diese Apperception so kräftig zu Stande kommen konnte. Denn die Anknüpfungspunkte für ein derartiges formales Interesse bot die Wissenschaftslehre in vorzüglichem Masse. Sie ging aus von den höchsten Fragen nach System und Methode und stellte das Streben nach strengem Wissen und umfassendem Erkennen, nach einem geschlossenen Ganzen aller unserer Erkenntniss an die Spitze. Der Gang ihrer Entwicklung schien durch logische Kriterien auf das Strengste geregelt und gab daher auch Herbart sofort Gelegenheit, einzelne Schritte der logischen Kritik zu unterwerfen. Ihre allgemeine Methode der Entwicklung aber bot ein höchst bemerkenswerthes Vorbild. Den einfachen Grundgedanken alles wissenschaftlichen Fortschritts — der, wenn fruchtbar, natürlich synthetisch sein musste — sprach sie aus in den Worten: „Wir müssen bei jedem Satz von der Aufzeigung Entgegengesetzter, welche vereinigt werden sollen, ausgehen" (Fichte's S. W. I. S. 114). Die Antithesis, der zu lösende Widerspruch, gibt das Recht und die Nöthigung zur Synthesis. Eine solche Synthesis ist gleich am Anfang der Wissenschaftslehre erforderlich, um den Gegensatz zwischen dem Ich und dem Nicht-Ich zu vermitteln, und in gleicher Weise gewinnt dieselbe alle weiteren Sätze von Antithesen zu Synthesen fortschreitend (vgl. die allgemeine Aufstellung ebd. S. 123 f.).

Dass Herbart freilich erst spät den „hellen Geist der Wissenschaftslehre durch ihren paradoxen Buchstaben" schimmern sah, dass erst eine „unendliche Leere" in seinem Kopf entstand, ist bei dem ganz eigenartigen Character derselben natürlich. Allmälig aber mochte er zur Ueberzeugung kommen, dass das hier eingeschlagene Verfahren seine alten, liebgewordenen Vorstellungsweisen nicht bei Seite schob, sondern nur eine wesentliche Ergänzung und Vervollständigung zu denselben bot. Der oberste Kanon der hergebrachten Logik war der Satz des Widerspruchs. Er bildete zugleich den Massstab aller Nothwendigkeit im Denken. Die Unmöglichkeit des Gegentheils, so wurde gelehrt, vergewissert uns allein über die apodictische Giltigkeit eines Urtheils. Machte nun Fichte nicht ganz von demselben Princip Gebrauch? War es nicht die höchste Vollendung der logischen Form, wenn es gelang, durchweg von unmöglichen Sätzen auszugehen, um aus ihnen mit Nothwendigkeit ihr Gegentheil zu entwickeln? Und hiezu gerade schien durch Fichte's Untersuchungen die Aussicht eröffnet. Die in den ersten Grundsätzen über das Ich vorhandenen Widersprüche, die, da sie unmittelbar dem Bewusstsein sich aufdrängen, nicht einfach negirt werden können, mussten zur Erzeugung einer Wissenschaft führen, die den obigen Ansprüchen genügte.

Der neugewonnene Gesichtspunct gab auch unmittelbar eine Lösung an die Hand für die berühmte Frage der Vernunftkritik. Als Kriterium des a priori war erforderlich der Character der Nothwendigkeit; hier fand er sich für die synthetischen Urtheile unmittelbar in Uebereinstimmung mit den Forderungen der Schullogik.

So nahm diese ihren altgewohnten Platz ein, bot aber nun erst, in

Verbindung mit dem Fichte'schen Ich, die Möglichkeit, eine wahrhaft inhaltliche rationalistische Philosophie zu erzeugen. Die beiden Factoren, die anfangs ganz unverträglich geschienen hatten, versprachen nun in ihrer Vereinigung reichen Gewinn und mussten daher gegenseitig einer des anderen Position befestigen. Die hervorragende Werthschätzung, welche Herbart bisher der Logik zugewandt hatte, übertrug sich auf die neue Coalition und es ist begreiflich, wie sein auf beharrliches Festhalten angelegtes Denken fernerhin nicht mehr von der mit so grosser Intensität des Suchens aufgefundenen Richtung abwich.

Auf diesem Wege ergibt sich uns auch unmittelbar die Erklärung dafür, dass es bei Herbart so bald zu einer Reaction gegen die Wissenschaftslehre kam. Dasselbe Moment, welches ihn derselben zugeführt hatte, musste ihn bei tieferem Eindringen von ihr trennen, denn sie war aus andern Bedürfnissen und Tendenzen erwachsen, als wie sie Herbart zur Philosophie drängten. Im Practischen lag, wie der Zielpunct, so auch das Motiv der Wissenschaftslehre. Die Philosophie ist für Fichte eine Sache des Characters, des Willens, sie wird erzeugt durch das Bewusstsein der eigenen Freiheit.*) Der Idealismus, die Selbstthätigkeit des Ich ist ihm das erste, und der Philosophie fällt die Aufgabe zu, dieselbe wissenschaftlich zu erweisen. Das dazu erforderliche methodologische Gerüst, in welchem Herbart die Hauptsache sah, ist für ihn nur ein Aussenwerk des Systems. Dem Gefühle der menschlichen Freiheit und Selbständigkeit entsprungen, und bestimmt, diesem Gefühle Ausdruck zu geben, kann die Philosophie Fichte's nicht mit todten Begriffen operiren, „sondern es ist ein Lebendiges, ein Thätiges, das aus sich selbst Erkenntnisse erzeugt, und welchem der Philosoph bloss zusieht" (ebd. S. 454). Daher die Thathandlungen, die bei ihm an Stelle der Thatsachen treten, daher der psychologische Character aller Setzungen, Entgegensetzungen und Vereinigungen, welche den Fortschritt der Wissenschaftslehre leiten und durch den Schein strenger Methode Herbart wohl für's Erste blenden, aber auf die Dauer sein logisches Bedürfniss nicht befriedigen konnten. Nicht durch streng logische Arbeit suchte man da die Widersprüche zu überwinden, sondern durch „Machtsprüche der Vernunft" (z. B. ebd. S. 106), die mit einer selbstthätigen Willkür, wie sie der Logik völlig fremd ist, im Bereiche des Denkens schalteten. Was Wunder, dass auf diese Weise die Wissenschaftslehre alle logischen Widersprüche im Ich bestehen liess, und durch die vielen in dasselbe gesetzte Handlungen nur noch häufte.

Gleichwohl hatte Fichte die methodologische formale Seite seines Systems mit einer Strenge und dialectischen Virtuosität ausgebildet, die einem logischen Kopfe wie Herbart höchlich imponiren mussten und die wahren Mängel nicht so leicht hervortreten liessen. Die Untersuchung hob von genau bestimmtem Einzelnen an, und erklomm in knapp gemessenem Schritt Stufe um Stufe des Systems. „Fichte hat mich hauptsächlich durch seine Irrthümer belehrt" schreibt Herbart im Jahre 1822 (VII. 152); „und das vermochte er, weil er in vorzüglichem Grade das Streben nach *Genauigkeit* in der Untersuchung besass."

Von hier aus verstehen wir, wie erst Schelling, dessen erste Schriften inhaltlich Fichte so verwandt waren, dass sie dieser Commentare zu den seinigen neunen konnte, Herbart in entschiedenem Gegensatz zur Wissenschaftslehre drängte, denn bei Schelling traten ihm die Hauptlehren derselben ohne die faltenreiche Hülle einer ins Feinste gesponnenen Methode entgegen. In einer spätern Kundgebung hat er selbst den bezeichnenden Punct treffend hervorgehoben: „Herrn Schellings erstes literarisches Auftreten, wenigstens im philosophischen Fache, fiel gerade in meine Universitätsjahre. Mein Lehrer Fichte machte aufmerksam auf die neue Erscheinung; und er hob sie höher, als es meinem Gefühl zusagen wollte. Fichte gewann mich — nicht durch das, was ihn mit Schelling vergleichbar macht — sondern durch das, was ihn von jenem unterscheidet, durch wahre speculative Kraft; durch die feinsten Versuche, der schwierigsten metaphysischen *Begriffe* im *Denken* mächtig zu werden. In Herrn Schelling's Schriften, in den frühesten so wenig als in den späteren, habe ich etwas angetroffen, das ich Speculation nennen könnte" (XII. 189). Das, nicht in streng methodischem Gang deducirte, sondern — nach Hegel's bezeichnendem Ausdruck — wie aus der Pistole geschossene Absolute Schelling's drängte unmittelbar zur schärfsten Opposition. Die einmal geweckte Kritik griff immer weiter, und mehr und mehr musste Herbart zur Einsicht kommen, dass die anfänglich bloss gegen Schelling gerichtete Polemik ebenso auch Fichte traf.

Die Divergenz beider erklärt sich vollends aus dem Umstande, dass Herbart das practische Bedürfniss Fichte's wie es sich im Freiheitsstreben aussprach, so gar nicht theilte. Dies sprechen schon seine ersten skeptischen Aeusserungen wider die Wissenschaftslehre aus. „Besonders sind mir gegen Fichte's Lehre von der Freiheit sehr grosse Zweifel aufgestiegen" heisst es im Brief vom 30. Juli (Rel. S. 33, ähnliche Aeusserungen S. 38, 40), und in bemerkenswerthem Zusammenhange — Herbart spricht sich über einen jüngeren Commilitonen aus, der ihm zu Rath und Leitung anvertraut war — am 10. December 1796: „Ich wenigstens bin sehr bescheiden in meinen Zumuthungen an die Freiheit des Menschen, und indem ich diese der Schelling'schen Philosophie, allenfalls auch Fichte überlasse, suche ich lieber einen Menschen nach seinen Vernunft- und Naturgesetzen zu determiniren, und ihm zu geben, was ihn in den Stand setzen kann, sich selbst zu etwas zu machen. Du siehst wohl, dass ich ein arger Ketzer bin" (ebd.' S. 41). In der That musste es damals als arge Ketzerei erscheinen, wider die Freiheitslehre Opposition zu machen, die in Kant's Autorität eine mächtige Stütze hatte und die Gemüther wie kaum eine zweite Idee beherrschte. Sie war eine wesentlich treibende Kraft der Strömung, in deren Mitte Herbart getreten war — und der zwanzigjährige Jüngling widerstand. Die mitgetheilten Proben seines damaligen Philosophirens gestatten kaum die Annahme, dass bereits durchgebildete metaphysische Ueberlegungen ihm den Anhalt zum Zweifel an der Willensfreiheit gaben. Der wesentliche Anlass zu demselben ergab sich wohl in dem Zusammenhange, den die eben vorgeführte Stelle andeutete, aus einer unmittelbaren Würdigung des practischen Lebens und seiner Anforderungen, worin sich mehr als in allen metaphysischen Versuchen die frühe Geistesreife und ein wahrhaft selbständiges Urtheilen Herbart's bekunden dürfte.*)

Dabei offenbart sich diejenige Seite seiner Individualität, welche, als ein Hauptfactor seines Philosophirens hier noch hervorzuheben ist: ein klarer, scharfer Blick für die Wirklichkeit und die realen Mächte des Lebens, eine tiefgewurzelte Achtung vor den Ansprüchen des unmittelbaren Bewusstseins. Hier lag der Ausgangs- und Stützpunct für Herbart's Reaction wider den Idealismus.[9]) Er mochte den Glauben an die selbständigen Dinge nicht aufgeben, und war durch seine ganze Sinnesart zum Dogmatiker — nach Fichte's Terminologie — bestimmt. Nur galt es diesem Glauben auch einen wissenschaftlich verfechtbaren Ausdruck zu verleihen; denn Kant's Versuch, durch Widerlegung des Idealismus die Philosophie von einem „Skandal" zu befreien, war gänzlich missglückt, und dieser erhob bei Fichte nur desto kühner das Haupt. Ihm gegenüber konnte man nichts anderes thun, als jenem auch von Fichte sehr wohl gekannten Gefühl des Zwanges, der Nothwendigkeit in Wahrheit Rechnung tragen, und seine Ansprüche, gehörig formulirt, vor das Forum der wissenschaftlichen Untersuchung bringen. So tritt als neue gleichberechtigte Instanz neben die logische Denknothwendigkeit, diese zweite Nothwendigkeit, die im erfahrungsmässig Gegebenen sich aufdrängt, — ein Gedanke, den der von Herbart später mit Vorliebe geübte Hinweis auf Denken und Erfahrung als die Grundpfeiler seiner Metaphysik zum Ausdruck bringt. Denn die Hauptleistung der Erfahrung für die Begründung seiner Metaphysik ist doch nur die, dass ihr „Gegebenes" auf ein Reich selbständigen Seins zurückweist.

Bei diesen einfachen Bestimmungen über Realität und deren Kriterien, die aus einem verständnissvollen, philosophisch geübten Erfassen der Wirklichkeit fliessen mochten, bleibt aber Herbart nicht stehen, sondern spricht gleich seinem Gegner Schelling in gehobenem Tone von einem **absoluten Sein**, dasselbe mit Prädicaten ausstattend, die keineswegs aus derselben Quelle ableitbar sind, wie jene realistischen Ansätze. Sehen wir uns nach einer solchen um für dieses einfache, relationslose, unveränderliche Sein, so finden wir sie nach Herbart's eigenem Ausspruch („keine philosophische Schule, ausgenommen die der Eleaten, hat etwas gelehrt vom reinen Sein" S. W. IV. S. 140) nur im Sein der Eleaten. Dass er mit denselben noch vor der Recensirung der Schelling'schen Schriften bekannt geworden war[10]), und einen „gewaltigen Eindruck" von ihnen empfangen hatte, wissen wir aus seinen eigenen Mittheilungen (Kl. Schr. I. S. XXXII), und sind somit durchaus berechtigt, ihren Einfluss in jenen Aufstellungen über das absolute Sein wirksam zu sehen. Sonst müssten wir dieselben schon aus immanenter Entwicklung Herbart's — und das würde hier soviel heissen als gar nicht — erklären.

Dagegen haben wir wohl in den Bemerkungen über **Begründen und Folgern**, mit denen Herbart der Forderung Eines Princips entgegentritt, und in den sich anschliessenden Ansichten über Causalität ein Product seines eigenen logischen Scharfblicks und seines Strebens nach exacter Auffassung des Thatsächlichen anzuerkennen. Die sorgfältige Genauigkeit, mit der er sich hier an den Daten der Logik und der Specialwissenschaft orientirt, ist characteristisch gegenüber den Gedankensprüngen, durch welche sich andere Philosophen mit so gutem Anschein auf den Standpunct des Einen Princips versetzt hatten, und bildet einen wesentlichen Zug der Herbartischen Speculation, der auch in der Genesis derselben wirksam hervortritt.

Mit den Aufstellungen über Princip und Methode der Philosophie, mit dem Streben nach einer realistischen Weltauffassung hatte Herbart den Eingang zu einem neuen metaphysischen System gefunden, — einen Eingang so eigenartig, dass er von den historisch gegebenen, und den zeitgenössischen Systemen über den weiteren Fortschritt kaum wesentliche Aufklärung erwarten durfte. „Er war von nun an", bemerkt Hartenstein (ebd. S. XXIX) zutreffend, „lediglich auf sich selbst zurückgewiesen; der Consequenz des eigenen Denkens musste er überlassen, was sich ihm irgend als philosophische Wahrheit darstellen sollte. Er musste selbst zu *entdecken*, sich seine eigene Bahn zu brechen suchen." Um so schwerer lastete das gestellte Problem auf ihm, das zur Lösung trieb, deren Möglichkeit gleichwohl noch gar nicht abzusehen war. „Ich bin sehr ernsthaft geworden", schreibt er am 28. März 1797, „und ich suche umsonst nach einer Aussicht, wohin ich meinen Blick zuversichtlich wenden könnte. Ich bin mir selbst zuvorgeeilt" (Rel. S. 49). Etwas später entwirft er folgende Schilderung seines Zustandes: „In Jena war ich in der letzten Zeit zu träge oder zu dumm, meine Wissenschaftslehre förmlich und ordentlich fortzuführen, zu stolz, um andere Beschäftigungen an ihre Stelle zu setzen, zu arm an Mannigfaltigkeit der äusseren Verhältnisse, um im Leben das Bedürfniss eines sichern, ganz geprüften, aller *Wege* kundigen Führers — so etwas soll doch wohl ein philosophisches System sein. — tief genug zu fühlen" (ebd. S. 50).

In solcher Lage musste ihm der Antrag, die Erzieherstelle in dem behäbigen Berner Patricierhause des Landvogts v. Steiger zu übernehmen, willkommen sein. Am 25. März 1797 reiste er von Jena nach der Schweiz ab. In der That sollte der Wechsel in der äusseren Lebensstellung auch für seine philosophische Entwicklung von Bedeutung werden, so dass auch diese von hier an in ein neues Stadium tritt.

III. Erzieherwirksamkeit.

Die psychologische Richtung. Auflösung des Ich-Problems und Grundlegung der Psychologie.

Der wohlthätige Einfluss, den der neue Lebenskreis auf Herbart ausübte, gibt sich gleich in dem ersten Brief, den wir aus der Zeit seines Schweizer Aufenthalts besitzen, zu erkennen. Eine Arbeit, die sein „ganzes Wollen umfasst, es zugleich in Portionen theilt und diese an die Zahl der Glockenschläge bestimmt und fest anheftet" (Rel. S. 50) erhält seine Geisteskraft in frischer Spannung und schärft den Blick für die Aufgaben und Anforderungen der Wirklichkeit. Gleichzeitig fesselt ihn eine reiche Umgebung, von der er rühmen kann, dass man „mehr Fülle von Naturgrösse und Naturschönheit, mehr Anstrengung und Thätigkeit der Menschen" wohl nicht leicht finde (ebd. S. 51). Gewiss ist die Kräftigung, welche Herbart's Sinn für das Thatsächliche aus solchen Einwirkungen erfahren musste, auch für seine philosophischen Ueberzeugungen belangreich geworden.

Doch der Einfluss der neuen Lebensstellung auf seinen Entwicklungsgang reicht viel weiter. Der Tendenz Herbart's zur Abschliessung, zur Isolirung in seinem Denken musste sie den wirksamsten Vorschub leisten. Im frisch pulsirenden Strom des Universitätslebens war eine Beeinflussung durch fremde Ansichten leichter möglich gewesen und der Student mochte sich eher noch als Schüler für dieselben empfänglich fühlen, als der in selbständiger Berufsübung stehende Erzieher. Herbart war auch ganz der Mann dazu, in einem Alter, wo Andere noch auf vorwiegend receptive Thätigkeit angewiesen sind, mit diesem Streben nach Selbständigkeit vollen Ernst zu machen. Dies bekundet auf das Deutlichste die durchaus eigenartige Weise, wie er auf Grund selbständiger Ueberlegungen das Erziehungsgeschäft in Angriff nimmt. Die interessanten Belege hierfür sind uns erhalten in den Mittheilungen an Herrn v. Steiger (XI. 1 ff.). Es findet sich in denselben die Lehre vom erziehenden Unterricht, welcher Herbart seine hohe reformatorische Bedeutung für die Pädagogik verdankt, in einer Reihe grundlegender Ideen vorbereitet, die mir in weit höherem Masse als die gleichzeitigen philosophischen Versuche ein glänzendes Zeugniss abzulegen scheinen für Herbart's so früh hervortretende Befähigung, das Wirkliche mit Umsicht und Scharfblick aufzufassen und in einem klaren, wohlgeordneten Denken zu verarbeiten. Hier handelte es sich nicht bloss um Fortbildung überkommener Gedanken, sondern es galt, durch eigene Beobachtung und Reflexion die neuen Wege zu bahnen, die weitab von der „alten gewöhnlichen Heerstrasse" und ihren „ausgefahrenen Gleisen" (S. 31) führten.

Vor allen Dingen sehen wir Herbart bemüht, über den Geisteszustand seiner Zöglinge in's Klare zu kommen, und mit feinem psychologischen Blick dringt er in die Individualität des Einzelnen ein, wonach dann Unterrichtsfächer und Methode für Jeden anders gewählt werden. Was ihnen zweckmässig, was nachtheilig sei, „sucht er, um nicht auf ihre Kosten zu lernen, durch seine Berechnungen vorauszusehen" (ebd. S. 33). Als leitenden Gedanken seiner Bemühungen spricht er aus: „Der Zweck der Erziehung ist, die Kinder dem Spiele des Zufalls zu entreissen. Der Erziehung gibt also die Zuverlässigkeit ihres Plans ihren Werth, immer muss sie ihren Erfolg, wo nicht mit Gewissheit, doch mit hoher Wahrscheinlichkeit vorhersehen; gibt sie sich ohne die äusserste Noth blossen Möglichkeiten preis, so hört sie auf Erziehung zu sein." Und bei solch' allgemeinen Ueberlegungen hatte er es nicht bewenden lassen. „Ich hatte", fährt er fort, „einen Plan entworfen, den ich für so sicher als möglich hielt, und der, wenn er zwei Jahre auf's strengste beobachtet wurde, eine dauerhafte Wirkung versprach." (S. 27).

Für solche Bestrebungen und Anschauungen bot nun freilich der Idealismus Fichte's ganz und gar keinen Platz[11]), und immer mehr musste Herbart zur unerschütterlichen Ueberzeugung gelangen, dass es nothwendig sei, aus den Vorstellungsweisen desselben völlig herauszutreten. An Stelle der Freiheitslehre, die dort das Werk der Philosophie krönen sollte, musste er, seinen Erfahrungen und Tendenzen gemäss, einen Determinismus setzen, der durch causalen Zusammenhang und strenge Gesetzmässigkeit des psychischen Geschehens auch eine planmässige Einwirkung auf dieses gestattete. Nur galt es, dieser Gesetzmässigkeit auch auf die Spur zu kommen, um sie für die Zwecke der Erziehung verwenden zu können. Wir dürfen wohl annehmen, dass in Verfolgung dieses Weges, unter unmittelbarer Anlehnung an die Daten der Erfahrung, Herbart einen guten Theil der psychologischen Ueberlegungen gewann, durch welche er für Deutschland der Begründer einer wissenschaftlichen Psychologie geworden ist. Gleichzeitig war ihm aber der Eingang in die Psychologie auch von Seiten des allgemeinen philosophischen Problems, das er sich gestellt hatte, zubereitet und es war gewiss von Belang für die Förderung seiner philosophischen Bestrebungen und deren besondere Gestaltung, dass die Anforderungen der practischen Wirksamkeit und die Antriebe der Speculation auf ein und denselben Punct der Untersuchung hinführten.

Das speculative Interesse freilich an den höchsten Fragen der Philosophie nahm, wenn es auch seine übermächtige Herrschaft vor den practischen Aufgaben etwas hatte beschränken müssen, immer noch die centrale Stellung im Gedankenkreise Herbart's ein. „Weder vor der grossen Natur", schreibt er am 28. Jan. 1798 (Rel. S. 56), noch vor der Arbeit, die ich hier gefunden habe, kann in mir das Bedürfniss derjenigen Philosophie verstummen, die ich suchte, und zu der ich den Eingang gefunden zu haben glaube." Von dem Anblick des Schönen und Erhabenen in der Natur, von der Pflicht, mit Lehre und Empfindung in die Tiefe menschlicher Herzen einzudringen, fühlt er sich „gewaltiger hingerissen gegen die unbekannte Einheit ausser mir, die alles das zusammenhält und belebt, und die unbekannte in mir und anderen, die es im Bilde zusammenfasst und dem Bilde selbst Sinn und Bedeutung gibt." Die Idee der Wissenschaftlehre drängt sich ihm allenthalben wieder auf, und Fichte's bisherige Ausführungen scheinen ihm nur durch den Contrast das Ideal zu erheben. Aber die Ausgestaltung desselben nach seinem eigenen Bedürfniss wird ihm auch jetzt noch keineswegs leicht. In einem einzigen Brief begegnen wir der gehobenen Stimmung äusserst angestrengten, jedoch auch gelingenden Schaffens (Ende Febr. 1798. Rel. S. 49), und noch am 4. Sept. 1799 kann er von dem Nachmittag, an dem er denselben schrieb, sprechen als von dem „einzig hellen Stern", der ihm aus der weiten öden Finsterniss jener Zeit" glänze (ebd. S. 91). Es raube ihm oft Ein Gedanke, äussert er im Sommer 1798 in einem Bericht an H. v. Steiger[12], das Bewusstsein aller seiner anderen Verhältnisse, „leider mehr durch das Streben ihn zu ergründen, als durch seine Lebhaftigkeit" (XI, 37), um im Herbst darauf zu erklären, er glaube zwar die grössten Schwierigkeiten der vor ihm liegenden Arbeiten überwunden zu haben, müsse aber durch dieselben ganz durchdringen, um zur völligen Ruhe und Besinnung zu kommen (XI. 27). Dass er die Empfindung heiterer Seelenruhe, den ungetrübten Reiz des Denkens „in den letzten beiden Jahren oft gesucht und vermisst" habe, klagt er im Brief an Muhrbeck vom 28. October 1798 (Ungedr. Br. S 8), der überhaupt für die Kenntniss seines inneren Lebens eines der interessantesten Zeugnisse bildet. Gleichwohl ist er um diese Zeit in seinen philosophischen Arbeiten bereits soweit gediehen, dass sich mehr und mehr der Gedanke an eine philosophische Berufswirksamkeit bei ihm festsetzt. In einem Brief an seine Eltern vom letzten Juni 1798 verbreitet er sich ausführlich über seine Lebenspläne: „Mein jetziger Reichthum besteht in einigen Ueberzeugungen, die den Keim vieler folgenden zu enthalten scheinen. Jetzt erhebt mich eine innere Gewissheit über die Systeme unserer Zeit, das Fichte'sche so wenig, als das Kant'sche ausgenommen; sollte ich auch irren, so halte ich es doch für ein grosses Glück, ohne Führer und ohne Furcht ein eigenes Feld durchwandern zu können, das sich bei jedem Schritt zu erweitern scheint" (Rel. S. 63). „Eine Versorgung glaube ich in einer philosophischen Professur zu finden. Fichte's wiederholte Zeugnisse und wohl mehr noch die Proben, die ich mir selbst abgelegt habe, scheinen mich zu versichern, dass, wenn mir irgend etwas gelingen könne, es die Speculation sei. Befriedigen mit dem, was unsere berühmten Männer geleistet haben, kann ich mich unmöglich; selbst die Richtungen, die sie nehmen, entfernen sich weit von dem Wege, der ziemlich bestimmt vorgezeichnet, als derjenige vor mir daliegt, auf dem man sich zunächst versuchen sollte" (ebd. S. 69).

Nähern Aufschluss über diese Richtung und Herbart's Fortschritt in derselben gibt ein Aufsatz, der, unter dem Titel „Erster problematischer Entwurf der Wissenschaft," Ende August 1798 in dem Badeorte Engisstein bei Bern niedergeschrieben, sammt den kurze Zeit darauf hinzu gekommenen Anmerkungen (XII. 38 ff. vgl. Vorr. S. XI.) für die Entwicklungsgeschichte der Herbartischen Methaphysik ein sehr werthvolles Belegstück bildet. Während sich einerseits der Zusammenhang mit Fichte auf das Kenntlichste verfolgen lässt, sind anderseits eigenthümliche Gedankengänge der Herbartischen Philosophie bereits zu vollständiger Ausprägung gelangt. Letzteres zeigt am besten ein Vergleich mit §§. 24 ff. der „Psychologie als Wissenschaft" (V. 267 ff.), wo ganz in derselben Weise, wie in jenem ersten Entwurf, das widerspruchsvolle Ich entwickelt und die Auflösung der Widersprüche vorbereitet wird. Auf die Beziehungen zu Fichte wird noch näher einzugehen sein, zuvor aber haben wir den wesentlichen Inhalt des Entwurfes selbst darzulegen.

Es ist bezeichnend für die strenge Continuität in der Entwicklung Herbart's, dass der Faden der Untersuchung genau da aufgenommen wird, wo ihn die Kritik der Schelling'schen Schriften hatte liegen lassen. Der Widerspruch im Ich, der dort schon als Ausgangspunkt der Philosophie aufgestellt wurde (s. oben S. 17), der Begriff des sich selbst Setzens, sich selbst Vorstellens, und der unendliche Cirkel, zu dem dieser Begriff führt, soll denkbar gemacht werden.

Dass alle sonstigen Bestimmungen dem Ich-Begriff zufällig sind und die Definition desselben als des „Sich-Selbst-Vorstellens" die allein adäquate ist, wird besonders deutlich in der ersten Anmerkung (XII. 48 f.) auf Grund einer Analyse des erfahrungsmässig Gegebenen entwickelt. Damit wird nun allerdings der Begriff Ich „einer der höchsten Allgemeinbegriffe, unter dem unzählige Wesen subsumirt werden können" und Herbart gibt auch sofort an, wie derselbe gewonnen sein mag: „Durch eine Abstraction ist der Begriff des Denkens zu Stande gekommen (welche den innern und nicht durch die gegenwärtigen Empfindungen veranlassten Gedankenwechsel bezeichnet); mit ihm durch Identität des Seins verbunden war ein Wollen, Empfinden, ein Leib u. s. w., welches zusammen, sofern das Denken ihm angehört, das Denkende ausmacht; durch Subsumtion des Denkenden unter das Denken entsteht das Sich-Denken oder das Ich" (S. 49). Das so gewonnene Ich wächst auf doppelte Weise in's Unendliche: einerseits indem das Denken desselben wieder einem neuen Denken subsumirt werden kann, andererseits indem die neu erworbenen Vorstellungen ihm (gleichsam nach der Breite) immer weitere Bestimmungen hinzufügen. „Alles dies Wachsen", meint aber Herbart, „scheint der Wissenschaftslehre im strengen Sinn nicht zuzugehören. Unser jetziges Problem ist gelöst, da, wo das Denkende unter das Denken subsumirt wird" (S. 50). Diese Bemerkungen — besonders die letzten Worte — zeigen auf das Bestimmteste, dass Herbart klar einsieht, um welche Frage es sich bei Auflösung seines Ich-Problems handelt: nämlich um eine **psychologische Erklärung der Thatsache des Selbstbewusstseins.** Als Resultat der Untersuchung „findet sich nachher, dass dieses letzte Object der Vorstellung Ich die zusammenbleibende Masse der Erinnerungen, Bestrebungen und Gefühle (nebst dem Leibe) also die Materie des Gedankenwechsels ist" (S. 51). Diese Masse ist nie in gleichförmiger Intension gegenwärtig, aber durchgängig verknüpft und der Wechsel derselben bildet dasjenige, was in dem vorgestellten Mich enthalten ist.

Nachdem wir uns so durch Herbart selbst den Plan der Untersuchung haben aufzeigen lassen, wird es nicht schwer halten, dem Gedankengang seines Entwurfes zu folgen.

„Der Begriff Ich setzt etwas Anderes voraus, womit jene Thätigkeit (des Vorstellens, Setzens) vereinigt sei, aber in der Vereinigung selbst muss es doch noch als Nicht-Ich von ihm unterschieden werden; soll er von dem bestimmten mit ihm verbundenen Anderen unterschieden werden und *doch noch Sinn behalten*, so wird er insofern mit einem neuen Anderen vereinigt gedacht. Er stützt sich also auf ein *mannigfaltiges* Nicht-Ich; jedes einzelne Bestimmte wird ihm zufällig durch die übrigen (ich setze mancherlei Gefühle und Vorstellungen, von denen jede durch die übrigen ersetzt werden könnte) (S. 38 f.) Hiemit ist der Grundgedanke, der zum erwünschten Ziele führt, die **wechselseitige Ausschliessung eines mannigfaltigen Vorstellungsinhalts**, ausgesprochen, und es handelt sich nun nur darum, für denselben eine methodische Ableitung aus dem Process der Vorstellungsbildung zu finden.

Bei diesem Unternehmen folgt Herbart unverkennbar dem Vorgang der Wissenschaftslehre. Das zeigen gleich die einzelnen Stufen, welche er im **Process der Vorstellungsbildung** unterscheidet: „1.) Mehrere Vereinigungen der Reflexion mit mehreren Anderen; 2.) das Setzen dieser Vereinigungen; 3.) das Gleichsetzen jenes Setzens oder jener Reflexion mit dem Einen Vereinigten." (S. 39.) Die Anmerkung auf S. 52 bezeichnet den letzten Punct klarer als „Setzen des Empfindens." Es scheint hiebei unmittelbar die von Fichte in der „Deduction der Vorstellung" (S. W. I. S. 227 ff. vgl. S 234 und im „Grundriss des Eigenthümlichen der Wissenschaftslehre" §. 2. S. 335 ff) entwickelte Stufenfolge vorbildlich gewesen zu sein. Die nähere Ausführung dieser Puncte bekundet dann freilich eine eigenartige, von Fichte wesentlich abweichende Auffassung. Dass in der „Vereinigung mit mehreren Anderen" diese Anderen auch blosse Vorstellungen sein könnten, weist Herbart ausdrücklich zurück. „Die besonderen Bestimmungen derselben wären doch dem Ich fremdartig und dieses Andere soll eben durch die Vereinigung erst in dasselbe gebracht werden." Bemerkenswerth ist die Beifügung: „Doch über den Idealismus s. die Widerlegung Schellings." Und auch das Vereinigen mit den Anderen darf nicht irgendwie als ein selbständiger Act der Ichheit aufgefasst werden; es ist „nicht das Setzen selbst. Für sich selbst ist es gar Nichts; nur insofern es jedem Einzelnen zufällig gesetzt werden kann, mag man es Tendenz zur Vereinigung nennen. (Eine Thätigkeit, die ohne das Andere wirklich etwas thun würde — sinnloser Gedanke!)" Immerhin mag man jene Tendenz zur Vereinigung als „eine gleichartige Tkätigkeit" ansehen, „der aber weil sie ein *mehreres* Thun in sich fasst, Intensität zugeschrieben werden muss, wenn man das ein Thun nennen darf, was eben so gut Leiden heissen könnte, da es Nichts ausdrückt, als die *Möglichkeit* im Ich, mit einem mannigfaltigen Nicht-Ich verbunden zu sein" (S. 39 f.) Hier ist nun, das sehen wir entschieden, mit dem selbständigen realen Nicht-Ich gegenüber dem Ich voller Ernst gemacht.

Aus den so gewonnenen grundlegenden Bestimmungen ergeben sich zunächst folgende Consequenzen: „Das Ich ist nur Eine Thätigkeit; *Ein* Thätiges *thut* auch nur Eins; die mehreren Vorstellungen sind Ein Gesetztes. Dennoch soll die Bestimmtheit derselben sich keineswegs verwirren." So denken wir das „Ich zugleich als Eins und als Mehreres. Vielheit in Einheit ist Grösse. Abstrahiren wir vom Mannigfaltigen, vom Stoff, so wird die Grösse *leere Form*. Das Mannigfaltige hat darin Continuität; ist nicht *in* einander, aber *an* einander" (S. 40). Hier tritt nun die Schwierigkeit ein, „dass der Begriff Ich die Identität mit dem Anderen zugleich fordert und ausschliesst." (S.52.) Die einzelnen Gefühlten müssen dem Ich zufällig, d. h. „verbunden und auch nicht verbunden gesetzt werden. Bisher haben wir nur die Verbindung angenommen; „soll das Ich die Nicht-Verbindung hinzu*dichten?* — durch eigenen Zwang sich nothwendig machen?" · Da wäre die zwingende Kraft Nicht-Ich; das Ich würde des aufgezwungenen „Truges inne und hörte auf, Sich zu setzen, folglich ein Ich zu sein, folglich überhaupt zu sein." Soll Verbindung und Nicht-Verbindung stattfinden, so muss die eine aufhören, die andere folgen; — das Ich also dauern. „Die vereinigte Tendenz geht aus einer Vereinigung über in die andere." (S. 41.) Aber damit nicht die Reflexion das vorhergehende Gefühl *mit* und *neben* dem folgenden, sondern jenes in dieses *übergegangen* setze: so müssen beide von der Art sein, dass sie zu einander auf dem Wege einer ihnen gemeinschaftlichen *Continuität* übergehen können. (Continuität der Farben, Figuren; der Tonlinie u. s. w.) Das Characteristische solcher Gefühle, die in *einer* Continuität liegen, ist, dass sie einander ausschliessen. Das Uebergehen bezeichnet ein solches *Ausschliessen*. Das fortdauernde Setzen also besteht nicht neben dem neuen Setzen, und da dieses die Nothwendigkeit der sinnlichen Gegenwart mit sich führt, so findet jene setzende Thätigkeit *Widerstand*, wird also ein *Streben;* und ein Streben der Reflexion ist ein *Wollen* im allgemeinsten Sinne des Worts. Die Intension des Wollens richtet sich nach der Stärke des vorhergegangenen wirklichen Setzens im Verhältniss zum gegenwärtigen" (S. 42). Denn das Vorhergehende — wie die Note auf der folgenden S. bemerkt — „ist nicht aufgehoben, nur verringert, es hat verloren, ohne Zweifel nicht an Extension, denn die hatte es nicht, also an Intension," und die Anmerkung auf S. 57 führt näher aus: „Das erste wirkliche Setzen wird nur theilweise in ein Streben verwandelt. Aus einem starken Setzen *kann* ein starkes Streben werden, weil viel zu hemmen da ist. Ist aber das Hemmende nicht stark genug, so wird das Streben auch nicht stark, aber die wirkliche Vorstellung bleibt so viel lebhafter."

Wir erkennen in diesen Aufstellungen deutlich die Grundlagen der Herbartischen Psychologie, die wechselseitige Hemmung der Vorstellungen nach Massgabe ihrer Intensität und des disjuncten

Gegensatzes. Wie sie jedenfalls mit unter dem Einfluss empirischer Daten zu Stande gekommen sind, so wird auch hier fortwährend die Controle am erfahrungsmässig Gegebenen versucht, und namentlich den Phänomenen des Wollens und seiner Befriedigung Rücksicht geschenkt. Die Ansätze quantitativer Betrachtung aber, die der Entwurf schon unverkennbar enthält — über die „Intension im Wollen" und die exacte Grössenbestimmung derselben verbreitet sich die Bemerkung auf S. 55 f. näher — wurden nach Hartenstein's Bericht (Kl. Schr. I. S. L. IV) von Herbart noch während des Schweizer Aufenthalts zu den ersten mathematisch-psychologischen Rechnungen fortgebildet[12]), wie wir ihn denn um diese Zeit besonders eifrig über mathematischen Studien finden.

Der letzte Schritt des Entwurfs, den wir hier noch zu verfolgen haben, besteht in der Erklärung, wie die Bildung abstracter Begriffe überhaupt, dann im Besonderen die des Ich-Begriffs zu Stande komme. Werden viele gleichartige A von einem ihnen gemeinsam entgegengesetzten B ausgeschlossen, so muss diese Handlung des Ausschliessens eine viel grössere Intension bekommen, als das Hinzusetzen der besonderen Bestimmungen jedes A. Wird dieses Hinzusetzen „nur unendlich schwach, so heisst ein solches Gesetztes ein *allgemeiner* Begriff, unter dem in jedem wirklichen Falle, wo die Bestimmungen durchs Gefühl also für diesmal stark genug sich aufdringen, *subsumirt*, geurtheilt wird. (Wenn man sich besinnt, so findet man, dass bei jedem allgemeinen Begriff ein dunkles Setzen jener Bestimmungen wirklich stattfinde)" (S. 46). Eine kurze Ausführung zeigt noch, wie das *Nachdenken*, als eine besondere Art des mannigfaltigen Gedankenwechsels zu Stande kommt: es ist das mit den allgemeinen Begriffen verbundene Aufstreben derjenigen besonderen Bestimmungen, welche jenen Haltbarkeit geben und unter sie subsumirt werden. Und nun der allgemeine Begriff der Persönlichkeit, des Ich: „Die Masse der Bestrebungen, Erinnerungen und gegenwärtigen Gefühle ist, — wenn gleich in abwechselnden Intensionen, immer beisammen; was immer mit ihr vereinigt bleibt (der Leib), wird mit ihr als Eins angesehen; das Uebrige, bald verbunden, bald nicht verbunden, wird ihr zufällig gesetzt. Als Eins verdient sie auch einen eigenen Namen; — sie heisse Peter. Diesem Peter werden die besonderen Bestimmungen, durch die er sich hindurchträgt, zufällig gesetzt; sind diese Bestimmungen unter allgemeine Begriffe gefasst, so wird er unter dieselben subsumirt. Da heisst es bald: Peter will, bald: Peter denkt. Woran denkt er: Das muss unter das Denken subsumirt werden. Antwort: Peter denkt an Peter. Und im nächsten Augenblick, wofern nur die Frage vorherging: woran denkt Peter jetzt? — Peter denkt, dass er an Peter denkt. Hier haben wir das *Ich*" (S. 47).

So wäre denn das Ich denkbar gemacht, das Problem der Wissenslehre gelöst. Die erste Frage, die uns hiebei dem Zwecke vorliegender Untersuchung gemäss zu beschäftigen hat, ist die nach Ursprung und Genesis der neu auftretenden Vorstellungsweisen, welche die Lösung bewerkstelligen.

Auf den engen Zusammenhang mit Fichte hat schon Hartenstein hingewiesen, wenn er (Vorw. S. XI. zu Bd. XII der S. W.) über den Entwurf bemerkt: „Die Grundbegriffe der Psychologie sind hier in ihren Anfängen wohl zu erkennen, aber sie schimmern durch die trüben und unklaren Elemente, die ihm (Herbart) von Fichte's Schule her noch anhängen, gleichsam nur hindurch, und selbst das Verständniss dieser ohnedies höchst abstract gehaltenen Aufzeichnungen ist beinahe unmöglich, wenn man sich nicht sehr genau in die Vorstellungsweisen des Fichte'schen Idealismus in seiner ersten Gestalt zurückversetzt." Allein es scheint fast, als wolle Hartenstein damit nur die trübenden Anhängsel auf die Schule Fichte's zurückführen, während ihr, wie ich glaube, ein guter Theil des wesentlichen Apparates entstammt, den Herbart zur Verwendung bringt. Schon die allgemeine Fassung der Aufgabe, von den niedrigsten Bewusstseinsformen zur höchsten des Selbstbewusstseins emporzusteigen, findet sich in der Wissenschaftslehre — wenn auch nicht in den ersten Schritten des Systems (s. S. 9 oben) — vorgebildet. Von der Setzung auf den untersten Reflexionspuncten geht „die Deduction der Vorstellung" (Fichte's S. W. I. S. 227 ff. vgl. S. 217, 333) aus, durch immer höhere Setzungen hindurch, um schliesslich den höchsten Reflexionspunct des Selbstbewusstseins zu erreichen. Ausdrücklich bekennt Herbart nach Abfassung des Entwurfes: „Mir hat Fichte's Methode die Idee der meinigen gegeben, und aus dieser Idee *allein* hat sich, so viel ich mir wenigstens bewusst werden konnte — das System entsponnen, in das wir uns jetzt den Eingang bereiten" (Rel. S. 245). Wir wollen unseren Vergleich nicht bei äusseren Aehnlichkeiten aufhalten und darauf etwa Werth legen, dass die vielgebrauchten termini der Wissenschaftslehre wie Thätigkeit, Setzen, Reflexion u. s. w. bei Herbart wiederkehren; es bleiben tiefer gehende sachliche Beziehungen. Dass die Vereinigung des Ich mit den Anderen, das Setzen dieser Vereinigungen u. s. w. nur Copieen Fichte'scher Lehren sind — gleichsam in's Realistische übersetzt, wurde bereits angedeutet. Auch muss Herbart, trotz allen Sträubens, eine Thätigkeit im Ich beibehalten (um auch späterhin nie davon loszukommen) und selbst die Verclausulirung, mit der er sie einführt, dass sie ebenso wohl ein Leiden genannt werden könne, gibt nur einen von Fichte in seinem Wechsel-Thun und Leiden" (S. W. I. S. 150 u. ö.) vielfach verwendeten Gedanken wieder. Berücksichtigen wir, dass Fichte gelegentlich sogar dem Nicht-Ich eine „unabhängige Thätigkeit" beilegt (ebd. S. 149), dass überhaupt der ganze theoretische Theil der Wissenschaftslehre zu keiner völligen Unterwerfung des Nicht-Ich führt, sondern dieses seine Macht, auf das Ich zu wirken, behält, so scheint die Ueberleitung zu den Ausführungen Herbart's hinreichend nahe gelegt. Ja die Wissenschaftslehre führt durchweg zu einer Anschauung vom Ich als einem continuirlichen Quantum, dessen angrenzende Theile einander wechselseitig bestimmen, einschränken, ausschliessen — es wird gelegentlich auch von Graden der Wirksamkeit der Thätigkeit gesprochen (ebd. S. 146) — und Herbart brauchte nur das, was dort durch eine stetige Action vom Centrum aus erzeugt wird, zu stabilisiren und dauernd den einzelnen Theilen anhaften zu lassen, um sein Ich mit den in continuis geordneten Zuständen, die einander bestimmen, ausschliessen, wobei sich die wechselseitige Einwirkung nach festen Massen gradweise abstuft, zu erhalten.

Allein neben dieser augenscheinlichen Abhängigkeit von Fichte tritt das Eigenartige in Herbart's Leistung hinreichend kenntlich hervor, um ihm das Verdienst origineller psychologischer Schöpfung ungeschmälert zu lassen. Er kann mit den Vorstellungsweisen der Wissenschaftslehre erst für seine Zwecke fruchtbar operiren, nachdem er ihnen eine wesentlich neue Fassung und Formung gegeben hat. Die Grundanschauung gewinnt, wie wir bereits sahen, eine völlig veränderte Gestalt dadurch, dass das Ich keine ursprüngliche freie Thätigkeit behält, sondern sich zur Vereinigung mit einem real von ihm Getrennten genöthigt sieht. Fichte häuft Actionen über Actionen, um schliesslich durch ein absolutes Abstractionsvermögen, das in der Fähigkeit besteht, von allem Object überhaupt zu abstrahiren (ebd. S. 243), das reine Selbstbewusstsein zu gewinnen. Gegen solches Verfahren kehrt Herbart eine scharfe Kritik. Er erinnert, „dass eine Aneinanderhäufung unendlich vieler *absoluter* Reflexionen nicht nur eine ganz willkürliche Hypothese sein, sondern auch unsere Ueberzeugung von der Einheit unseres Wesens Lügen strafen würde, weil es uns selbst als Aggregat eben so vieler Grundkräfte darstellte" (S. W. XII. S. 53) und zu Fichte's „Abstractionsvermögen" bemerkt er: „Dieser *qualitas occulta* könnte man erstlich vorhalten, dass sie eine völlig willkürliche Hypothese, ein blosses Ruhekissen des trägen Nachdenkens sei; sie aber zu widerlegen, bleibt wohl Nichts, als die dadurch verletzte Einheit unseres Wissens, die Identität des Ich" (S. 55). Die beiden Hauptargumente, mit denen Herbart's Psychologie den vernichtenden Kampf gegen die Seelenvermögen führt, sind hierin ausgesprochen, und wie eine solche Polemik in Herbart's Individualität begründet war, wird begreiflich, wenn wir uns erinnern, dass der gemeinsame Grundzug aller Vermögenstheorien darin besteht, aus leeren Allgemeinheiten, Abstractionen ihr System aufzubauen. Diesen Standpunct hatte die Wissenschaftslehre mit einer Schärfe zum Ausdruck gebracht, die sehr geeignet war, einen Geist wie Herbart zur Opposition zu drängen. „Von dem Endlichen aus" — heisst es dort — „gibt es keinen Weg in die Unendlichkeit, wohl aber von der unbestimmten und unbestimmbaren Unendlichkeit, durch das Vermögen des Bestimmens zur Endlichkeit. Die Wissenschaftslehre muss diesen Weg nehmen, und vom Allgemeinen zum Besonderen herabsteigen" (Fichte's S. W. I. 333). Dabei fragt sie, als Wissenschaft, „schlechterdings nicht nach der Erfahrung und nimmt auf sie schlechthin keine Rücksicht. Sie müsste wahr sein, wenn es auch gar keine Erfahrung geben könnte" (ebd. S. 334).

Gegenüber solchen Anschauungen kommt Herbart's Werthschätzung des durch die Erfahrung Gegebenen, wie wir bereits sahen, zu entschiedenem Ausdruck. Dabei musste ein klarer Blick, der durch das pädagogische Interesse noch besonders geschärft war, unvermeidlich auf die concreten facta des Seelenlebens gelenkt werden, denn die reelle Wirklichkeit zeigt nun einmal nichts anderes als die einzelnen Elemente, welchen die allgemeinen Bestimmungen als blosse Producte unseres Denkens gegenüberstehen. Gleichzeitig war Herbart durch die Aufgaben des Unterrichts und durch das eigene Interesse zu eingehender Beschäftigung mit Mathematik und Naturwissenschaften geführt worden. Er sucht für sein Philosophiren „nach Rüstzeugen umher, die schweren Steine zu heben, Analysis des Unendlichen, Combinationslehre, philosophische Literatur, Erfahrung an Menschen und Kindern — wer weiss was alles" (Ungedr. Br. S. 9) und seine mathematischen Studien gehen so weit, dass er sich sogar mit dem Gedanken beschäftigt, später einmal eine mathematische Professur zu übernehmen (ReL S. 69); „denn die Mathematik wird mir," fügt er hinzu, „schon wegen ihrer nahen Verbindung mit der Philosophie, fast eben so wichtig sein, wie diese selbst."[14]) Die Mathematik hatte er unmittelbar in die psychologischen Untersuchungen eingeführt, und die Physik und Chemie — deren Werthschätzung sich namentlich in seinen Mittheilungen an Herrn von Steiger kund gibt — boten wirksame Vorbilder exact wissenschaftlicher Behandlung des Thatsächlichen. Dem Alles verarbeitenden und in echt philosophischem Geist durchdringenden Verstande Herbart's musste die Bestimmtheit und Sicherheit im Aufbau dieser Wissenschaften besonders augenfällig werden, und auch der Grund dieser Vorzüge konnte ihm nicht verborgen bleiben. Schon über ein Jahrhundert lang hatte sich das Streben der Physiker, die überlieferten qualitates occultae sich vom Halse zu schaffen, auf das Glänzendste bewährt; Herbart will sie nun auch aus der Psychologie verbannen.

Auf solchen Grundlagen mag der **principielle Gegensatz** erwachsen sein, in welchen Herbart's Behandlung psychologischer Fragen zu Fichte tritt. Das concret Wirkliche in den Phänomenen des Bewusstseins, die greifbaren Elemente des Seelenlebens, wie sie die innere Beobachtung unmittelbar aufzeigt, werden für ihn die Träger der Thätigkeiten, Strebungen, wechselseitigen Bestimmungen, aus denen bereits die Wissenschaftslehre den psychischen Thatbestand hervorgehen liess. Aber die vagen Allgemeinheiten derselben gewinnen durch diese wesentliche Modification mit einem Schlage eine fest ausgeprägte Gestalt von greifbarer Bestimmtheit; sie lasssen sich in concreter Anschaulichkeit fassen und ihre Grössenbeziehungen verharren nicht in den schwanken Umrissen bloss symbolischer Bezeichnungsweise, sondern werden in die scharfumgrenzte, feste Form des mathematischen Ausdrucks geschmiedet, der die geeignete Handhabe bietet für ein Verfahren von höchster wissenschaftlicher Strenge.

Wir begegnen hier einem analogen Verhältniss zur Wissenschaftslehre, wie in der vorigen Periode, wo Herbart seine Aufstellungen über Princip und Methode der Philosophie gewinnt. Auch dort entnimmt er alle Anhaltpuncte Fichte, um sie, seiner individuellen Richtung angemessen, unter streng logische Kriterien und Operationen zu bringen, statt mit den Thathandlungen der Wissenschaftslehre fortzuschreiten. Hier sind es die **Anlehnung an die Erfahrung und die Anforderungen exacter Wissenschaftlichkeit**, die ihn veranlassen, aus dem vorgefundenen Material einen Bau nach neuem, selbständigem Plane aufzuführen, wobei denn freilich gar manches Stück umgeformt, oder gar völlig verworfen und ein neues an seine Stelle gesetzt werden muss. Dieser **doppelseitige Ursprung** wie der gesammten Metaphysik, so auch namentlich der Psychologie Herbart's — einerseits aus rein speculativen Tendenzen, andererseits aus Antrieben der Forschung, welche zum Geiste jener in directem Gegensatz steht, — hat den doppelseitigen, um nicht zu sagen, zwiespältigen Character bedingt, den seine theoretische Philosophie nie verleugnen konnte.

Zwischen den Jenenser Leistungen, und dem, was Herbart in der Schweiz neu erarbeitete, zeigt sich ein bemerkenswerther Unterschied. Jene Abhandlungen waren durchaus beherrscht vom **formalen Interesse**;

logische Gesichtspuncte waren für sie in erster Reihe massgebend, und die positiven Aufstellungen über Princip und Methode — die Setzung des Widerspruchs und der nothwendige Fortschritt durch Auflösung desselben — sind rein logischer Natur. Anders der eben betrachtete Entwurf. Ein präcis formulirter logischer Widerspruch als Ausgangspunct der Untersuchung fehlt hier gänzlich; nicht als ob Herbart diesen Ausgangspunct aus dem Auge verloren hätte, — vielmehr war gerade auf die strenge Continuität hinzuweisen, mit der die neue Leistung den frühern Aufstellungen sich anschliesst (s. oben S. 24) — allein auf jene formalen Fragen und Auseinandersetzungen geht er im Entwurf nicht mehr ein. Hätten wir diesen allein, wir würden ihm nicht entnehmen können, welche Bedürfnisse, welche Ueberlegungen Herbart ursprünglich zur Untersuchung getrieben hatten. Dass es wohl an formalistischen Wendungen auch hier nicht fehlte, dafür hatten die eigene Anlage des Urhebers und die Schule Fichte's genügend gesorgt, doch aber ist mit entschiedenem Uebergewicht an die Stelle der Form die Sache, an Stelle der logischen Deduction die psychologische Entwicklung getreten und jene kommt nirgends mehr zu selbstständiger Geltung. Ob damit aber nicht der Consequenz der Entwicklung Eintrag gethan ist? — Die streng logische Formulirung des Problems hätte eine streng logische Lösung verlangt, und es fragt sich, ob der Entwurf diese geleistet hat. Ist logisch an den vorgefundenen Begriffen etwas geändert, ist eine solche Aenderung auch nur versucht worden? Bleibt nicht der Ich-Begriff nach wie vor der des sich selbst Vorstellens, nur dass eine sachliche Erörterung der Vorstellungsbildung gezeigt hat, wie dieser Begriff entstanden sein mag? War also das mit der Auflösung des im Princip enthaltenen Widerspruchs gemeint, dass man die psychologische Entstehung des Widerspruchs nachweisen solle? — Die Entwicklungsgeschichte hat auf eine nähere Discussion dieser Fragen nicht einzugehen; dieselben sollten nur die Schwenkung bemerklich machen, welche sich im Fortschritt des Herbartischen Philosophirens von der formal logischen Richtung der Jenenser Periode zum material psychologischen Character der Schweizer Untersuchungen vollzieht.

Auch in anderer Hinsicht noch scheint eine Discrepanz zwischen der frühern Aufstellung des philosophischen Problems und dem nunmehrigen Lösungsversuch vorzuliegen. Kommt diesem wirklich die weittragende Bedeutung zu, die dort der Discussion des Ich-Begriffs augenscheinlich beigemessen wurde? Thatsächlich scheint die gewonnene Lösung nur die Erklärung eines einzelnen psychologischen Factums zu enthalten, wobei allerdings wichtige Grundbegriffe für eine Wissenschaft vom psychischen Geschehen sich ergeben, ohne dass aber weiterhin ein erheblicher Erwerb für ein Gesammtsystem der Philosophie bemerkbar wäre; und Herbart hatte doch von der Lösung der im Ich-Begriff enthaltenen Widersprüche nichts weniger als die Erzeugung des philosophischen Systems erwartet. Gerade die metaphysischen Grundfragen aber, deren Behandlung durch Fichte und Schelling so dringlich gemacht war, und zu denen der Philosoph damals in erster Reihe Stellung nehmen musste, werden nur gelegentlich berührt und erfahren keine ausgeführtere Erörterung. Zwar zeigt sich in Bezug auf das Verhältniss von Idealismus und Realismus eine grössere Klarheit und Entschiedenheit, als in den Jenenser Arbeiten, wofür neben dem früher (oben S. 25) Erwähnten noch einige weitere Nachweise zu erbringen sind. Herbart denkt nicht mehr daran, aus dem Ich-Begriff die gesammte Philosophie als Wissenschaftslehre abzuleiten. Sein Entwurf bezieht sich nur auf die „Wissenslehre", neben welche als coordinirte Disciplin die „Naturphilosophie" — wir dürften wohl auch sagen „Seinslehre" — zu treten hat; denn „Naturphilosophie unterscheidet sich dadurch von der Wissenslehre, dass jene von einem Sein, diese von Begriffen ausgeht. Jene muss daher durch diese gegen die Einwürfe des Idealismus erst gesichert werden." Dafür muss dann die Naturphilosophie „über den Streit von der Substantialität der Seele entscheiden" (XII. 48). Bei diesen allgemeinen Andeutungen bleibt es aber; denn vorläufig ist für Herbart das Denkende nur ein „unbekanntes Etwas, das nicht bloss reflectirt, sondern sich auch mit Anderem vereinigt" (S. 54) und wo von einer „Wirksamkeit des Ich in der Sinnenwelt" die Rede ist, heisst es: „Unsere geforderte *Verbindung* bestätigt die Erfahrung, zur Erklärung der *stabilirten* Harmonie; ob sie eine *prästabilirte*, oder ein *influxus physicus*, oder was sonst sei, darüber wird hier nichts behauptet" (S. 45). Ueber Art und Wechselwirkung des Seienden, und über den Platz, der dem absoluten Sein zukommt, erfahren wir auch jetzt noch nichts Bestimmtes, und bemerken daher in der speciellen Ausgestaltung der metaphysischen Ansichten keine erheblichen Fortschritte gegenüber dem, was bereits die Aufsätze über Schelling enthielten. Mag immerhin der jetzt gelungene Entwurf das Fundament zu einer neuen Psychologie gelegt haben, so scheint doch seine Ausbeute für eine allgemeine philosophische Ueberzeugung, ein philosophisches System, nur gering. Jedenfalls würden wir nach den erhaltenen Zeugnissen, den Ursprung von Herbart's System weit eher in die Jenenser, als in die Schweizer Periode verlegt haben.

Anders hat er selbst, und haben seine Schweizer Freunde[15]) die Sache aufgefasst. Hören wir zunächst, was einer der letzteren, Böhlendorf, am 10. December 1798 aus Bern schreibt: „Herbart hat sein System gefunden. Dass es kein System, wie von Reinhold, Kant, Fichte, Schelling — sondern eine ganz andere Art von Systemen sei, kann Dich schon seine Entstehung lehren. Fichte hat die Wissenschaftslehre zuerst im Traume gesehen; Herbart hingegen, — nachdem er sich durch Fichte's und Schelling's, Kant's Systeme durchgearbeitet, Chemie, Mathematik als schwere Steine langsam vor sich hergewälzt, und mit einer gewissen selbstbewussten Macht in der Welt um sich her gesehen, dann in sein eigenes Herz zurückgesehen, entstand das seinige in dem anmuthigen Wäldchen von Engisstein, unweit Höchstetten, wo er drei Wochen eremitisirte" (Rel. S. 87). Diesem Bericht fügt Herbart in bescheidener Weise hinzu: „Was ich gearbeitet, hat Dir Böhlendorf richtig angegeben, wenn Du statt eines Systems einige erste Puncte davon denkst, deren Unrichtigkeit ich beim weiteren Auszeichnen *noch* nicht gefunden habe. Mir wäre das an sich noch nicht der Rede werth, und Du wirst es hoffentlich keiner weiteren Rede werth halten" (ebd. S. 89). Allein dass in der That auch ihm die neuen Entdeckungen von erheblicher allgemeiner Bedeutung erschienen, zeigt eine Aeusserung aus dem Jahre 1802: „Meine philosophische Muse scheint an den kleinen Bach zu Engisstein, wo ich ihr im Grunde zuerst begegnete, gebannt zu sein" (ebd. S. 146), sowie die spätere Erklärung: „Die Grundgedanken meiner Metaphysik wurden festgestellt in den Jahren 1798 und 1799" (VIII. 212), welche sich wesentlich auf den Inhalt des Entwurfs und der dazugekommenen Bemerkungen beziehen dürfte.

Wenigstens scheint, um die angeführten Kundgebungen begreiflich zu finden, keineswegs die Annahme erforderlich, dass Herbart's derzeitiger Besitzstand an metapysischen Ansichten das dort Entwickelte erheblich übertraf. Vielmehr lag es in der Natur der Sache, dass er Bedeutung und Tragweite seiner neuen Leistung ganz anders beurtheilte, als wir es eben thaten. Wie für ihn das Ich-Problem von vorn herein kein speciell psychologisches, sondern das allgemeine philosophische Grundproblem war, so mochte ihm auch Alles, was sich auf dessen Lösung bezog, in diesem Lichte erscheinen, und er konnte dabei leicht den rein psychologischen Character der gewonnenen Resultate übersehen. Dass dies in der That der Fall war, indem er ihnen in der Folge unmittelbar den wesentlichen Apparat zum Aufbau der allgemeinen Metaphysik entnahm, wird im weiteren dargelegt werden, und es erhellt daraus das Recht, von denselben später als Grundbegriffen der Metaphysik zu reden. Ebenso begreifen wir, wie Herbart die Entstehung seines Systems von jenem ersten Entwurf datirt, denn bis dahin war er ja über die Problemstellung nicht hinausgekommen, durch welche er allerdings principiell bereits die Bahn seiner eigenen Philosophie betreten hatte. Ob dieselbe aber auch gangbar sein würde, blieb noch fraglich, bis nun thatsächlich der erste Schritt gelungen war — und zwar in einer Weise, welche auf das Selbstbewusstsein des jungen Philosophen mächtig zurückwirken und auch für die Folgezeit die Erinnerung an diese Entwicklungen zu einer besonders lebendigen machen musste. Vor allem schien erreicht, was für Herbart wohl früh schon ein leitender Gesichtspunct war — die Vereinigung von Speculation und Erfahrung. Diese bot in der inneren Beobachtung eine Bestätigung für die Resultate jener und damit eine erhebliche Garantie ihrer Sicherheit. Zugleich fand sich Herbart mit seinen psychologischen Untersuchungen auf einem Gebiete, auf welches die zeitgenössische Philosopie wohl verwiesen hatte, ohne es aber irgendwie fruchtbar anzubauen; vielmehr mussten ihre hieher gehörigen Versuche, sowie die ganze bisherige Psychologie als völlig unzureichend und unwissenschaftlich angesehen werden. Dem gegenüber durfte sich Herbart wohl sagen, die Bahn für eine neue Wissenschaft gebrochen zu haben und dieses Bewusstsein wahrhaft reformatorischer Schöpfung musste das kraftvolle Selbstgefühl, mit welchem er mehr und mehr auf das eigene Denken sich zurückzog und der Zeitphilosophie entgegentrat, auf das Höchste steigern. Die grosse Bedeutung, welche von nun an für Herbart seine psychologischen Untersuchungen gewannen, wird vollends begreiflich, wenn wir beachten, wie er ihnen durch Verbindung mit dem Calcül die strengste Wissenschaftlichkeit und Exactheit verliehen zu haben glaubte. Die „gute Gesellschaft der Mathematik", die in der Geschichte der neueren Philosophie eine so hervorragende, wenn auch keineswegs glückliche Rolle spielt, verschaffte auch hier dem Gegenstand ein gar viel gewichtigeres Ansehen, und Herbart spricht es in der Vorrede zu seiner „Psychologie als Wissenschaft" (1824) geradezu aus, dass er, „während eines vollen Vierteljahrhunderts ankämpfend wider Wind und

Strom, nur mit äusserster Anstrengung seine Richtung habe behaupten können, und ohne die Stütze der Mathematik sicherlich hätte unterliegen müssen."

All' diese Momente muss man sich gegenwärtig halten, wenn man verstehen will, wie von nun an die psychologischen Betrachtungen eine so prävalirende Stellung in Herbart's theoretischem Philosophiren gewinnen, und die Ausbildung des Systems auf das tiefgehendste beeinflussen. Durch Einführung der psychologischen Elemente in seinen Gedankenkreis ist die vorliegende Periode von ausserordentlicher Wichtigkeit und hebt sich mit ihrem eigenartigen Inhalt sehr bestimmt gegen die übrigen ab.

Weniger genau lässt sich eine zeitliche Abgrenzung finden. Zwar sind die besonderen Einflüsse des Schweizer Aufenthalts so sichtlich wirksam, dass es gewiss berechtigt war, mit ihm den neuen Abschnitt beginnen zu lassen. Ob es während desselben aber nicht noch zu weiterer Ausführung der philosophischen Gedankengänge kam, als wie weit wir sie bisher verfolgten, lässt sich urkundlich nicht feststellen. Gewiss begehen wir keinen grossen Fehler, wenn wir hier wieder die Aenderung in den äusseren Lebensverhältnissen Herbart's benutzen — seinen Weggang aus dem Steiger'schen Hause und der Schweiz, der auf den Beginn des Jahres 1800 fällt —, damit einen Markstein auch seiner inneren Entwicklung zu bezeichnen. Für den weiteren Fortschritt derselben fehlt es ohnedies an so ausgeführten Documenten und bestimmten Anhaltspuncten, wie sie uns bisher vorlagen. Daher ist auch eine weitere Unterscheidung von Perioden nicht möglich und wir sind genöthigt, die völlige Ausgestaltung des Systems — zu der noch ziemlich viel erfordert wurde — zum Inhalt eines einzigen noch übrigen Abschnittes zu machen, der zwar seinem eigenen Charakter nach weniger scharf bestimmt ist, gegen die vorausgegangenen Entwicklungsstufen sich aber hinreichend deutlich abhebt.

IV. Vorbereitung zum akademischen Beruf und erste Ausübung desselben.

Die griechische Philosophie und die positiven Wissenschaften. Abschluss des metaphysischen Systems.

Schon die äusseren Lebensumstände Herbart's während dieser Periode geben kein so einheitlich geschlossenes Bild, wie dies bei den früheren Abschnitten der Fall war. Nachdem er die Schweiz mit dem Beginne des neuen Jahrhunderts verlassen, verlebt er zwei Jahre im Hause seines Freundes Smidt in Bremen, neben Ertheilung einiger Privatstunden vorzugsweise mit der eigenen Vorbereitung fürs Katheder beschäftigt, und geht sodann nach Göttingen, wo er sich im Herbst 1802 als Docent für Philosophie und Pädagogik habilitirt.

Am erfolgreichsten wirken um diese Zeit die pädagogischen Interessen bei ihm nach und kommen bei seinen ersten literarischen Veröffentlichungen, die in das Jahr 1802 fallen, zum Ausdruck. In einer Zeitschrift bespricht er Pestalozzi's Schrift: „Wie Gertrud ihre Kinder lehrte" und schreibt über dessen „ABC der Anschauung" ein selbständiges Buch (S. W. Bd. XI). In seinen Privatstunden treten zwei

IV. Vorbereitung zum akademischen Beruf.

Gebiete in den Vordergrund, die ihn bereits in der Schweiz von pädagogischer Seite her lebhaft beschäftigt hatten: Mathematik und griechische Literatur. „Auf meinem Schreibtisch liegen an der einen Seite griechische, an der anderen mathematische Bücher" schreibt er am 8. Februar 1801 (Rel. S. 120) und im Mai darauf: „Ich lehre hier meistens dasjenige, was ich ohnehin, aber mühsamer für mich allein meinem Gedächtnisse würde einprägen müssen: Combinationslehre, Analysis, vertrautere Bekanntschaft mit den Griechen — diese Hülfswissenschaften sind mir unentbehrlich, und so wenig ich das Gewicht unserer neuen Philosophie fühle, so bin ich doch in der höheren Mathematik und in der Kenntniss der Alten viel zu lange vernachlässigt, als dass ich darin nicht immer nur noch Anfänger sein könnte." „Ich arbeite" — heisst es einige Zeilen später — „an einer Einleitung in die Betrachtung des Uebersinnlichen, zum Theil auf dem Wege der Griechen" (ebd. S. 122). Bezeichnend ist die Zusammenstellung der Collegien, die er in Göttingen im Sommer 1802 hört: über Pindar und höhere Mechanik (ebd. S. 144).

Die erste philosophische Kundgebung Herbart's in dieser Periode, die wir als Quelle zu benutzen haben[16]), bilden zwei Reihen von Thesen, die er am 22. und 23. October 1802 zum Zweck der Promotion und der Habilitation in Göttingen öffentlich vertheidigte. Nach Hartensteins Vorgang sind dieselben neuerdings auch von Zimmermann (Sitz.-Ber. der Wiener Akad. Bd. 83. S. 226) als Schlusspunct der philosophischen Entwicklungsperiode Herbart's angenommen worden. Jener bemerkt nämlich (XII. Vorw. XI): „Gegen die Mühe und Arbeit des Suchens, welche in den früheren Aufsätzen sichtbar ist, sticht die Klarheit und Bestimmtheit der Thesen auffallend ab, welche Herbart im October 1802 bei seiner Habilitation vertheidigte; jeder der Sätze, die sie enthalten, ist der Ausdruck eines in seiner Sphäre zur Reife gediehenen Denkens; keinen derselben hat Herbart später zurückzunehmen sich veranlasst gefunden; und mit ihnen kann die Periode der Vorbereitung als abgeschlossen angesehen werden. Sie zeigen, dass, die Principien der Ethik ausgenommen, er damals schon über das Verhältniss der verschiedenen Gebiete der philosophischen Untersuchung sammt den Grundgedanken der Metaphysik und Psychologie mit sich in's Reine gekommen war." Für die vorliegende Untersuchung ist es natürlich eine wesentliche Frage, ob sie ihr Ziel schon in den Thesen findet, und daher eine nähere Discussion derselben erforderlich.

Was Hartensteins erste Bemerkung anlangt, so liegt es wohl in der Form von „Thesen" begründet, dass sie „klar und bestimmt" auftreten und Nichts von der „Mühe und Arbeit" einer eigentlichen Untersuchung verrathen können. Einzelne aus jenen Untersuchungen herausgegriffene Sätze würden wohl ebenso klar und bestimmt ausgesehen haben. Lassen wir uns aber nicht durch die Form täuschen, und wenden unsere Aufmerksamkeit dem Inhalte zu, so scheint derselbe keineswegs eine so erhebliche Weiterbildung der Gedanken zu documentiren, welche Hartensteins Auffassung der Thesen rechtfertigen könnte. Diese haben eine doppelte Tendenz: die Präcisirung des eigenen und die Zurückweisung abweichender Standpuncte, nämlich des Kantischen und Fichte'schen. Dem ersteren Zweck dienen vorzugsweise die Promotions-, dem letzteren die Habilitationsthesen.

Zunächst wird in jenen (XII. 58) die Philosophie als „conatus reperiendi nexum necessarium in cogitationibus nostris" und die Metaphysik als „complexus omnium disquisitionum, quae quovis modo *ultimum* quiddam in cognitione nostra spectant" bestimmt. Die Auffindung eines „nothwendigen Zusammenhangs" unserer Gedanken war indess schon für die Aufsätze von 1796 der leitende Gedanke, und so scheint die obige Definition weit mehr diesem Standpunct angenähert, als dem des reifen Systems, welches Philosophie als „Bearbeitung der Begriffe" definirt. Ebenso verharrt die Begriffsbestimmung der Metaphysik noch in einer vagen Allgemeinheit, welche merklich absticht von der späteren, weit engeren und präciseren Fassung: „Metaphysica est ars experientiam recte intelligendi (Wissenschaft von der Begreiflichkeit der Erfahrung)" (IV. 527). Eigentlich sachliche Aufstellungen beginnen erst mit These IV. und bringen Herbart's Ansichten über die Einheit des Princip's und über Causalität — zwei Fragen, die bereits 1796 sein Nachdenken in erster Reihe beschäftigt hatten: „Ex uno eodemque principio an omnes metaphysicae veritates possint erui, adhuc usque dubitandum est. Sed si possent, haec istius scientiae tractandae ratio, etsi optima, tamen nec unica, nec plane sufficiens minimeque in docendo statim ineunda." Ein Fortschritt gegen 1796 zeigt sich hier insofern, als damals noch am Einen Princip — wenn auch nicht aus formalen Gründen — festgehalten wurde. Uebrigens lässt das „adhuc usque dubitandum" die von Hartenstein urgirte Bestimmtheit etwas vermissen, und fast scheint in dieser Beziehung der Entwurf von 1798 bereits entschiedener vorgegangen zu sein, wenn er ausdrücklich Wissenslehre und Naturphilosophie trennte. Die letzten Worte der These dürften eine Hindeutung auf die griechische Speculation enthalten, deren Weg für didactische Zwecke Herbart schon längst besonders geeignet schien. Rücksichtlich des Causalprincips formulirt aber der Satz: „Principium rationis sufficientis demonstrari potest. Cujus demonstrationis hoc est fundamentum, quod, quae res commutata sit, ea tamen una eademque remansisse judicanda est" nur denjenigen Gedanken bestimmter, den bereits die Recension Schelling's dahin ausgesprochen hatte: „Bedingen, aus sich Herausgehen ist ein Widerspruch, der durch Annahme der Ursache gelöst wird" (s. oben S. 16). Im Anschluss an das eben behandelte Causalitätsproblem weisen die noch übrigen Thesen die Forderung eines zureichenden Grundes für das Sein der Dinge und die Annahme der transscendentalen Willensfreiheit zurück. Dass der Zweifel an dieser schon in den frühesten Regungen des Herbartischen Denkens auftauchte, haben wir gehörigen Ortes gesehen.

Die zweite Thesenreihe (XII. 59) hat es zunächst mit religionsphilosophischen Fragen zu thun. Die Religion gründet sich auf das ethische Bewusstsein und physicotheologische Argumente, die nach Zurückweisung des transscendentalen Idealismus wieder an Stichhaltigkeit gewinnen. Jene Zurückweisung begründet These V. „Spatii et temporis cogitationem quod e mente nostra ejicere non possumus, hoc non probat, eas cogitationes natura nobis insitas esse. Qui in hac Kantianae rationis parte latet error, totum tollit systema." Wahrscheinlich stützt sich Herbart hier bereits auf die quaternio terminorum, die er später dem Kantischen Beweise zum Vorwurf gemacht hat (I. 352. VI. 307). Allein offenbar handelt es sich hiebei nur um die formell zureichende Abfindung mit einer bestehenden

IV. Vorbereitung zum akademischen Beruf.

Lehrmeinung von bereits gewonnenem Standpuncte aus. Wer einmal mit dem consequenten Idealismus Fichte's fertig geworden war, konnte in der Halbheit des Kantischen Idealismus, den ja die Zeitgenossen genugsam hervorgezogen hatten, nicht befangen bleiben. Und nun folgt die Widerlegung jenes absoluten Idealismus: „Intellectualis intuitio nulla est. Illud *Ego*, quo quisque sui ipsius conscientiam significat, nude positum, involvit contradictionem acerrimam; quae plane resolvi, non autem ex alio loco in alium transferri debet. Resolutionem autem istam ne aggredi quidem potest philosophia, nisi sic, ut idealismum funditus evertat." Damit ist nur der Grundgedanke ausgesprochen, der Herbart's bisheriges Philosophiren beherrscht hat, und daher am allerwenigsten einen Fortschritt gegen früher bezeichnet.

So sprechen die Thesen an positiven Gedanken überhaupt Nichts aus, was nicht bereits die älteren Arbeiten erworben hatten, die daher mit gleichem Recht wie jene den Abschluss der betrachteten Entwicklung bilden könnten. All' die Lücken, welche der Standpunct von 1798 gelassen, bleiben auch hier unausgefüllt, und sehr bemerkenswerth treten noch immer die methodologischen Grundlagen des Systems entschieden in den Vordergrund vor den speciell metaphysischen Fragen, welch' letztere kaum berührt werden. Man würde uns keinen erheblichen Fehler vorwerfen können, wenn wir in den Thesen nur die präcis formulirten Resultate der Untersuchungen sehen wollten, die Herbart in seiner Kritik Schelling's bereits 1796 angestellt hatte. Nun waren allerdings diese Thesen nicht der Ort, wo er einen grossen Reichthum neuen speculativen Erwerbs ausbreiten konnte und gewiss griff er dabei lieber zu den älteren, darum aber auch sichereren Ergebnissen seines Nachdenkens zurück. Ein vollständiges Zeugniss für den derzeitigen Umfang seiner metaphysischen Ansichten ist daher hier nicht zu erwarten; immerhin aber bleibt es ein schwerwiegender Umstand, dass von dem vielen Neuen, das zum vollen Ausbau des Systems noch erforderlich war, so gar Nichts erwähnt wird.[17])

Der Gesichtspunct, unter welchem Hartenstein's citirter Ausspruch die Thesen erscheinen lässt, ist mit bedingt durch mündliche Aeusserungen Herbart's, wonach derselbe zur Zeit seiner Habilitation „nicht nur über den Standpunct der philosophischen Forschung überhaupt, sondern auch über die Bestimmungen der einzelnen Probleme und Theile der Untersuchung mit sich im Klaren war" (Kl. Schr. I. S. LVII). Allein der Briefwechsel enthält Stellen, die sehr deutlich für die Annahme zu sprechen scheinen, dass Herbart bei Abfassung der Thesen noch in keiner Weise zu einem Abschluss seiner metaphysischen Ansichten gekommen war. Er erinnert sich nachmals aus dieser Zeit „der grössten geistigen Anstrengungen", die unter deprimirenden Einflüssen anderer Art „nicht gelingen konnten" (Rel. 190) und in Göttingen sucht er ein Katheder (Brief aus dem Juli 1802. ebd. 145) „nicht für eine *neue* Philosophie — sondern für einen — wo möglich besseren und bildenderen *Gebrauch* der alten." (Sollte damit nicht vielleicht die griechische Philosophie und ihre didactische Verwerthung gemeint sein?) Denn über seine „philosophische Muse" ist er sehr ungehalten: „Sie scheint an den kleinen Bach zu Engisstein gebannt zu sein. Dort werde ich vielleicht irgend einmal — wer weiss wann? — sie wieder aufsuchen müssen." Diese Stelle könnte sogar als Andeutung gefasst werden, dass sein Philosophiren bis

noch über den Schweizer „Entwurf der Wissenslehre" nicht weit hinausgekommen sei. „Hier in Göttingen" — fährt er fort — „wird sich aus dem *pädagogischen* Gesichtspunct mancher Versuch machen lassen — und Pädagogik denke ich künftigen Winter zuerst zu lesen."
So geschieht es in der That: er liest zunächst Pädagogik, sodann auch practische Philosophie, um erst im Sommer 1804 in der „kurzen Darstellung eines Plans zu philosophischen Vorlesungen" (I. 361) dreierlei philosophische Vorträge anzukündigen: eine Einleitung mit der sich anschliessenden Logik, practische Philosophie und Metaphysik. Für die Einleitung — mit der er gleich im Sommersemester 1804 beginnt — wird „ein Rückblick in das wirkliche Werden der Philosophie, in ihre Geschichte, unentbehrlich sein." Der Vortrag darf aber „nur die *Art* der *Alten* nachahmen"; denn „die Versuche der Denker vor Sokrates deuten vollständig genug auf die mannigfaltigen, ursprünglich natürlichen Richtungen." In der Metaphysik — die zufolge der Unzulänglichkeit der Kantischen Kritik wieder erscheint — soll man „sich die Grundbegriffe, deren die Auffassung der Natur bedarf, und ihren *nothwendigen Zusammenhang* verdeutlichen, indem man *durch die Unmöglichkeit, sie zu vereinzeln,* auf die vielfach verwickelten *Beziehungen* geführt wird, in denen sie einander gegenseitig ihre Bedeutung geben" (S. 367). Hier tritt nunmehr die praevalirende Stellung, die das idealistische Problem so lange in Herbart's metaphysischen Ueberlegungen eingenommen hatte, zurück vor der allgemeineren Richtung auf die Grundbegriffe der Naturauffassung, — ein Hinweis, den übrigens bereits das im Herbst 1802 erschienene ABC der Anschauung (XI. 96) ziemlich deutlich enthält. Noch mehr zeigt Herbart's Absicht, über Metaphysik zu lesen, dass ihm nunmehr ein vollständiger Entwurf derselben vorliegen musste.
Bevor er aber dazu kommt, sie abschliessend schriftlich darzustellen, veröffentlicht er im Sommer 1805 die commentatio „de Platonici systematis fundamento" (XII. 61), die den sprechendsten Beweis gibt für seine eingehende Beschäftigung mit den Griechen und die besondere Richtung, die ihn dabei leitete. Die Abhandlung ist durchaus beherrscht vom speculativen Interesse, wenn auch der historische Gesichtspunct, die Darlegung des nothwendigen Ursprungs der Ideenlehre aus der Einwirkung des Heraklit und Parmenides auf Platon, in den Vordergrund gerückt wird (S. 65). Für das richtige Verständniss der Ideenlehre ist vor allem erforderlich, festzuhalten an der strengen Scheidung Platon's zwischen dem Sein (der οὐσία), auf das sich die wahre Erkenntniss bezieht, und der Veränderung (γένεσις), dem Gegenstande blosser Meinung (S. 71). In dem Veränderlichen — dessen Natur die Heraklitische Lehre so deutlich an's Licht gestellt hatte — sieht Platon Widersprüche, welche der ewig sich gleich bleibenden Natur des Seienden, wie es die Eleaten zuerst gelehrt hatten, zuwider sind. „Quod est, tale, quale est, omnino esse, nec aberrare debet ab ista sua qualitate; alioquin concipi nequit. Rei autem mutabilis notio interna laborat repugnantia, cum Idem Esse *ex sua ipsius qualitate in alteram transire* dicatur. Hac difficultate motus Platon sensuum testimonia prorsus segregavit a vera scientia" (S. 74). „Latet autem omnis repugnantia in eo quod *eidem* Esse tribuuntur qualitates oppositae" (S. 81). Daher auch die Schwierigkeit des Dings mit mehreren Merkmalen; denn es erscheint als gleich undenkbar, *mutabili-*

tatem et *pluralitatem* esse ejusdem rei, quae est *una* atque *immutabilis* (S. 76). In einer Beilage erklärt Herbart, er wünsche die Abhandlung in die Hände seiner Zuhörer, denn sie treffe „den Hauptnerven" seiner Vorträge über Einleitung in die Philosophie. Der Darstellung der Platonischen Lehre folge die Logik; „der Vortrag meines speculativen Systems" — erklärt er weiter — „knüpft daran die freilich von der Logik gänzlich verschiedene und von den Philosophen bisher übersehene *Methode der Beziehungen*, die man auch *Lehre von der Ergänzung der Begriffe* nennen könnte. Durch diese Methode *schwinden* (für mich) die Widersprüche hinweg, welche Plato in der Sinnenwelt antraf. Folglich ist Plato's System nicht das meinige" (S. 86). Das letztere ist gewiss richtig, aber schwer scheint es uns glaublich wenn Herbart erklärt: „Ad theoretica, ipsumque gravissimum illum de ideis locum, quod attinet, in toto hoc genere tam longe a Platone recedo, ut omnis tollatur comparatio, nec quidquam mihi inde manare possit, quod vel augeat, vel minuat philosophandi animum et confidentiam. Nullo igitur alio in Platone legendo studio ductus, nisi ut humani ingenii gressum in summo illo viro contemplarer, systematumque nexum melius cognoscerem etc." (S. 65). Dem gegenüber halten wir uns doch an die Thatsache, dass die Widersprüche der Erscheinungswelt, wie hier für Platon, so auch für Herbart den Ausgangspunct der Philosophie bilden, und dass letzterer in seiner Abhandlung gerade auf diese Seite der Lehre Platon's ein besonderes Gewicht legt.

Inzwischen näherte sich Herbart's Metaphysik wohl mit starken Schritten ihrer Vollendung, die ihr schliesslich im Sommer 1806 durch Abfassung der „Hauptpuncte der Metaphysik" (III. 1. ff.) zu Theil wurde. Denn dass hiemit wirklich erst der Abschluss zu Stande kam, dass es sich nicht bloss darum handelte, bereits vorhandene Aufzeichnungen bei guter Gelegenheit druckfertig zu machen, oder in sich längst klaren und vollständigen Gedanken die letzte angemessene Formung zu geben, dass vielmehr die Ausarbeitung des Werkchens das unmittelbare Ergebniss intensiver speculativer Bemühungen war, durch die Herbart selbst mit seinem System erst völlig in's Reine kam, scheint mir aus dem Brief vom 23. August 1806 (Rel. 157 ff.) hervorzugehen, mit welchem er die eben gedruckten „Hauptpuncte" seinem ehemaligen Zögling C. v. Steiger übersendet. Er schreibt dort: „Heiterer würde ich jetzt kommen, als Du mich seit langem gesehen hast. Erlöst von Arbeiten, für die ich die Zeit, wann sie fertig sein würden, noch vor einem Jahre nicht glaubte absehen zu können; Arbeiten, an welchen gleichwohl ein grosser Theil der Ruhe meines Lebens hing. Du empfängst meine Metaphysik. Kurz zwar, aber doch zusammengestellt... Sollte ich Dir erzählen, was ich den Sommer über gedacht, empfunden, gethan und getrieben habe: — es würde sich so ziemlich auf die Metaphysik concentriren; für diese habe ich am Morgen Gedanken und am Mittag Zuhörer und verständige Freunde zu gewinnen gesucht. „Beides ist gelungen." Er nennt drei seiner Hörer und Tischgenossen und fährt fort: „Den drei Letztgenannten vorzugsweise bin ich es schuldig, nicht zwar, dass ich überall eine Metaphysik zu Stande bringen konnte, aber wohl, dass ich *diesen Sommer* schon Kraft und Munterkeit genug fühlte, sie soweit zur Reife zu bringen... Ich vertraue, dass jeder Leser fühlen werde, wie das Raisonnement mit festem Schritt auf gebahntem Wege gradeaus geht. In der That habe ich das Ganze ohne Absatz noch Anstoss in kaum 3 Wochen von einem Ende bis zum anderen hinschreiben können. Das gibt Selbstvertrauen und ich bin so dreist, es Dir offen zu zeigen... Mich wirst Du zwar beschäftigt, aber nicht wieder gedrückt finden. Was ich jetzt noch zu leisten oder zu tragen haben mag, dessen fühle ich mich mächtig... Ich wüsste nicht, wer mir grossen Verdruss, oder was mir noch grosse Unruhe machen könnte." — Hier wird in der That Niemand mehr den Ausdruck eines völlig zur Reife gediehenen, in sich zu befriedigendem Abschluss gelangten Denkens vermissen, und das dies erst ein Ergebniss der allerletzten Zeit war, sprechen mehrere Stellen unseres Citates mit grosser Bestimmtheit aus. Daher erscheint es durchaus gerechtfertigt, die Entwicklungsperiode im metaphysischen Denken Herbart's erst mit der Abfassung der „Hauptpuncte der Metaphysik" endigen zu lassen.

Den Einführungsworten der letzteren: „Die gegenwärtige Metaphysik ist, ihrer Kürze ungeachtet, vollständig in Hinsicht dessen, was zur streng wissenschaftlichen Einsicht in ihre Behauptungen wesentlich gehört" hat die weitere Geschichte des System's durchaus Recht gegeben. Es sind zur Darstellung der Hauptpuncte späterhin keine principiell fort- oder umbildenden Zusätze gekommen. Am erheblichsten noch ist die Erweiterung, welche sie in der Folge durch das „Problem der Materie" erfahren haben (zuerst behandelt in den „Theoriae de attractione elementorum principia metaphysica" vom J. 1812. IV. 552 ff.), wenn gleich auf das Mittel zu dessen Lösung, das „unvollkommene Zusammen" bereits die Hauptpuncte als auf einen „merkwürdigen Begriff für die Naturforschung" hingewiesen hatten. Um so weniger liegt in diesem Puncte eine Veranlassung vor, die Periode der eigentlichen Entwicklung noch weiter auszudehnen.

Unserer Betrachtung erübrigt noch der Versuch, wie in den früheren Abschnitten, so auch hier die entwicklungsgeschichtlichen Zusammenhänge nachzuweisen, durch welche die Resultate der letzten Periode zu Stande gekommen sind. Eine vorherige Darstellung dieser Resultate selbst erscheint um so überflüssiger, da die präcis-bündige Zusammenfassung derselben in den „Hauptpuncten" eine leicht zu übersehende Quelle bildet, und auch in den philosophie-geschichtlichen Compendien das Herbartische System bei der ihm eigenen Klarheit und Consequenz in der Regel zu einer ziemlich adaequaten Wiedergabe kommt. Ein kurzer Hinweis auf die wesentlichen Puncte, die wir ins Auge zu fassen haben, dürfte hier genügen. Die früheren Abschnitte hatten es zu thun mit der Genesis der Methodologie, des Seinsbedriffs, des Ich-Problems und seiner Lösung; dazu kommt nun zur Vollendung des Systems die Aufstellung der in der Aussenwelt sich bietenden Probleme der Inhärenz und Veränderung, die allgemeine Formulirung der Lösungsmethode, die Annahme der monadologisch vorgestellten Realen als Träger des absoluten Seins mit ihren Störungen und Selbsterhaltungen, wozu noch andere zum Ausbau des Systems erforderliche Hilfsbegriffe sich gesellen; endlich die Behandlung der durch Zeit, Raum, Bewegung, Materie gestellten synechologischen Probleme. So liegt noch viel Material vor, während gerade der eben betrachtete Abschnitt die Genesis der Ansichten in keiner Weise quellenmässig verfolgen lässt. Dadurch sind wir auf

Conjecturen verwiesen, deren Giltigkeit vor allem ihre innere Folgerichtigkeit verbürgen muss. Diese Folgerichtigkeit darf hier natürlich nicht im Sinne systematisch-logischen Zusammenhangs, sondern nur als entwicklungsgeschichtlich-psychologische Consequenz verstanden werden. Vor unzulässiger Umstempelung jenes Gesichtspunctes in diesen hat sich die Entwicklungsgeschichte vielmehr auf das Sorgfältigste zu hüten.

Dass die Probleme, welche Herbart in widersprechenden Begriffen der äusseren Erscheinungswelt fand, und dem sich selbst vorstellenden Ich als gleichwerthige Principien an die Seite setzte, der griechischen Philosophie entstammten, wird durch die innere Aehnlichkeit der Gedanken und das thatsächliche Obwalten des griechischen Einflusses vollständig verbürgt. Die „Einleitung in die Philosophie" stellt ausdrücklich Platon und die Eleaten neben Fichte mit dem Beifügen: „Hier sind die verlorenen und oft verkannten Anfänge der Metaphysik" (I. 174). Bereits in Jena, wo wir ihn mit dem eleatischen Sein wider Schelling argumentiren sahen, hatte Herbart griechische Philosopheme zu einem wirksamen Instrument seiner eigenen Speculation gemacht. In der Folgezeit wurde das Interesse, welches er an den Schöpfungen der Griechen nahm, noch wesentlich von pädagogischer Seite her erhöht. Wie es ihm bei seinem Erziehungsgeschäft im Hause des Herrn v. Steiger als der beste Weg der Charakterbildung erscheint, „den Spuren der moralischen Bildung des Menschengeschlechts selbst nachzugeben, uns an der Hand der griechischen Geschichte in die Schule des Sokrates einführen zu lassen" (XI. 24), so will er auch als Universitätsdocent in der Philosophie diesen culturgeschichtlichen Gang einschlagen und durch die Griechen einführen „in die natürlichsten, ersten und darum ältesten Vorstellungsarten, welche sich echten und unbefangenen Denkern aufdrangen" (XII. 87). Auf der anderen Seite war die Beziehung der griechischen Philosopheme zu der Grundlage, die er vom Fichte'schen Ich aus für seine eigene Metaphysik gefunden hatte, zu sehr in die Augen fallend, als dass er diesen Zusammenhang nicht bald hätte weiter verfolgen müssen. War einmal der sich aufdrängende Widerspruch als wesentliches Merkmal eines philosophischen Princips erkannt, warum sollten nicht auch die von den Eleaten und Platon in der Veränderung, in der Vielheit gegenüber der einfachen Natur des wahrhaft Seienden erkannten Widersprüche als solche gelten? Freilich durfte man für ein Zeitalter, das — hierin völlig verschieden von dem griechischen — in ausgebildeten naturwissenschaftlichen Theorien gerade von den Erscheinungen der Aussenwelt die ausgedehntesten und zuverlässigsten Kenntnisse besass, dieselbe nicht als wesenlosen Schein, oder als ein Object blosser Meinung gegenüber dem wahren Wissen um die Gedankendinge der Speculation erklären. Vielmehr war es offenbar, dass auch diese Widersprüche vermöge gewisser Denkbewegungen in nothwendigem Fortschritt gelöst werden mussten, und so zum grossen Gewinn der philosophischen Arbeit neue Anfangspuncte für die Speculation boten. Bei diesen Untersuchungen, schien es, würde sich zuerst der Begriff des Sein, jener absoluten Position, der durch den Idealismus aller Boden entzogen war, in angemessener Weise verwenden lassen, und damit ein wahrhaft realistischer Theil der Philosophie — die schon als Desiderat hingestellte Naturphilosophie begründet werden können. Jene von der griechischen Speculation entdeckten Widersprüche entsprangen ja zum Theil gerade aus der strengen Fassung des richtigen Seinsbegriffs.

So galt es denn nur, von den neu gewonnenen Ausgangspuncten auch den entsprechenden Fortgang zu finden. Bei dem Ich-Problem war ein solcher gelungen, — warum sollten für völlig analoge Probleme — in allen Fällen ging man ja von gegebenen Widersprüchen aus — nicht analoge Lösungen bestehen? Es galt mindestens einen Versuch. Einen passenden Anknüpfungspunct bot die Behandlung des Ich-Problems an der Stelle, wo die Forderung auftrat, die Vielheit einzelner Bewusstseinszustände dem Einen Ich identisch zu setzen (s. oben S. 26.) Denn zu einer ganz ähnlichen Aufgabe wird man innerhalb der äusseren Erscheinungswelt geführt. Hier treten Dinge auf mit dem Anspruch einheitlicher Existenzen, wider den doch die Vielheit coexistirender und in der Veränderung einander succedirender Merkmale streitet. Für das hiemit gestellte Problem hatte nun bereits die naturwissenschaftliche Betrachtungsweise eine Erklärung gefunden, indem sie die Dinge keineswegs als wahre Einheiten gelten liess, sondern in eine Vielheit elementarer Bestandtheile auflöste. Diese, in durchgehender Wechselwirkung einheitlich verknüpft, erzeugen erst den mannigfaltigen Schein an dem Einen Ding, der als Gestalt, Farbe, Härte u. s. w. in verschiedenartiger Weise unseren Sinnesorganen übermittelt wird. Es ist kaum zu zweifeln, dass Herbart bei seinem offenen Sinn für das erfahrungsmässige, durch methodische Forschung erweiterte und geläuterte Wissen, die von hier aus sich ergebenden Daten für die Auffassung der Erscheinungswelt bei seinen speculativen Lösungsversuchen mit zu Rathe zog. Wir bemerken, wie er namentlich der Chemie, deren tiefgreifende Um- und Neugestaltung durch Lavoisier gegen Ende des 18ten Jahrhunderts bereits allgemein zur Geltung gekommen war, eingehende Aufmerksamkeit zuwendet. In den Berichten an Steiger weist er mit Nachdruck hin auf „das Auszeichnende und Schwierigste der neueren chemischen Theorie — die Kenntniss der Grundstoffe und ihrer allgemeinsten Wirkungsgesetze" (XI. 3. der Bericht ist im Nov. 1797 verfasst). Die Chemie scheint ihm dadurch ein vorzügliches Mittel zur Verstandesübung, ja er bringt sie in dieser Beziehung — „vielleicht allein" unter allen übrigen Disciplinen, ohne auch nur die Physik noch neben sie zu stellen — unmittelbar in die Nachbarschaft der strengsten Wissenschaft, der Mathematik (im „ABC der Anschauung" von 1802 ebd. S. 92) — ein deutliches Zeichen für die wichtige Stellung, welche die junge Wissenschaft in seinem Gedankenkreis einnahm. Vielleicht hatte hiezu auch gerade schon die Erkenntniss ihrer nahen Beziehung zu gewissen Aufgaben der Speculation mitgewirkt.

Die neue Lehre von den Grundstoffen und ihren Wirkungsgesetzen — wie Herbart selbst ihren wesentlichen Inhalt zutreffend bezeichnet — bot eine weit angemessenere Grundlage für die Erklärung der uns umgebenden Erscheinungen, als gewisse physikalisch-atomistische Vorstellungsweisen, die zu einseitig lediglich formale Verhältnisse in Rücksicht gezogen hatten. Zwar das Berechtigte des atomistischen Gedankens, die Setzung vieler getrennten Existenzen, blieb durchaus bestehen, und es war in dieser Beziehung schon durch Leukipp und Demokrit der richtige Fortschritt über das Eine Sein der Eleaten hinaus — aus dem freilich nie ein

Vieles werden konnte — geschehen. Das Wesentliche desselben, die Annahme discreter elementarer Bestandtheile, hatte die neuere Physik adoptirt und schon längst zur herrschenden Anschauung in den Kreisen der Wissenschaft erhoben. Dazu kam nun von Seiten der neubegründeten Chemie als wichtige Ergänzung und Weiterbildung der Hinweis auf ein wahrhaft qualitatives Verhalten der Elemente, das in der Wechselwirkung derselben nach den Gesetzen der chemischen Verwandtschaft sich geltend machte und die Grundlage abgab für die mannigfaltigen Eigenschaften der erscheinenden Dinge. Dabei blieb die Qualität der einzelnen Grundstoffe selbst unangetastet, diese traten aus allen Verbindungen unverändert wieder hervor, wodurch die beharrende Natur des Seienden aufs Sicherste bestätigt schien. So hatte man constante Elemente im Wechsel der Erscheinungswelt, wandellose Träger realer Existenz und an Stelle der abstracten und schwer fasslichen Anziehungs- und Abstossungskräfte, welche die Physik seit Newton zwischen den Atomen hin und wider wirken liess, trat hier, als Ursache der Wechselwirkung, das Verhältniss verschiedener Qualitäten — Verwandtschaft, wie die Chemie sich ausdrückte, mehr die Thatsache der Verbindung beachtend; eher aber durfte man wohl von einem Gegensatz sprechen, denn in Wahrheit zeigten sich die kräftigsten Verbindungen unter solchen Stoffen, die in ihrer Beschaffenheit am meisten von einander abwichen.

Derart war der Unterbau, den die Chemie für die wissenschaftliche Auffassung der Körperwelt lieferte, und in der That kamen dabei Gesichtspuncte zum Vorschein, welche eine Analogie mit den psychologischen Betrachtungen boten, die Herbart über das Ich angestellt hatte. Auch hier mussten die vielen Elemente, die man im Ich annahm, in eine Wechselwirkung treten nach Massgabe ihres qualitativen Gegensatzes. Warum sollten nicht die Qualitäten, die den selbständigen Elementen der Erscheinungswelt anhafteten, eine ähnliche Betrachtungsweise zulassen — die chemischen Actionen und Reactionen sich den gleichen Gesichtspuncten unterordnen? Nur musste man diese „Realen" (wie nachmals der terminus des Systems lautete) in eine solche Lage bringen, dass ihre Qualitäten für einander zugänglich waren, — die chemischen Experimente deuteten sichtlich genug darauf hin — es musste eine gewisse Art des „Zusammen" für sie stattfinden. Ferner musste Art und Erfolg der Wechselwirkung sich etwas anders gestalten für selbständig in den Raum gesetzte Wesen, als für psychische Gebilde, die bloss Zustände im Ich repräsentirten.

Es mag genügen, die Richtung angedeutet zu haben, in der sich hier die Möglichkeit speciellerer Ausführungen bot; das Wesentlichste ist hiebei der Hinweis, wie Herbart für ein Problem der äusseren Erscheinungswelt — er nannte es später das Problem der Inhärenz — den gleichen Weg der Lösung gangbar finden mochte, der ihn bereits bei der Erklärung des Selbstbewusstseins zum Ziele geführt hatte. Diesem Verfahren schien daher auch keineswegs nur eine speciell psychologische, sondern eine allgemein metaphysische Bedeutung zuzukommen. So wurde daraus die „Methode der Beziehungen", die ganz allgemein angibt, welcher Mittel sich die Speculation zur Lösung ihrer durch Widersprüche gegebenen Probleme zu bedienen hat. Ihre Anweisung ist im Wesentlichen folgende: Ist ein Widerspruch gegeben durch die Forderung, zwei entgegengesetzte Glieder M und N zu vereinigen, so vervielfältige man das eine derselben M und setze die vielen M in ihrem Zusammen (dessen besondere Bestimmung aus den eigenthümlichen Verhältnissen jedes einzelnen Problems sich ergibt) gleich dem Einen N, wodurch dann die Ansprüche der Logik, welche die Identität des M und N vereint, und die der Erfahrung, welche sie behauptet, gleich gut befriedigt sein sollen. (Hauptp., Einl. III. 8 ff. Allgem. Metaph. §. 185 f. IV. 49 ff. u. ö.) Dass dieses eigenthümliche Bestandstück der Herbartischen Metaphysik in der That nur der verallgemeinerte Ausdruck ist für die Operation, welche zur Lösung des Ich-Problems geführt hatte, springt in die Augen, wenn wir uns erinnern, dass dort das Zusammen der vielen einzelnen Vorstellungen, die durch wechselseitige Hemmung einander modificiren und zu einem continuirlichen Fluss verbunden werden, das Substrat abgab für den Ich-Begriff und denselben denkbar machte. Dazu kommt noch die eigene Versicherung Herbart's in der Vorrede zur „Psychologie als Wissenschaft" (V. 195), wo er sich über den „geschichtlichen Gang" seiner Untersuchungen folgendermassen ausspricht: „Von der Untersuchung des Ich bin ich wirklich ausgegangen; die nothwendigen Reflexionen über das Selbstbewusstsein haben sich von ihrer besonderen Veranlassung späterhin losgemacht; daraus ist ein allgemeiner Ausdruck derselben entstanden, den ich *Methode der Beziehungen* nenne, und auch für andere metaphysische Grundprobleme passend gefunden habe." Es ist bezeichnend, dass dann dasselbe Werk, welches, wie es am eben angeführten Orte heisst, den geschichtlichen Gang der Untersuchung „ganz offen darstellt" (auf seine Uebereinstimmung mit dem „ersten Entwurf der Wissenslehre" wurde bereits oben S. 24 hingewiesen) in einem besonderen Capitel eine „Vergleichung des Selbstbewusstseins mit anderen Problemen der Metaphysik" (§. 31 ff.) durchführt, wobei all' die Beziehungen auf die oben hingewiesen wurde, recht klar hervortreten.

Für uns wird von hier aus begreiflich, wie Herbart in seiner Lehre vom „wirklichen Geschehen" in den Realen, ihren Störungen und Selbsterhaltungen, genau mit denselben Vorstellungsweisen operirt, auf die ihn seine psychologischen Betrachtungen geführt hatten, und in der That bei ihm „die einfachsten Erfahrungen unseres Bewusstseins hinübergewandert sind in die äusseren Dinge" (Wundt, Ueber d. Aufg. d. Phil. in d. Gegenw. 1874. S. 17). Ein schlagendes Beispiel in dieser Beziehung geben die „zufälligen Ansichten" (Hauptp. §. 2. Allgem. Met. §§. 174, ff., 190) von den einfachen Qualitäten der Realen, die nur eine Wiederholung dessen sind, was die mathematisch-psychologischen Untersuchungen über die verschiedenen Gegensatzgrade unter den einzelnen Vorstellungen zu bestimmen nöthig gehabt hatten. Innerhalb der Psychologie waren hier — darauf führte schon der Versuch einer „Mechanik" des Geistes — die Analogieen der mathematischen Physik massgebend gewesen. Die Verhältnisse einander entgegenwirkender Kräfte von verschiedener Grösse mit mehr oder minder entgegengesetzten Richtungen gaben unmittelbar das Vorbild für die Hemmung entgegengesetzter Vorstellungen, deren Intensität an die Stelle der Kraftgrösse, und deren grösserer oder geringerer Gegensatz an Stelle des Neigungswinkels der Kraftrichtungen tritt. Wie die Mechanik den Fall zu einander geneigter Kräfte durch Zerlegung in gleich und entgegengesetzt gerichtete Componenten der Rechnung zugänglich macht, so musste Herbart um eine quantitative Bestimmung des Gegensatzgrades zu gewinnen, die einfachen psychischen Qualitäten zerlegen in völlig gleiche und völlig einander entgegengesetzte Theile. Von der Mechanik aus wurde er wohl erst auf die Analogie dieser Zerlegungen mit gewissen arithmetischen und geometrischen Verhältnissen geführt, und es verdeckt den ursprünglichen Zusammenhang, wenn die systematischen Darstellungen der Metaphysik zunächst die letztgenannten Beispiele als Belege für die zufälligen Ansichten herbeiziehen.

Es zeigt diese Periode in der metaphysischen Entwicklung Herbarts eine Wendung, wie sie in der Geschichte der Systeme öfter vorkommen mag, und namentlich bei Kant zu einem typischen Ausdruck gelangt ist. Es ist das die Uebertragung einer gewonnenen Betrachtung von dem besonderen Gegenstand, der sie veranlasste, auf andere Gebiete, die Verallgemeinerung der anfänglich eingeschlagenen Gedankengänge. Die obige Erklärung Herbart's tritt in dieser Hinsicht unmittelbar in Parallele zum oft citirten Berichte Kant's in der Vorrede der Prolegomenen, wonach er durch Ausdehnung des Hume'schen Problems über alle „reinen Verstandesbegriffe" und Anschauungsformen die vollständige Grundlage seines kriticistischen Systems gewonnen hat. Ebenso verallgemeinert Herbart den Grundgedanken des von Fichte ihm überlieferten Problems, und erweitert ihn zum Fundament, das alle Theile seiner Philosophie tragen soll. Dieser Vorgang ist psychologisch — als Apperceptionsprocess betrachtet — ein äusserst natürlicher. Die in Richtung des ersten intensiven Suchens gefundenen Vorstellungsweisen setzen sich mit grosser Stärke fest und geben das Apperceptionsorgan ab für das neu hinzu Tretende. Gleichzeitig drängt das hiemit zusammenhängende „Streben nach Einheit" zur Unterordnung grosser Gebiete unter denselben leitenden Gesichtspunct. Freilich gerade weil hiebei psychologische Factoren in so sichtlichem Masse wirksam sind, ist bezüglich der logischen Zulässigkeit solcher Uebertragungen ein doppelt kritisches Verhalten nöthig.

Den Ansichten Herbart's von einer qualitativen Wechselwirkung der Realen zufolge ihres Gegensatzes wurden im Bisherigen nur gewisse chemische und psychologische Analogieen als fundirend untergelegt. Dazu scheint nun noch die Wissenschaftslehre einige Gesichtspuncte zu enthalten, welche für die Gestaltung der genannten Lehren unmittelbar massgebend gewesen sein dürften. Es wurde schon oben (S. 28) daran erinnert, wie im theoretischen Theil der Wissenschaftslehre das Nicht-Ich zu einer durchaus selbständigen Macht erhoben wird; auf Schritt und Tritt ist da von seiner Wechselwirkung mit dem Ich die Rede. Das „Causalverhältniss" zwischen beiden „besteht darin, das vermöge der Einschränkung der Thätigkeit in dem Einen eine der aufgehobenen Thätigkeit gleiche Quantität der Thätigkeit in sein Entgegengesetztes gesetzt werde" (Fichte's S. W. I. S. 250). Sehr bestimmt spricht sich über den Ursprung der Empfindungen der „Grundriss des Eigenthümlichen der Wissenschaftslehre" aus, und die Analogie der hiebei zu Tage tretenden Anschauungen mit der Art und Weise, wie Herbart aus den einander wechselseitig aufhebenden Störungen und Selbsterhaltungen entgegengesetzter Realen die inneren Zustände — das psychische Material — gewinnt, erweist sich namentlich in folgenden Stellen recht schlagend: „Das Ich muss jenen *Widerstreit* entgegengesetzter Richtungen, oder, welches hier das gleiche ist, entgegengesetzter Kräfte setzen; also weder die eine allein, noch die zweite allein, sondern beide; und zwar beide *im Widerstreite*, in entgegengesetzter, aber völlig sich das Gleichgewicht haltender Thätigkeit. Entgegengesetzte Thätigkeit aber, die sich das Gleichgewicht hält, vernichtet sich und es bleibt Nichts. Doch soll etwas bleiben und gesetzt werden: es bleibt demnach ein *ruhender Stoff*, ein *Substrat* der Kraft, und zwar nicht als ein *vorhergesetztes*, sondern als *blosses Product der Vereinigung entgegengesetzter Thätigkeiten*. Dies ist der Grund alles Stoffs und alles möglichen bleibenden Substrat's im Ich" (ebd. S. 336). Auf diese Weise kommt es zur „Empfindung (gleichsam *Insichfindung*)". Die aufgehobene, vernichtete Thätigkeit des Ich ist das *Empfundene*. (S. 339.) Diese Bestimmungen würden ganz gut auch in den Rahmen der Herbartischen Metaphysik passen. Allerdings besitzen die Realen derselben keine ursprüngliche — nach öfteren eindringlichen Versicherungen des Urhebers überhaupt keine — Thätigkeit. Vermöge ihrer Unveränderlichkeit heben sie den Vernichtung drohenden Eingriff entgegengesetzter Wesen durch Selbsterhaltung auf. So scheint auch hier, wie bei Fichte, Nichts zu bleiben, während doch Etwas bleiben soll, welches Etwas-Nichts dann unter dem Titel eines „wirklichen Geschehens" (Hauptp. §. 5. Allgem. Metaph. §. 234 ff.) den Empfindungsstoff liefert. Dass die hervorgehobenen Aehnlichkeiten nicht bloss zufällige sind, sondern auf ein inneres Abhängigkeitsverhältniss hinweisen, scheint mir kaum zweifelhaft. Herbart hatte sich so sehr in die Wissenschaftslehre hineingearbeitet, dass er fast unwillkürlich mit ihren Vorstellungsweisen operiren musste, und so war es natürlich, dass er sich die Wechselwirkung des Ich mit einem selbständigen Nicht-Ich unter den Bestimmungen dachte, die ihm die Wissenschaftslehre geläufig gemacht hatte.

Wir finden auf diese Weise zwei Gedankengänge, welche beide zur Lösung des Problems der Wechselwirkung hinführten. Der eine, den wir eben betrachteten, entspringt aus der Wissenschaftslehre, und bezieht sich nur auf das Causalverhältniss von Ich und Nicht-Ich, welches die Bildung innerer Zustände zur Folge haben muss; der andere, wesentlich durch Gesichtspuncte bedingt, die sich bei Erklärung des Selbstbewusstseins ergeben hatten, führte zu einer Ansicht über die Wechselwirkung unter realen Wesen überhaupt. Als ein solches musste nun auch der Träger der Bewusstseinsphänomene gedacht werden, und es repräsentirte daher jenes erstere Verhältniss nur einen Specialfall der allgemeinen Wechselwirkung, die hinwieder ihrerseits sich die nähern Bestimmungen jenes Specialfall's zueignete. Alle Realen wirken durch Störung und Selbsterhaltung auf einander, und bilden innere Zustände aus. So ist der Cirkel geschlossen: die psychischen Zustände bedingten das Bild, das sich Herbart von den Realen entwarf, und diese Realen geben nun die Grundlage ab für die psychischen Zustände, die sie zufolge ihres eigenthümlichen Wesens aus sich entwickeln. — In solchem Zusammenhange entstand der spiritualistisch-monadologische Character der Herbartischen Metaphysik, und es scheint kaum erforderlich, daneben noch die Einwirkung verwandter, historisch gegebener Standpuncte anzunehmen.[18])

Die synechologischen Untersuchungen über Raum, Zeit, Materie nehmen in der Darstellung des Herbartischen Systems einen beträchtlichen Raum ein. Die Entwicklungsgeschichte hat aber nur sehr wenig über sie zu sagen. Sie wurzeln vor allem in den mathematischen Studien, die Herbart seit seinem Aufenthalte in der Schweiz mit grossem Eifer trieb. Auf seinen speculativen Sinn scheint von Anbeginn die Analysis des Unendlichen eine grosse Anziehungskraft ausgeübt zu haben. Es ist interessant, wie er auch im „ABC der Anschauung", das doch zur ersten Einführung in den geometrischen Unterricht bestimmt ist, überall die Vorstellung eines continuirlichen Wachsens, Fliessens der Raumgrössen betont und auf die verschiedenen Wachsthums-, oder Differentialverhältnisse zusammengehöriger Werthe hinweist. Die Eigenschaften des Continuums sind es eben, welche ihn auch von philosophischer Seite her beschäftigen, und es kommt darauf an, sie mit den gewonnenen metaphysischen Grundlagen des Systems in Uebereinstimmung zu setzen. Von entwicklungsgeschichtlichen Betrachtungen kann hiebei nicht viel die Rede sein. Der ganze Apparat liegt fertig vor[19]): auf der einen Seite die metaphysischen Begriffe, auf der anderen die Anschauungen der Wissenschaft und die Thatsachen der Erfahrung. Drum kann auch die Kluft, die zwischen den beiden Seiten sich öffnet — die Metaphysik kennt nur streng punctuelle Wesen und erklärt mit den Eleaten das Continuum für widersprechend — nur künstlich überbrückt werden. Aber die consequente Durchführung des Systems forderte eine solche Ueberbrückung und Herbart war ein hinreichend entschiedener Systematiker, um dieser Consequenz zu Liebe aus „unmittelbar an einander" gesetzten mathematischen Puncten die „starre Linie" zu bilden, die dann freilich, um unseren mathematischen und physikalischen Raum zu liefern, doch ins Stetige zerfliessen muss. (Hauptp. §. 7. Allgem. Metaph. §. 249, 258 f.) Die Widersprüche kehren damit allerdings wieder — sollen aber nun bei blossen Formen der Zusammenfassung, wie es Zeit und Raum sind, unschädlich sein (Allgem. Metaph. §. 242 u. ö.) Mit der gleichen Clausel wird auch die von den Eleaten aus der Welt hinweg demonstrirte Bewegung wieder zugelassen. Die Construction der ausgedehnten Materie aus den punctuellen Realen (die keine Fernewirkung ausüben dürfen) gelingt, indem diesen doch — freilich unter dem Namen einer blossen „Fiction" — Ausdehnung beigelegt wird (ebd. §. 267). Wir würden schwer begreifen, wie das sonst so strenge und klare Denken Herbart's vor den unerträglichen Härten und offenbaren Erschleichungen dieser synechologischen Aufstellungen nicht zurückschreckt, wenn wir nicht beachteten, dass sie erst dem Bau des fertigen Systems als letzter Abschluss hinzugefügt worden sind. Sollte man den ganzen Bau abtragen weil die Schlusssteine nicht recht hineinpassen wollten? Konnte die so feste und wohlverarbeitete Vorstellungsmasse, welche das gefundene System enthielt, durch ein Paar Unzulänglichkeiten, die sich bei der Ausbreitung desselben auf Gebiete der Erfahrung und Wissenschaft herausstellten, erschüttert werden? — Es begegnet uns hier nicht zum ersten, noch auch zum letzten Mal innerhalb der Geschichte der Philosophie die Erscheinung, dass die Systemsucht das logisch Unmögliche zum psychologisch Nothwendigen gemacht hat.

Die letztbetrachtete Periode bringt einen Characterzug des Herbartischen Philosophirens zum Ausdruck, der früherhin noch nicht zu bemerken war: es ist die Vereinigung der verschiedenartigsten, geradezu heterogenen Gesichtspuncte, deren Combination die Ausführung des Systems ermöglicht. Eleatische und Platonische Gedanken werden mit Conceptionen Fichte's und Lehren moderner Naturwissenschaft durchsetzt; dabei wirken in erheblichem Masse die Producte mit, die Herbart seiner eigenen Speculation bereits verdankt. Hiezu werden dann mancherlei Zusatzbestimmungen nöthig, welche, gleichsam als Banden und Klammern, die divergirenden Bestandstücke des Systems zusammenzuhalten haben. Am schwierigsten ist die Ausgleichung zwischen dem Eleatischen Sein und den Thatsachen qualitativer Veränderung. Es ist interessant, dass Herbart, um dieselbe zu bewerkstelligen, auf einen **Platonischen** Gedanken zurückgreift: er führt eine strenge Scheidung ein zwischen dem Reich des Seins und dem des Geschehens, so dass keines mit dem anderen etwas gemein haben soll und, was von dem einen gilt, ganz und gar ohne Bedeutung ist für das andere. Zum entschiedensten Ausdruck kommt diese Lehre im merkwürdigen §. 235 der Allgemeinen Metaphysik, wo man sich zugleich überzeugen mag, dass die Platonische Scheidung von οὐσία und γένεσις in optima forma rehabilitirt ist — freilich nicht auch die entsprechende von ἐπιστήμη und δόξα.

Die Frage nach der wissenschaftlichen Berechtigung dieser Ausgleichsversuche fällt, wie alle Fragen, die es mit den logischen Kriterien innerer Zusammengehörigkeit und Folgerichtigkeit zu thun haben, nicht mehr in den Gesichtskreis der Entwicklungsgeschichte.

Ziehen wir zum Schlusse kurz die Summe der Arbeit, so ist der Entwicklungsgang, den sie im metaphysischen Denken Herbart's nachzuweisen suchte, folgender. Zunächst begründet sich bei ihm noch während der Schulzeit eine starke philosophische Triebkraft im Geiste des vorkantischen Rationalismus, wobei das Streben nach **logischer Strenge und systematischem Zusammenhang der Erkenntniss** in den Vordergrund tritt. Dieses Streben findet sodann ein geeignetes Object zu seiner Bethätigung an dem widerspruchsvollen **Ich Fichte's**, und indem Herbart an dasselbe Betrachtungen logischer Natur knüpft, gewinnt er seine Ansichten über **Princip und Methode der Philosophie**. Durch psychologische Ueberlegungen, wie sie ihm in der nächstfolgenden Periode auch die Erzieherthätigkeit nahe legt, beseitigt er die Schwierigkeiten, die er im Ich-Begriff gefunden hatte und gelangt durch diesen ersten erfolgreichen Schritt seiner Speculation zur **Grundlegung einer neuen Psychologie**. Das hiebei eingeschlagene Verfahren dient endlich dazu, auch ein Problem der äusseren Erscheinungswelt, auf welches die Beschäftigung mit der griechischen Philosophie hingeführt hatte, zu lösen und unter Verwerthung psychologischer Analogieen und naturwissenschaftlicher Anschauungen die **realistische Basis** zu gewinnen, auf welcher das System zu nunmehr ermöglichter vollständiger Ausführung principiell begründet erscheint.

Der hervorstechendste Characterzug dieser Entwicklung ist ihre strenge Continuität. Am besten veranschaulichen wir uns dieselbe unter dem Bild einer Bahncurve, die ohne alle Ecken und Spitzen, ja auch ohne Wendepuncte und unter kaum merklicher Krümmung verläuft. Denn nur in leichten Abbiegungen ändern die späteren Impulse die mit grosser Intensität des Fortstrebens begründete Anfangsrichtung. Nie wird ein Schritt rückwärts gethan, oder in eine neue Bahn eingelenkt; keine einmal gewonnene Ueberzeugung wird als irrig erkannt und eine andere an ihre Stelle gesetzt. Es fehlen gänzlich jene „Umkippungen", wie sie bei Kant eine so grosse Rolle spielen, und für diesen erst im 48sten Lebensjahr ein Ende erreichen. Im Gegensatz hiezu kann Herbart schon mit 30 Jahren auf eine abgeschlossene Entwicklung zurücksehen, die, ohne Abirrung dem von Anbeginn gesteckten Ziele zusteuernd, durch jeden neuen Einfluss nur in ihrer Richtung bestärkt wurde.

Diese Anfangsrichtung bestimmt daher auch völlig den Character des Systems. Dasselbe ist seiner ganzen Anlage und Tendenz nach ein entschiedener Rationalismus. Bei den fundirenden Conceptionen ist derselbe augenfällig; aber auch die weiter hinzutretenden Ausführungen haben alle näher oder entfernter den Zweck, das rationalistische Streben zu befriedigen. Was Herbart, als ihn in Jena Schelling beschäftigte, in Uebereinstimmung mit diesem forderte; aus der Idee der systematischen Form müsse sich der Inhalt ergeben, ist bei der Entwicklung seines eigenen Systems zur Geltung gekommen. Mit voller Berechtigung spricht er es selbst aus: sein System habe sich allein aus der Methode entsponnen und der Inhalt der Wissenschaft sei ihm aus dem Plane entsprungen (Rel. S. 245). Als einen solchen zum rationalistischen Plan hinzugekommenen Inhalt müssen wir auch den Realismus des Systems ansehen, der daher keineswegs geeignet ist, das primäre und hauptsächliche Characteristicum desselben abzugeben.

Jene ununterbrochene Consequenz des Entwicklung aber musste ein Gefühl der Sicherheit, eine felsenfeste Ueberzeugung von der Wahrheit des Systems begründen, die nicht nur gegen alle äusseren Angriffe unerschütterlich dastand, sondern auch den inneren Widerspruch eher trug, als den einmal gewonnenen Standpunct aufgab. Unwillkürlich werden wir hiebei an Spinoza erinnert — dem Inhalte der Lehren nach freilich den ausgesprochenen Antipoden unseres Philosophen. Sehr zutreffend sagt Herbart — der kundige Psychologe — selbst von sich: „Wenn sich ein Individuum lange Jahre hindurch auf einer und der nämlichen Linie des Forschens mit möglichster Behutsamkeit fortbewegt: so entsteht daraus für dieses Individuum Ueberzeugung[20]), für Andere zunächst nur eine Thatsache des wissenschaftlichen Denkens (V. 195). — Solche Thatsachen uns verständlich zu machen, ist die Aufgabe der Geschichte der Philosophie; sie wird sie nur vollständig lösen, wenn sie zugleich den Bedingungen und der Art ihres Entstehens nachforscht.

Die Verwerthung der Gesichtspuncte, welche die Entwicklungsgeschichte des Herbartischen Systems für die richtige historische Auffassung und Beurtheilung desselben ergibt, ist dem zweiten Theile dieser Arbeit vorbehalten.

II. Theil.

Die historische Stellung der Herbartischen Metaphysik.

I. Verhältniss zu Kant.

Erfolgte die Gruppirung der Systeme innerhalb der Geschichte der Philosophie nach den genetischen Zusammenhängen, durch welche dieselben mit einander verknüpft werden, so hätte bereits der erste Theil dieser Arbeit in verneinendem Sinn über die Frage entschieden, ob es angemessen sei, Herbart eine Stelle unter den von Kant ausgehenden Philosophen anzuweisen. In der That könnte jener Gesichtspunct als massgebend hingestellt werden für eine wahre Geschichte der Philosophie. Denn die Geschichte irgend eines Objectes hat es zu thun mit der Darlegung des thatsächlichen Entwicklungsganges, durch welchen dasselbe nach dem Gesetz von Ursache und Wirkung zu Stande gekommen ist. Sie kennt daher keine anderen Zusammenhänge, als solche, welche im geschichtlichen Werden die einzelnen Gebilde ursächlich mit einander verbunden haben.

Indess bleibt auch dem bisher vorzugsweise geübten Verfahren, nach ihrer inneren Aehnlichkeit die Systeme zusammenzustellen, seine vollkommene Berechtigung. Denn es ist ein durchaus verständliches, zur orientirenden Ueberschau sehr werthvolles und geradezu unentbehrliches Unternehmen, nach der inhaltlichen Zusammengehörigkeit der Gedanken die Philosophen und Philosopheme in Gruppen zu bringen — nur dürfte man dabei dann nicht von Geschichte der Philosophie sprechen. In diesem Sinne z. B. würde Herbart neben Leibniz zu stellen sein, da beiden eine in vielen Punkten übereinstimmende monadologische Weltansicht eigen ist. In ähnlichem Sinne könnte vielleicht auch die hergebrachte Zusammenstellung Herbart's mit Kant aufrecht zu erhalten sein, für die Herbart selbst so entschieden eintritt, indem er sich in der Vorrede zu seiner Metaphysik (III. 64) geradezu einen Kantianer nennt. Nun ist aber der Character der Herbartischen Metaphysik wesentlich durch ihre Entwicklungsgeschichte bedingt, und da letztere so gar keinen directen Zusammenhang mit Kant erkennen lässt, erscheint die Frage als dringlich, ob in der That die Zusammenstellung Herbart's mit Kant in der Geschichte der Philosophie auch nur nach dem Inhalte der Lehren eine sachliche Berechtigung habe?

Es wird genügen, wenn wir dieselbe im Anschluss an diejenigen Ansichten prüfen, welche Herbart selbst bezüglich seiner Stellung zu Kant kundgegeben hat, und welche den Geschichtschreibern für ihre Auffassung des Verhältnisses der beiden Philosophen die Grundlage geboten hat.[21])

In welchem Sinne und mit welchem Rechte hat Herbart sich Kautianer genannt? Die Beantwortung dieser Doppelfrage bildet die Aufgabe des vorliegenden Abschnittes.

Zuerst also: **In welchem Sinne?** — Die hiebei zu erledigende Präliminarfrage ist: Welchen Sinn hat Herbart der Kantischen Philosophie beigelegt? oder in einer anderen, der Gegenwart geläufigeren Wendung: **Wie hat er Kant verstanden?**

Die Nachweise hiefür liegen in allen Schriften Herbart's sehr zahlreich vor; es hat ihn die Bedeutung Kant's überall zu Auseinandersetzungen mit diesem gedrängt. Doch würde es viel zu weit führen, und zudem überflüssig sein, mit einer gewissen Vollständigkeit auf jene Belege eingehen zu wollen. Die wesentlichen Gedanken wiederholen sich immer wieder, und so mag es genügen, wenn wir uns hier an diejenigen Ausführungen halten, welche die Darstellung Kant's speciell von dem Gesichtspunkte aus geben, der uns hier beschäftigt, und unter der Ueberschrift „Veränderung der älteren Metaphysik durch Kant" ein besonderes Capitel der Allgemeinen Metaphysik (§§. 32—39) bilden.

Freilich bemerkt Herbart, dass Alles, was in diesem Zusammenhang über Kant's Lehre zu sagen nöthig sei, ziemlich kurz ausfallen müsse, wenig angemessen dem Ruhme der Kantischen Philosophie, wobei in der Darstellung leicht das Hinterste nach vorn gewendet erscheinen könne, (III. 128), und gibt daher in einer Anmerkung noch einen Gesammtüberblick über die Lehre Kant's. Er findet „wenigstens *acht* verschiedene Parthieen, in welche sie kann zerlegt werden, weil sie aus ihnen sichtbar durch Zusammenfügung entstanden ist." Für uns hier kommen bloss die vier ersten Theile in Betracht: „Die *Kategorieenlehre*; die Voraussetzung der *Seelenvermögen;* die Unterscheidung zwischen *Formen der Erfahrung und deren Materie;* der Begriff des *Sein.*"

Werth und Bedeutung dieser einzelnen Theile im System des Urhebers sind nun sehr verschieden. „Die erste wahre Grundlage, welche in Kant's Geiste schon vorhanden sein musste, ehe er an die Betrachtung der humeschen Frage ernstlich denken, und dazu Seelenvermögen und Kategorieen in Bewegung setzen konnte, erkennt man nur dann, wenn man den Plan der Vernunftkritik von hinten her nach vorne hin verfolgt, und dabei den Endzweck, welchen schon der Titel ankündigt, fest im Auge behält. Kant's Werk war darauf angelegt, eine *Kritik* zu werden; nicht aber ein *System!* Die Kritik sollte treffen auf die *zu jener Zeit* noch in den Schulen gangbare Metaphysik. Wir müssen nachsehn, welchen Punct der alten Metaphysik er treffen wollte. Oft genug wiederholt er: Die Endabsicht aller Metaphysik gehe auf die Gegenstände des Glaubens; jedoch könne sie diesen niemals in ein Wissen verwandeln. Das vermeinte Wissen, welches durch die Kritik sollte fortgeschaft werden, an welchem Puncte war es eigentlich befestigt? *Das die Existenz eines Wesens in der Essenz desselben liegen oder auch nicht liegen könne,* diese falsche Meinung, welche dem wahren Begriffe des *Sein* geradezu widerstreitet, und zu welcher dennoch sowohl die ältere Metaphysik als auch Spinoza gleich in der ersten Zeile seiner Ethik sich bekannte: dieser Irrthum war es, wovon *Kant* längst vorher frei sein musste, ehe er an eine Vernunftkritik auch nur denken konnte" (III. 130 f.). Der einzige Satz: „hundert wirkliche Thaler enthalten nicht das Mindeste mehr, als hundert mögliche" machte ihn zum Reformator der Metaphysik; danach wusste er, *„dass das Mögliche den Begriff, das Wirkliche aber den Gegenstand und dessen Position bedeute"* (118). und dass der Begriff des Sein eine absolute Position erfordere (123). Kant besass also „den **wahren Begriff des Sein**" (126), daher meint er auch, wo er vom Wirklichen im Gegensatz zum Möglichen redet, „eigentlich das Reale" (207) „denn jene Kantische blosse, absolute Position, welche das Sein aussagt, trifft nur die Substanz, nicht die Accidenzen" (211). Somit sind in der Lehre Kant's „die ersten Anfänge einer richtigen Ontologie vorhanden; und darauf beruht ganz eigentlich und wesentlich die historische Wichtigkeit Kant's für die Metaphysik, denn hiedurch steht er im bestimmtesten Gegensatz gegen die ältere Schule sowohl als gegen Spinoza, Schelling, und Alles, was dahin gehört" (153).

Soweit die Darstellung der Haupttendenz und Hauptleistung der kritischen Philosophie. Es ist für unser Zeitalter, in welchem die intensiven Bemühungen, Kant aus sich heraus zu verstehen, einen so breiten Raum einnehmen, kaum nöthig, darauf hinzuweisen, wie viel Schiefes jene Auffassung enthält. Wenn Herbart wider Kant den Vorwurf erhebt: „Aber den Faden der Ontologie hat er gar nicht fortgesponnen; vielmehr ihn gleich völlig abgerissen; und zudem liegt der richtige Anfang so versteckt in den hintersten Theilen der Vernunftkritik, als wäre darin nur ein Stückchen Polemik gegen den theologischen Dogmatismus zu suchen" (153), so hätte er eben hiedurch darauf aufmerksam werden sollen, dass Kant Nichts ferner lag, als eine „Reform der Ontologie" im Herbartischen Sinne. Wäre seine Absicht hierauf gegangen, er würde sie gewiss auch durchgeführt haben.

Seiner Auffassung gemäss muss Herbart nun aus dem ersten, fundamentalen Puncte, dem Seinsbegriff, die übrigen Theile der Kantischen Lehre hervorwachsen lassen. Und so geschieht es denn auch.

Der richtige Begriff des Seins, meint Herbart, hatte Kant dermassen ausserhalb der Schule gestellt, dass sie für ihn nur noch ein Object der Betrachtung blieb: so sah er in ihr ein psychologisches Phänomen. Aber er sah mit den Augen der empirischen Psychologie. Hier fiel sein Auge zunächst auf das erste in der Reihe der Seelenvermögen, auf die Sinnlichkeit. Die sinnlichen Gegenstände werden uns bekannt durch Empfindungen; aber die Anordnung derselben nach Raum und Zeit findet man in keiner Empfindung (119).

Die Unterscheidung zwischen Form und Materie der Erfahrung, welche Kant hier durchführt, ist äusserst werthvoll und wichtig. „Es war sehr nothwendig darauf zu achten, dass Raum und Zeit sowohl, als die Begriffe von Substanz und Ursache, Bestimmungen der Erfahrungsgegenstände ausmachen, welche im unmittelbar Gegebenen, nämlich in der Empfindung, also in der Materie der Erfahrung, noch keineswegs liegen. Sind denn jene Bestimmungen auch wirklich gegeben? Haben denn auch die metaphysischen Fragen, welche sich darauf beziehen, überhaupt einen Gegenstand? Oder sind es leere Hirngespinnste? — Das war die erste vorläufige Ueberlegung, ohne welche weder an Metaphysik noch an Psychologie zu denken ist. Hieran mit Nachdruck erinnert zu haben, ist eines der wichtigsten Verdienste Kant's; denn die Veranlassung welche *Hume* dazu bot, war zu mangelhaft, um hiebei in Vergleich zu kommen" (129 f.). Vielmehr hat sich Kant in diesem Puncte durch Hume zu einem folgenschweren Irrthum verleiten lassen: „„Causalität ist nicht gegeben." So meinte *Hume*. Dem ähnlich meinte *Kant*: Räumlichkeit, Zeitlichkeit, Substantialität, seien *nicht gegeben*, sondern *kämen* durch Sinnlichkeit und Verstand hinzu" (345). Diese völlig falsche Betrachtung führte Kant zu seinem halben Idealismus, dem er als Fundament eine höchst mangelhafte empirische Psychologie gab (155), und zwar mit dem ganzen Apparat der „fabelhaften" Seelenvermögen, welche die Hauptschuld an allen seinen Irrthümern tragen.

Auf die Sinnlichkeit folgte als zweites Seelenvermögen der Verstand; er musste so gut wie jene seine bestimmten Formen bekommen. Aus den logischen Urtheilsfunctionen erwuchsen die Kategorien — der Theil der Kantischen Lehre, der am meisten „Schwäche und Künstelei" verräth (121 ff.)

Damit wäre das Bild der Kantischen Philosophie, soweit sie hier für uns in Betracht kommt, fertig. Fügen wir zum Schluss, als résumé gleichsam, noch eine Stelle hinzu, wo Herbart dasselbe in den engsten Rahmen fasst und also nur die wesentlichen Umrisse mit starken Zügen hervorhebt: „An Kant's Vernunftkritik haben sichtbar zwei Wissenschaften, die bei aller innigen Verbindung doch toto genere verschieden sind, ziemlich gleichen Antheil, nämlich Metaphysik und Psychologie. Natürlich kann nun das Werk verschieden beurtheilt werden, je nachdem man die eine oder andere Seite desselben vorzugsweise ins Auge fasst." Allerdings hat Kant in seinem Vortrage „das Psychologische zur Grundlage gemacht"; allein dieses war doch nur Mittel zur Ausführung und das Ziel Kant's bestand in der metaphysischen Auseinandersetzung mit der speculativen Theologie und ihrer falschen Ontologie (Ungedr. Br. S. 101 f.)

Diese Auffassung Kant's erklärt unmittelbar, in welchem Sinne Herbart sich Kantianer nennt. Er thut es in der Vorrede zur Allgem. Metaph. unter Berufung auf seine Behauptung: „Einerlei Scholastik liege dem Spinozismus und der älteren (vorkantischen) Metaphysik zum Grunde." „Dagegen lehrt *Kant*: „unser Begriff von einem Gegenstande mag enthalten, was und wie viel er wolle: so müssen wir doch aus ihm herausgehen, um diesem die Existenz beizulegen." Dieses nun ist der Hauptpunct, auf welchen das vorliegende Buch überall hinweiset; und darum ist der Verfasser Kantianer, wenn auch nur vom Jahre 1828, und nicht aus den Zeiten der Kategorieen und der Kritik der Urtheilskraft."

Dass die „Ungläubigen" durch diese Erklärung seiner Benennung als Kantianer noch keineswegs zufriedengestellt waren, sollte Herbart bald erfahren. Das Brockhausische Conservationslexicon v. J. 1833 brachte einen Artikel über ihn (vgl. Sitz. Ber. d. Wiener Akad. 69. Bd. phil.-hist. Cl. S. 228), welcher jenen Ausdruck „wie Hohn" findet, wenn man erwäge, dass Herbart dem Hauptwerke Kant's, der Kritik der reinen Vernunft, fast allen objectiven Werth abspreche. Herbart wehrt sich sehr indignirt wider dieses Urtheil in einem Schreiben an seinen medicinischen

Collegen Prof. Sachs in Königsberg: „Bin ich nun Kantianer, wenn ich die ganze psychologische Zurüstung als eine Summe von Missgriffen tadele? Vermuthlich nicht! Aber wie, wenn ich darüber den richtigen metaphysischen Blick und den im Wesentlichen richtigen Tact in Behandlung der Hauptsache, nämlich der vorgeblich wissenschaftlich-strengen speculativen Theologie — als Verdienst Kant's anzuerkennen versäumt — wenn ich das Aehnliche meiner Lehre mir als mein Eigenthum, gegenüber dem modernen Spinozismus, zugeschrieben hätte? Mit einem Worte, wenn ich nicht hätte Kantianer heissen wollen? Dann würde man mit Recht gefragt haben, ob denn meine Veränderungen des Inneren der Wissenschaft wohl die Vergleichung aushalten könnten mit den von Kant schon festgestellten grossen Haupt-Umrissen. — Kant stritt gegen die alte metaphysische Theologie; ich streite mit den Spinozisten, aber ich müsste mit sehenden Augen blind sein wollen, um nicht zu sehen, dass dieser Streit und jener im Wesentlichen einerlei ist" (Ungedr. Br. S. 102).

Mit diesem letzten Moment, der Aehnlichkeit der Gegner, ist freilich nicht viel anzufangen. Wollte man alle Systeme zusammenstellen, welche wider dieselben Gegner streiten, so würde sich auf dem Schauplatz der philosophischen Ansichten, wo doch ein wahres bellum omnium contra omnes herrscht, plötzlich eine grosse Einhelligkeit unter den verschiedensten Standpunkten zeigen. Auch würde Herbart selbst, und gewiss nicht minder Kant, sehr unzufrieden sein, wenn man den Character ihrer Systeme nur nach der Polemik, welche dieselben üben, bestimmen wollte.

Allein Herbart spricht es auch positiv aus, dass seine Veränderungen des Inneren der Metaphysik die Vergleichung nicht aushalten würden mit den von Kant schon festgestellten grossen Hauptumrissen. Worin diese Hauptumrisse bestehen, wissen wir bereits: es ist die Lehre vom Sein als absoluter Position, als bloss logischen Prädicates, und die darauf sich gründende Reform und Neuschöpfung der Ontologie. In der That ist dies der einzige Punct, wo Herbart den Ansichten Kant's rückhaltlos beipflichtet, und auf ihm ruht daher allein sein „Kantianismus." Insofern jener Eine Punct das wahre Fundament bilden und den Hauptcharacter der Systeme bedingen soll, glaubt Herbart auf ihn den Sectennamen stützen zu können.

Doch die Tragfähigkeit dieses Fundamentes ist durch Herbart's Ausführungen keineswegs ausser allen Zweifel gestellt. Hält wirklich das einzige Band, durch welches Herbart mit Kant zusammenzuhängen meint, so fest, dass die Lehren des ersteren als Fortsetzung des Kriticismus, als Weiterspinnung von demselben Anknüpfungspunct aus angesehen werden können? Hiermit treten wir in die Discussion der zweiten Hauptfrage ein: Welches Recht hatte Herbart, sich in dem bezeichneten Sinne Kantianer zu nennen?

Wir werden allerdings nicht wider Herbart streiten, wenn er dem Begriff des Sein als absoluter Position eine fundamentale Bedeutung in den philosophischen Ueberzeugungen Kant's zuweist. Die höher zielende Einsicht in den Unterschied zwischen logischer und realer Position bildet den Ausgangspunct seiner polemischen Stellung gegen die hergebrachte Metaphysik (vgl. Anm. 3.). Die 1763 erschienene Schrift Kant's: „Der einzig mögliche Beweisgrund zu einer Demonstration des Daseins Gottes" stellt in der ersten Abtheil., Betrachtung 1. „vom Dasein überhaupt" folgende Sätze auf: „1. Das Dasein ist gar kein Prädicat oder Determination von irgend einem Dinge ... vielmehr von dem Gedanken, den man davon hat" — nämlich den Gedanken seiner Existenz. Dieser Gedanke lässt sich aber nicht in dem Begriffe eines Subjectes finden, sondern nur „in dem Ursprunge der Erkenntniss, die ich davon habe. Ich habe, sagt man, es gesehen, oder von denen vernommen, die es gesehen haben." „2. Das Dasein ist die absolute Position eines Dinges und unterscheidet sich dadurch auch von jeglichem Prädicate, welches als ein solches jederzeit bloss beziehungsweise auf ein anderes Ding gesetzt wird." In der Erläuterung des Satzes heisst es: „Der Begriff der Position oder Setzung ist völlig einfach und mit dem Sein überhaupt einerlei. Nun kann etwas als bloss beziehungsweise gesetzt, oder besser bloss die Beziehung *(respectus logicus)* von etwas als einem Merkmal zu einem Dinge gedacht werden, und dann ist das Sein, d. i. die Position dieser Beziehung, nichts als der Verbindungsbegriff in einem Urtheile. Wird nicht bloss diese Beziehung, sondern die Sache an und für sich selbst betrachtet, so ist dieses Sein soviel als Dasein." (Kant's kl. Schr. z. Eth. u. Religionsphil. ed. Kirchm. II. S. 21 ff.)

Ich habe diese Stellen gewählt, weil sie mir noch präciser und klarer als die ganz analogen Ausführungen der Kr. d. r. V. Sinn und Anwendung der Kantischen absoluten Position darzulegen scheinen. Sie kommt den Dingen der uns umgebenden Wirklichkeit zu, sofern diese nämlich von uns gesetzt, als seiend erklärt werden, und sofern dieselben nicht nur als Prädicat in Bezug auf das Subject eines Satzes, sondern als für sich bestehend, absolut gesetzt werden. Somit bezeichnet diese absolute Position gar nichts Anderes, als die ganz gewöhnliche Wirklichkeit, und trifft alles dasjenige, „was mit den materialen Bedingungen der Erfahrung (der Empfindung) zusammenhängt" (2tes Postulat des empirischen Denkens überhaupt, Kr. d. r. V. ed. Kirchm. S. 230). Daher darf auch Kant von Gott die Reihe der Dinge „mit allen Prädicaten absolute oder schlechthin" setzen lassen (Beweisgr. z. einer Demonstr. etc. a. a. O. S. 23). Absolute Position, Dasein, Wirklichkeit sind bei ihm völlig eins und dasselbe, und keinen anderen Begriff verwendet er auch in der von Herbart angezogenen Partie der Vernunftkritik, in der Widerlegung des ontologischen Beweises für das Dasein Gottes.

Darum kann auch Kant seinen Begriff des Seins als „absoluter Position", als „logischen" und nicht „realen Prädicates"[22]) eines Dinges, so gut verwenden, um die Ansprüche aller transcendenten, das erfahrungsmässig Gegebene übersteigenden Speculation damit zu bekämpfen, und gar sonderbar nimmt sich dem gegenüber Herbart's Vorwurf aus: „Aber wenn Kant den wahren Begriff des Seins besass (und daran ist nach der vorstehenden Erklärung gar nicht zu zweifeln), wie hat er ihn gebraucht? Darnach sucht man in seiner ganzen Lehre vergebens" (III. 118). Kant hat seinen Begriff des Seins gerade soweit gebracht, als er es seiner Definition nach konnte, er hat alles Das als seiend gesetzt, worauf seine absolute Position passte, nämlich den ganzen Umkreis unserer Erfahrungswelt.

Freilich die absolute Position Herbart's hat Kant nirgends

angewandt, denn diese hat mit der Kantischen thatsächlich **Nichts gemein**.

Recht scharf tritt uns dies entgegen schon an der bereits oben (S. 14) citirten Stelle, wo Herbart vom absoluten Sein zuerst spricht als „absoluter Ruhe und Stille, feierlichem Schweigen über der Spiegelfläche des völlig ruhenden Meeres". Schlagen wir die betreffende Lehre in der Metaphysik nach, so kann es allerdings für den Anfang scheinen, als ob wir im Kantischen Gesichtskreise blieben. Dort heisst es zunächst (§. 201 ff.) „vom Begriffe des Sein" er sei „blosse Anerkennung des Nicht-Aufzuhebenden" (IV. 72.) Etwas für seiend erklären, heisst: es setzen ohne Vorbehalt der Aufhebung; darin eben liegt die absolute Position, welche zunächst die Empfindung trifft (78). Das Sein bedeutet nichts Anderes, als die absolute Position (77) und in der gleichen Weise, wie wir es bei Kant sahen, wird diese erklärt als Setzung **an sich und nicht erst mit Beziehung auf ein vorauszusetzendes Subject.**

Allein das neue Capitel „vom Begriffe der Qualität" (§. 205 ff.) beginnt mit den warnenden Worten: „Sehr leicht verletzbar ist die absolute Position. Wüsste das der gemeine Verstand, so hätte er nicht so viele Dinge für real gehalten, von denen sich hinten nach findet, dass sie nur Erscheinungen sein können". Hier sehen wir nun mit einem Male, dass „Erscheinungen" nicht wahrhaft sind, die absolute Position nicht vertragen. Denn, meint Herbart, es sei „unmittelbar klar, dass, wenn wir die absolute Position festhalten wollen, wir uns vor ihren Gegentheilen den *Negationen* und *Relationen*, hüten müssen". So führt einfach eine richtige Auslegung der Bezeichnung „absolute Position" auf die Sätze: die Qualität des Seienden ist gänzlich positiv, schlechthin einfach, allen Begriffen der Quantitäten schlechthin unzugänglich — und die einfachen, unveränderlichen Realen Herbart's sind fertig. Er gesteht selbst, an dieser Stelle angelangt, als „das Fundament des bisherigen ontologischen Vortrags" finde sich „kein anderes als der Begriff des Sein. Und dieser wurde gewonnen durch blosse logische Analyse derjenigen Begriffe, die wir beim Anfange des Philosophirens schon vorfinden" (IV. 91). Wegen dieser so fruchtbaren Verwendung darf Herbart den Begriff des Sein „die Basis aller wahren Ontologie" (III. 157) nennen — wir würden vielleicht noch zutreffender statt „Basis" sagen können „Keim", denn in der That entwickelt jenes absolute Sein ziemlich spontan aus sich die Grundbegriffe, welche die Gestalt der ganzen Metaphysik bedingen.

Jenes Lob, die Basis der Ontologie zu bilden, ertheilt nun Herbart freilich dem Kantischen Satz von den hundert möglichen und wirklichen Thalern — der anschaulichen Darlegung des Unterschiedes zwischen der Wirklichkeit als absoluter Position und dem blossen Begriff; denn er meint in der That ganz unbefangen, mit seiner absoluten Position nur in Kantischen Fusstapfen zu wandeln. Wir sahen bereits (oben S. 50), wie er rühmt, dass Kant „den wahren Begriff des Sein", der nur auf „das Reale" gehe, besessen habe, wie er die absolute Position, welche „nur die Substanz, nicht die Accidenzen" trifft, geradezu als Kantisch bezeichnet. Und doch lässt Kant die Reihe der Dinge „mit allen Prädicaten absolute oder schlechthin" setzen, und von seinem System aus wäre es der baarste Unsinn gewesen, der Substanz, einer blossen Kategorie, die absolute Position zu ertheilen.

Stellen wir die Gegensätze, welche hier so schlagend hervortreten, kurz einander gegenüber. Kant verwirft alles Wissen über Dinge an sich und findet die Gewähr für die Anwendbarkeit der absoluten Position nur in dem unmittelbar Gegebenen der Sinnlichkeit. Herbart's absolute Position findet in der uns umgebenden Erscheinungswelt keine Träger und muss solche erst im Reich der Speculation unter den „Dingen an sich" suchen. Kant formulirt den Begriff des Sein als absoluter Position, um damit alle transcendente, die Erfahrung übersteigende Speculation über blosse Gedankendinge abzuschneiden. Herbart lässt sich durch seine absolute Position eine intelligible Welt realer Wesen liefern, die weit hinter aller Erfahrung liegen.

So ist die Uebereinstimmung, in welcher sich Herbart mit Kant in Fassung und Verwendung des Seinsbegriffes zu finden glaubt, eine völlig illusorische. Kant ist vermöge seiner absoluten Position ein Gegner aller transcendenten Metaphysik, derjenigen Herbart's so gut, als derjenigen Wolff's und Spinoza's.

Wie hat dem genauen, prüfenden, kritischen Herbart diese Differenz entgehen können? Es war doch nicht schwer, den nervus probandi in Kant's Wiederlegung des ontologischen Beweises zu erkennen: weil das Sein absolute Position, ein bloss logisches Prädicat bezeichnet, könnt ihr nie von Existenzen etwas sprechen, die nicht durch die unmittelbare Erfahrung gegeben sind. Umgekehrt bei Herbart: weil das Sein absolute Position bedeutet, existirt Nichts wahrhaft, was in der Erfahrung gegeben ist, und nur von den transcendenten Dingen der Speculation lässt sich als wahren Existenzen sprechen.

Fragen wir noch einmal, wie ein so horribles Missverstehen Kant's von Seiten Herbart's möglich war, so bleibt nur eine Antwort, die aber die genügende Erklärung geben dürfte: Herbart hat die Kantische Philosophie erst von dem eigenen bereits gewonnenen Standpunct aus wirksam appercipirt, und so hat dieselbe unwillkürlich dem Rahmen seines Systems sich eingefügt, von diesem Form und Gehalt entlehnt. Da bildete nun das reine Sein der Eleaten — denn „keine philosophische Schule", bekennt Herbart selbst (IV. 140), „ausgenommen die der Eleaten hat Etwas gelehrt vom reinen Sein" — bereits ein wichtiges Bestandstück und eine leichte Wortübertragung gestattete, dasselbe der „absoluten Position" unterzuschieben, die, durch Kant eingeführt, bei Fichte — dessen Ich auf Schritt und Tritt absolute Positionen vornahm — so vielfach Verwendung fand. Herbart definirt das Sein zunächst als Unbedingtheit des Gedachtwerdens, der Setzung (s. oben S. 13) — offenbar nur ein anderer Ausdruck für „absolute Position", deren Fassung im Sinne der Eleaten für ihn bereits von dieser Seite her feststand. Der gleiche Klang der Worte hat ihn dann veranlasst, sich in völliger Uebereinstimmung mit Kant zu glauben — eine Täuschung, der die Schule bis heute unterworfen ist, und die sie weit über sich hinaus in die philosophischen Kreise verbreitet hat [23]).

Aehnlich schiefen Auffassungen begegnen wir in der ganzen Darstellung der Kantischen Lehre durch Herbart. Für das gelegentlich von ihm ausgesprochene Wort: „Kant ist oftmals missverstanden worden" (XII. 154) liefert er selbst die besten Belege. Er war eben an die kritische Philosophie herangetreten nicht mit dem unbefangenen Blick des lernbegierigen Schülers, sondern mit der bereits fertigen Frage und Antwort des eigenen Systems, über die er nun auch die Meinung des grossen Kritikers zu hören suchte. Daher die vielen Missverständnisse und Umbiegungen des Kantischen Gedankenganges, welche denselben aus seinen natürlichen Zusammenhängen reissen und unter eine durchaus unangemessene Beleuchtung stellen. Dieses Verhältniss zu Kant ist für Herbart's Metaphysik characteristisch und von folgenschwerer Bedeutung, so dass es angemessen sein wird, demselben eine noch etwas weitergehende Betrachtung zuzuwenden.

Wie wenig zutreffend Herbart's Urtheil über Haupttendenz und Gesammtcharacter der Kantischen Philosophie als einer „Reform der Ontologie" ist, braucht, wie bereits (S. 50) bemerkt, nicht näher ausgeführt zu werden. Gehen wir auf Einzelnes ein, so treten uns zunächst die Formen der Erfahrung entgegen. Herbart trifft gewiss nicht den für Kant massgebenden Gesichtspunct, wenn er die einschlägige Lehre aus einer Skepsis am „Gegebensein" jener Formen ableitet. Er geht so weit, diesen Zweifel am Gegebensein der Formen zu einer besonderen Art von Skepsis, der sogenannten „höheren Skepsis" zu stempeln, die aus dem „humisch-kantischen Gedankenkreise" entspringe (IV. 21). Allein skeptische Betrachtungen in diesem Sinne lagen Kant völlig ferne. Eingangs der „transcendentalen Aesthetik" wird allerdings die Frage nach dem Gegebensein der Formen kurz berührt, gelangt aber im eigentlichen Beweisgange, den die „metaphysische" und „transcendentale Erörterung" enthält, nicht weiter zur Verwendung **). Nicht weil Hume zum Causalbegriff keine impression gefunden hatte, nicht weil Raum und Zeit in der Empfindung nicht enthalten sind, hatte Kant diese dem erkennenden Subjecte zugeschrieben, sondern um den apodiktischen Character der auf sie sich beziehenden Urtheile zu wahren, schien es ihm nothwendig, sie dem Erfahrungskreise zu entreissen, denn erst was der eigenen Natur des Geistes entstammt, glaubte er als ein Allgemeines und Nothwendiges sichergestellt zu haben: In diesem Zusammenhange begründet der „transcendentale" Beweis den Idealismus hinsichtlich der Anschauungsformen und Kategorien, und namentlich die Prolegomena, die nach der Absicht des Urhebers als Commentar und Erläuterung zur Vernunftkritik dienen sollten, rücken dieses Argument in den Vordergrund.

Bei Herbart aber spielte die Frage nach dem „Gegebenen" eine grosse Rolle, und so schiebt er sie auch den Intentionen Kant's unter. Dagegen hat sein System für die von Kant hervorgehobene methodologische Seite der Frage keinen Platz, darum ignorirt er sie völlig. Es ist sehr merkwürdig, dass unter jenen Haupttheilen der Kantischen Lehre, aus denen sie sichtlich durch Zusammensetzung entstanden sein soll (s. oben S. 49), des Problems der Synthesis a priori gar keine Erwähnung geschieht: „Der speculative Character des Kantischen Systems wird durch dessen *Grundfrage* bestimmt: Woher kommen die Formen der Erfahrung und mit welchem Rechte werden sie auf die Erscheinungen übertragen?" heisst es in der Einleitung in die Philosophie (I. 258). Wie hat Herbart denn vergessen können, was er noch als Student als den wichtigsten Gedanken der Vernunftkritik hervorhob: „Wie sind synthetische Urtheile a priori möglich? Das ist die grosse Frage, in welcher Kant das ganze Bedürfniss der Vernunft zusammenfasst (s. oben S. 7). Kant hatte doch eindringlich genug die Aufmerksamkeit des Lesers auf diese Frage hingelenkt, und namentlich in den Prolegomenen mit der unzweideutigsten Schärfe es hervorgehoben, dass es ihm um Rettung der synthetischen Erkenntnisse a priori, des allgemeinen und nothwendigen Wissens, um Sicherung des Rationalismus gegen die Anfeindungen und Anmassungen des Empirismus zu thun sei ²⁵) — und Herbart schreibt ein ganzes Capitel über die Veränderung der älteren Metaphysik durch Kant, ohne jener Frage mit einem Wort zu gedenken.

Erst an späterer Stelle (§. 128 III. 387 ff.) bekommen wir von der Synthesis a priori als einer „nachgeborenen Aufgabe" der Metaphysik zu hören: „Da man einzusehen anfing, wie wenig die blosse Logik über metaphysische Schwierigkeiten vermag, hätte man sogleich die Frage, wie im Allgemeinen, und wie vielfach im Besonderen Eins aus dem Anderen folgen könne? mit der grössten Sorgfalt behandeln sollen. Der Versuch, im Nachdenken über die in der Erfahrung gegebenen Gegenstände Aufschlüsse zu erlangen, war gemacht; die metaphysischen Streitigkeiten waren auf diese Weise entstanden; die Thatsache, dass der menschliche Geist fortschreitende Bewegungen unternimmt, welche über die Erfahrung hinweg, und doch von ihr ausgehend, nach einem höheren Wissen streben, lag vor Augen . . . . Jetzt trat *Kant* auf mit seiner Frage: *wie sind synthetische Urtheile a priori möglich?* Ohne Mühe hätte man bemerken können, dass diese Frage in einer beschränkten Form, von der sie leicht zu befreien war, das Problem zur Sprache bringe, was wir soeben als eine nachgeborene Aufgabe bezeichneten", nämlich dass nicht einzusehen ist, wie mit Nothwendigkeit einem Begriff über seinen Inhalt hinaus ein Prädicat beigelegt werden könne. Die Einleitung in die Philosophie führt das Bedenken, dass „ein Rechtsgrund zu einer Synthesis a priori kaum denkbar scheint", noch als eine Frage der „höheren Skepsis" an (I. 73), welche sich auf „die Methoden des fortschreitenden Denkens" bezieht.

Welche Lösung Herbart für das Problem gefunden zu haben glaubte, wissen wir bereits aus der Entwicklungsgeschichte (S. 17, 43). Er spricht sie aus in der „Methode der Beziehungen" — diese soll „die höhere Methode der Synthesis a priori" sein (I. 368). Die Antwort, welche die Methode der Beziehungen auf die Frage: wie können Gründe mit Folgen zusammenhängen? gibt, ist folgende: Der Grund muss ein Widerspruch sein, und als eine nothwendige Ergänzung, welche die Lösung des Widerspruchs herbeiführen soll, tritt die Folge dazu. So meint denn Herbart, jenes nachgeborene Problem der Synthesis a priori unabhängig von Kant weit umfassender gestellt und gelöst zu haben, da der Kantischen Formulirung nur eine untergeordnete Bedeutung zukomme und die Lösung zumal vollständig missglückt sei (III. 389 f.)

Dürfen wir wohl sagen, dass Jemand, der diese Stelle des Kantischen Systems nur so nebenbei behandelt, dasselbe richtig aufgefasst und gewürdigt habe? Sie bezeichnet den streitigen Punct im Kampfe des Rationalismus mit dem Empirismus, denjenigen Gegensatz also, dessen Lösung zu Gunsten des Rationalismus — wenigstens wenn wir uns an die so entschiedenen Versicherungen der Prolegomena halten — Kant's erste und wesentlichste Aufgabe bildete. Die Stellung zu dieser Frage kann als das Schiboleth bei der Entscheidung zwischen Rationalismus und Empirismus angesehen werden und es ist daher äusserst bezeichnend für den besondern Character der Herbartischen Metaphysik, dass sie, wie sich leicht zeigen lässt, jene Frage gar nicht verstanden hat. Denn ausdrücklich erklärt Kant (Prol. §. 2): „Das gemeinschaftliche Princip aller **analytischen** Urtheile ist der **Satz des Widerspruchs**" und „**synthetische** Urtheile bedürfen ein **anderes** Princip als den **Satz des Widerspruchs**". Welches Mittel aber verwendet Herbart, um durch seine Methode der Beziehungen eine Synthesis a priori zu Stande zu bringen? — Kein anderes, als eben den Satz des Widerspruchs. Also nicht gelöst, sondern gänzlich umgangen, oder wie Herbart selbst meinen wird, annullirt hat er die Kantische Frage. Ob mit Recht? — die Discussion hierüber führt so tief in systematische Untersuchungen und trifft zugleich den Kern einer kritischen Beurtheilung der Herbartischen Metaphysik, dass wir sie dem letzten Abschnitte vorbehalten, der eben an diesem Puncte anzuknüpfen haben wird.

Nur darauf sei hier noch hingewiesen, dass Herbart sich sehr im Irrthum befindet, wenn er meint, Kant habe die allgemeinere Fassung des Problems: wie können Gründe mit Folgen zusammenhängen? oder: wie kann aus einem Gewissen mit Nothwendigkeit ein anderes Gewisses gefolgert werden? nicht gekannt. Vielmehr hat Kant eben diese Frage am Schlusse seines „Versuchs den Begriff der negativen Grössen in die Weltweisheit einzuführen" mit vorzüglicher Klarheit formulirt: „Ich verstehe sehr wohl, wie eine Folge durch einen Grund nach der Regel der Identität gesetzt werde, darum weil sie durch die Zergliederung der Begriffe in ihm enthalten befunden wird. Wie aber etwas aus etwas Anderem, aber nicht nach der Regel der Identität fliesse, das ist etwas, welches ich mir gerne möchte deutlich machen lassen. Wie soll ich verstehen, dass, weil Etwas ist, etwas Anderes sei?" — und zwar wohlgemerkt nicht nach dem Satze der Identität oder des Widerspruchs, denn wie das letztere möglich sei, erhellt unmittelbar aus den Regeln der syllogistischen Logik, um deren Klärung und Berichtigung der vorkritische Kant sich in der Abhandlung über „die falsche Spitzfindigkeit der vier syllogistischen Figuren" ebenfalls grosse, freilich, wie es scheint, bis heute nicht hinreichend berücksichtigte Verdienste erworben hat [20]). Durch jene Beifügung gewinnt Kant's Fragestellung eine viel tiefere Bedeutung als diejenige Herbart's; denn sie spricht aus, dass für eine grosse Reihe von Wahrheiten nach einem anderen Princip der Begründung als dem Satze des Widerspruchs gesucht werden müsse.

Endlich ist, um diesen Punct hier noch kurz zu berühren, auch die unermüdliche Polemik, mit welcher Herbart immer wieder auf Kant's Seelenvermögen, die als falsches empirisches Fundament der Lehre die Hauptschuld an deren Irrthümern tragen sollen, nur eine Folge der Bedeutung, die in seinem eigenen System den psychologischen Untersuchungen und der Eliminirung der Seelenvermögen zukam, und trifft, wie dies von den modernen Kantianern mit Recht hervorgehoben worden ist, keineswegs in allen Puncten zu. Es offenbart sich auch hierin dasjenige Verhältniss, auf welches wiederholt hingewiesen worden ist. Herbart ist zur kritischen Philosophie nicht gekommen als ein Suchender, von ihr Licht zu empfangen. Unabhängig von derselben hat er sich die eigene Leuchte angezündet und betrachtet bei dem Scheine derselben nun auch das Kantische System. Natürlich erhellt dieser nur diejenigen Stellen des Objectes, welche eine gleiche oder mindestens verwandte Farbe zeigen und diese werfen keine anderen Strahlen zurück, als welche sie von der Lichtquelle empfangen haben.

Das Resultat dieser ganzen Untersuchung ist kurz folgendes: Die Stellung Herbart's zu Kant ist eine wesentlich **negative**, ablehnende; in einem einzigen Puncte glaubt er in positivem Zusammenhange mit dem Kriticismus zu stehen, aber diese Meinung erweist sich als falsch; sie zeigt nur, dass die positive Anschauung, die Herbart von der theoretischen Philosophie Kant's hat, eine durchaus unzutreffende, durch das Medium seines eigenen unabhängig von Kant gewonnenen Systems wesentlich gefärbte und getrübte ist.

Die nächste, aus diesem Resultat entspringende Consequenz ist, dass die durch Herbart selbst angebahnte und in der Geschichte der Philosophie bisher festgehaltene Auffassung, welche ihn in unmittelbaren Zusammenhang mit Kant bringt, vielleicht sogar an diesen anschliessen lässt (nämlich an das „realistische Element" der Kantischen Philosophie), unhaltbar ist und daher die Stellung des Herbartischen Systems innerhalb der Geschichte der Philosophie in einer anderen als jener üblichen Weise bestimmt werden muss [27]). Zu diesem Zweck dürfen wir aber nun nicht mehr allein auf Kant's Philosophie sehen, sondern müssen in etwas weiterem Umfange die Grundzüge des Bildes uns vergegenwärtigen, innerhalb dessen der Metaphysik Herbart's ihre natürliche Stelle zukommt. Hiedurch wird auch ihr Verhältniss zu Kant, das wir bisher nur nach seiner negativen Seite betrachten konnten, eine nähere Beleuchtung gewinnen.

II. Historisch-systematologische Stellung.

Kein ausgeführtes Bild soll hier entworfen werden, nur eine in den knappsten Umrissen gehaltene Skizze, deren Aufgabe ist, die Hauptmomente, welche die Stellung der Herbartischen Metaphysik unter den geschichtlich gegebenen Systemen bestimmen, scharf hervortreten zu lassen.

Zwei Strömungen bedingen den Character der deutschen Philosophie im 18ten Jahrhundert. Die eine, von England her kommend, nach ihrem methodologischen Grundzuge wesentlich **empiristisch**, pflanzt sich am kenntlichsten fort in den seichten, aber desto breiteren Fluthen der Aufklärungsphilosophie, die freilich für die tieferen methodologischen Fragen keinen Sinn hat und vorzugsweise practischen Gebieten sich zuwendet. Um so eher kann sie sich mit der **rationalistischen** Richtung verbinden, welche (seit Descartes für die ganze continentale Philosophie massgebend) die strengeren, in der schweren Rüstung eines vollständigen Systems auftretenden Schulphilosophen noch durchaus beherrscht.

So zeigen sich bei **Wolff**, dem Hauptvertreter der vorkantischen deutschen Philosophie, beide Momente in engster Verschmelzung. Die Evidenz und die practische Brauchbarkeit sind die beiden Haupterfordernisse, die er an die Philosophie stellt; damit ist die wesentliche Tendenz der Aufklärungsphilosophie ausgesprochen. Jene Evidenz aber fasst er in einem Sinne, welche den Rationalismus auf das Entschiedenste bekundet. Sie kommt nur der philosophischen Erkenntniss zu (in Gegensatz zur bloss historischen); diese ist Erkenntniss aus Gründen, nämlich aus logischen Gründen, aus deren auf streng demonstrativem Wege, wie er am vollkommensten in der Mathematik eingehalten wird, die Folgen erschlossen werden. Das allein fundamentale Princip aller Demonstration ist der Satz des Widerspruchs, auf welchen auch der Satz des Grundes, der nach Leibniz'scher Aufstellung das Princip für die Erkenntniss der Thatsachen enthält, zurückgeführt wird durch die scharfsinnige Formel: Wenn Nichts der Grund von Etwas wäre, so wäre Nichts Etwas, was ein Widerspruch ist; folglich muss Alles einen Grund haben. In der Aufstellung empirischer Wissenschaften neben den rationalen wird dann allerdings auch der Empirie Rechnung getragen — ein Zugeständniss, welches dem Aufklärungsstreben und der Richtung auf practische Brauchbarkeit gemacht werden musste. Die empirischen Wissenschaften sollen ausdrücklich denen dienen, welche „hebetioris ingenii" sind, und so in alle Schichten der Gesellschaft die Aufklärung tragen. Ebenso ist augenscheinlich, dass nur durch enge Anlehnung an die Erfahrung die Anwendbarkeit der verschiedenen Doctrinen auf das Leben erzielt werden kann.

Dieser Halbheit ein Ende zu machen, die Consequenz der wissenschaftlichen Auffassung rein und streng hinzustellen, war dem weit tieferen und schärferen Denken eines Kant vorbehalten. Eingehende Beschäftigung mit den exacten Wissenschaften, namentlich der mathematischen Physik, wie sie durch Newton ausgebildet worden war, aus denen zum Theil bedeutende eigene Leistungen auf diesem Gebiet erwuchsen, bildete bei Kant die beste Vorbereitung zur Einsichtnahme in die Unhaltbarkeit des bisherigen Rationalismus, welcher Ueberzeugung er den schärfsten Ausdruck in den „Träumen eines Geistersehers" v. J. 1766 gibt. Das concentrirte Resultat dieser Einsichten ist, dass es über Thatsachen keine Einsichten aus reiner Vernunft gebe, dass man in Betreff alles thatsächlichen Wissens auf die Erfahrung hingewiesen sei. Der Satz des Widerspruchs ist bloss von Werth für Begriffsentwicklungen, Begriffsverdeutlichungen, liefert — nach der späteren Terminologie — nur analytische Urtheile. Aber eine wirkliche Erweiterung des Wissens kann aus einem logisch folgerichtigen Denken allein nie gewonnen werden; es gibt keine synthetischen Urtheile, die nach dem Satze des Widerspruchs, also mit apriorischer Gewissheit, abgeleitet werden könnten.

In England hatte Hume die durch Locke und Berkeley wirksam angebahnte empiristische Anschauungsweise consequent durchgebildet und in einer ähnlichen Formel präcisirt. Er theilt alle Objecte unserer Erkenntniss in zwei Arten: „relations of ideas" und „matters of fact". Von den ersteren gibt es ein demonstrativisches, auf logischem Wege erwerbbares Wissen, dessen Nothwendigkeit durch die Unmöglichkeit des Gegentheils nach dem Satze des Widerspruchs bewahrheitet ist. Nicht so von den Thatsachen, deren Gegentheil nie einen Widerspruch einschliesst und daher immer denkbar bleibt. Das Princip, auf welches sich alle unsere Schlüsse über Thatsachen gründen, ist das Verhältniss von Ursache und Wirkung. Der ursächliche Zusammenhang unter den Erscheinungen lässt uns von dem einen gegebenen Factum auf ein constant damit verbundenes anderes Factum schliessen. Woher aber diese Kenntniss eines ursächlichen Zusammenhangs unter den Erscheinungen? Nirgends anders her, so lautet die Antwort Hume's, als aus der Summe von Wahrnehmungen und Beobachtungen, mit denen uns die Erfahrung versieht **).

Daher ist es mit der vermeintlich apriorischen, streng nothwendigen Erkenntniss in allen Wissenschaften, ausser den rein mathematischen, welch' letztere nur von unseren „Ideen" handeln, Nichts, sie besitzen bloss eine praesumptive Allgemeinheit, eine auf inductivem Wege gewonnene Wahrscheinlichkeit. Damit ist der Empirismus auf allen Gebieten des Wissens um Thatsachen aufs Schärfste proclamirt, gegenüber dem methaphysischen Rationalismus, der den gesammten Weltinhalt aus wenigen Principien logisch deduciren will.

Welcher Art es geschah, dass Kant, wie er selbst erzählt, durch diese Aufstellungen Hume's aus dem „dogmatischen Schlummer" geweckt wurde, kann hier dahingestellt bleiben; jedenfalls hatte, als er in die durch die Dissertation: De mundi sensibilis atque intelligibilis forma et principiis v. J. 1770 inaugurirte sogen. „kritische Periode" eintrat, eine starke „Umkippung" seiner Ansichten stattgefunden. Die Möglichkeit rationalistischen Wissens steht ihm nicht mehr in Zweifel. Die Frage lautet für ihn nicht mehr: sind synthetische Urtheile a priori möglich? — denn er glaubt in dem Bestande unseres Wissens ihre **Wirklichkeit** nachweisen zu können — sondern: wie sind sie möglich? Antwort: dadurch, dass die Bestimmungsstücke dazu, die Formen der Naturauffassung, a priori im Gemüthe liegen.

Der Gedanke ist nicht neu. Er findet sich in der ἀνάμνησις Platon's, liegt den ἀρχαί ἀναπόδεικτοι des Aristoteles, den ideae innatae Descartes' zu Grunde und ist meist in irgend einer Weise mit dem Rationalismus verquickt gewesen. Zum eigentlich fundamentalen methodologischen Princip wird der Apriorismus aber allerdings erst durch Kant erhoben und erhält hier den wesentlichen Zusatz: alle apriorischen Erkenntnisse gelten nur von Erscheinungen, nicht von Dingen an sich. Wenn auch gerade an diesem Puncte der Anstoss für den nächsten Fortschritt über die Kantische Philosophie hinaus gelegen ist, so tritt er, genau besehen, für die Folge doch durchaus in den Hintergrund. Denn in Wahrheit macht man das producirende Vermögen, mag dieses nun individuell anthropologisch, oder allgemein kosmisch gefasst sein, zum Realgrunde, hinter dem gar kein für den Menschen Unbekanntes, kein „An sich" mehr liegt. Fruchtbarer hat sich dagegen sogen. idealistische Philosophie ein anderes in Kant's Apriori liegendes Princip zu verwenden gewusst, das seiner fundamentalen Bedeutung wegen hier etwas näher beleuchtet werden muss.

· Die Erkenntnisskriterien, von welchen Kant bei seiner Fragestellung ausgeht, sind rein logische, der Erkenntniss selbst immanente, indem sie sich bloss auf Werth und Giltigkeit derselben beziehen. Das Prädicat der Allgemeinheit und Nothwendigkeit, welches Kant als unbedingtes Merkmal des Apriori gilt, bezeichnet eine derartige der Erkenntniss immanente, logische Werthschätzung derselben, die man bis dahin immer auf den Satz des Widerspruchs gegründet hatte. Um über diesen **logischen Character, den Werth der Erkenntniss** ins Reine zu kommen, kehrt Kant eine andere Seite der Sache hervor — er fragt nach ihrem Ursprung: die rein logische Untersuchung erhält eine **psychologische** Substruction. Das Verfahren, durch Erforschung des Ursprungs der Erkenntniss über Giltigkeit und Tragweite derselben zu entscheiden, war durch Locke so breit und kenntlich hingestellt worden, dass man nicht Noth gehabt hätte, in demselben eine besonders rühmliche Entdeckung Kant's zu sehen, wie es denn auch unmittelbar als ein höchst natürliches und gerechtfertigtes Vorgehen erscheinen wird. Aber dies letztere ist es in der That nicht. Ich springe völlig ab von dem Standpuncte der Frage: welchen logischen Werth hat eine Erkenntniss? wenn ich darauf antworte: sie hat diesen und diesen psychologischen Ursprung. Das Verfehlte dieser μετάβασις εἰς ἄλλο γένος, welche bei Kant gleich in den ersten Sätzen der Vernunftkritik Platz greift, näher darzuthun, ist hier nicht der Ort [20]). Uebrigens zeigt es sich kenntlich genug an den Consequenzen, die aus Kants Lehre gezogen wurden.

Denn die Nachfolger versäumten nicht, das neue Fundament, welches dieselbe für den Rationalismus geschaffen hatte, sich zu Nutze zu machen. Der Satz des Widerspruchs, die logische Analyse, welche bisher die allein nothwendige Grundlage alles rationalistischen Wissens gebildet hatten, wurden als unfruchtbar abgedankt. Die Allgemeinheit und Nothwendigkeit einer Erkenntniss vor den Angriffen des Skepticismus sicher zu stellen, war es nicht mehr erforderlich, die logische Unmöglichkeit ihres Gegentheils darzuthun, wie dies noch Hume von den Bekämpfern seiner empiristischen Theorie als Gegenbeweis verlangt hatte; man brauchte sie nur a priori aus dem „Gemüthe" entspringen zu lassen und ihr apodiktischer Character war hinreichend beglaubigt.

Dass ein solches Verfahren rasch Anklang finden musste, ist erklärlich, wenn wir beachten, wie es einem doppelten Bedürfniss des Zeitalters entgegenkam: der **Systemsucht** einerseits, dem **practischen Freiheitsstreben** andererseits.

Der Rationalismus, der die eigentlich treibende Kraft der philosophischen Entwicklungsreihe von Descartes bis Kant bildet, hatte in Deutschland erst im 18ten Jahrhundert jene Ausdehnung gewonnen, dass er der ganzen Zeitströmung seinen Character aufdrückt, und hier jenen Geist der „Vernünftigkeit" erzeugt, der alles Wissen und Thun logisch vernünftig gestalten, den gesammten Weltinhalt rationalisiren wollte. Tieferen Geistern konnte es natürlich nicht genügen, Allem ein logisches Mäntelchen umzuhängen und es dann hübsch in eine Reihe neben einander zu ordnen; sie verlangten nach einem System, einem einheitlich geschlossenen Ganzen der Erkenntniss, sicher im Fundament, lückenlos im Aufbau und in allen Theilen vom strengsten begrifflichen Zusammenhang beherrscht. Kant selbst ist von diesem Streben auf das entschiedenste beseelt und hat ihm in seiner Philosophie umfassend Rechnung getragen. Diese hat nämlich ein doppeltes Gesicht, keineswegs bloss jenes bescheidene, entsagende mit der Devise: Tecum habita et noris, quam sit tibi curta supellex, sondern auf der anderen Seite auch die stolze Miene einer souveränen Beherrscherin alles menschlichen Wissens. Kant meinte ja, das grösste, schwerste, sicher aber auch fruchtbarste Geschäft menschlichen Scharfsinn's vollbracht zu haben, da es ihm gelang, sich aller nothwendigen, also seiner Meinung nach allein wahrhaft wissenschaftlichen

Erkenntnisse aus Einem Princip zu bemächtigen, sie in ein vollständig geschlossenes System zu bringen, das für alle Zeiten giltig und massgebend bleiben musste. Kein Wunder, dass die systemsüchtigen Zeitgenossen mit Vorliebe diese glänzendere Seite des Kantianismus ins Auge fassten und darüber jene demüthige Gestalt ausser Acht liessen. Es war gerade kein Zeitalter der Demuth. Wir wissen, wie die Fortbildung der Kantischen Philosophie gerade in der Richtung der Systemmacherei sich vollzog. Hier trifft das Hegel'sche Schema der Vereinigung von Gegensätzen in der That zu. Es gilt, immer höhere Einigungspuncte zu finden: Reinhold vereinigt Verstand und Sinnlichkeit im Vorstellungsvermögen, Fichte die practische und theoretische Vernunft im Ich, Schelling Ich und Natur im Absoluten, und Hegel gibt dieser höchsten Einheit endlich die abschliessende systematische Form in dem dialektisch sich selbst entwickelnden Begriff.

Wenden wir uns vom theoretischen zum practischen Gebiet, so finden wir hier die Lieblingsgegenstände der Aufklärungsphilosophie. Es bezeichnet die fortschreitende Läuterung der Anschauungen, wenn vor den fälschlich Metaphysisches einmischenden Ideen Gottes und der Unsterblichkeit in den erleuchteten Geistern mehr und mehr der Glaube an die unmittelbare Würde des Guten, an die persönliche Werthschätzung des Menschen hervortrat. Eine solche Wertschätzung war nicht möglich ohne Zurechnung, und diese wieder stand für das Bewusstsein des Zeitalters im engsten Zusammenhange mit der „menschlichen Freiheit", daher auch die Freiheit als dritte practische Forderung neben Gott und Unsterblichkeit sich stellte, welcher Werth ihr doch offenbar nur im Zusammenhange mit der practischen Zurechnung des Guten und Bösen zukam. „Freiheit ruft die Vernunft" — und die Vernunftkünstler räumen ihr sie willig ein. Damit ist die Autonomie des menschlichen Subjects auch auf dem Gebiet des Handelns proclamirt: wie die Logik, so erhält auch die Ethik einen psychologischen Unterbau, und das Theoretische ist gleich bei der Hand sich noch weiter auf demselben auszubreiten. Es ist bekannt, wie auch die nächsten Fortbildner Kant's wesentlich vom practischen Interesse erfüllt sind. So Reinhold, der erst auf Grund des Kriticismus sich mit seinen religiösen Bedenken aussöhnen kann (vgl. K. Fischer, Gesch. d. n. Phil. V. S. 43, 54 f). Es kommt die französische Revolution dazu, die dem Freiheitsstreben eines ganzen Volkes einen gewaltigen Ausdruck gibt. Fichte, der sie mit Enthusiasmus begrüsst, gründet seine ganze Philosophie auf das Freiheitsgefühl (vgl. Anm. 7).) und Schelling prophezeit in der Vorrede seines Schriftchens vom Ich mit begeistertem Tone der Menschheit einen neuen Aufschwung von dem Tage an, da sie ihrer Freiheit sich bewusst werde.

So drängte Alles darauf hin, den Gesammtbau des Wissens und Handelns auf die Souveränetät des menschlichen Subjects zu gründen. Das System nothwendigen Erkennens wurde dadurch gewonnen, dass man es aus der Natur des Geistes selbst hervorgehen liess. Die Formen allein genügten den kühneren Nachfolgern Kant's nicht mehr; auch allen Inhalt unserer Erkenntniss machten sie zu einem Product der nothwendigen Thathandlungen des Ich, denn nur so wurde das gesammte Wissen ein durch und durch nothwendiges, apodiktisches. Es entstand auf diese Weise eine merkwürdige Art von Philosophie, die wohl in der Geschichte —

soviel man auch Parallelen für sie gesucht hat — einzig dasteht. Sie ist Rationalismus vom reinsten Wasser, denn sie kennt nur nothwendiges Wissen aus absolut festen, apriorischen Principien. Um die Erfahrung kümmert sie sich gar nicht, sondern deducirt den ganzen Weltinhalt aus dem reinen Gedanken. Das wäre nichts Neues; aber man hatte sich zu derartigen Versuchen bisher der üblichen Aristotelischen Logik bedient; diese hatte als die letzte metodologische Instanz gegolten. Für Fichte ist sie es nicht mehr. Das Erste sind ihm die absoluten Thathandlungen seines Ich, und aus ihnen erst erhält die hergebrachte Logik ihre Ableitung und Rechtfertigung [20]). Und als Hegel einsah, es fehle dem neuen System doch einigermassen an der gehörigen methodischen Begründung und Formung, war man bereits soweit gekommen, dass man die alte Logik verabschieden und sich aus dem dialektischen Weltprocess, zu welchem schliesslich die Selbstentwickelung des Ich geworden war, eine neue construiren konnte. Der principielle Fehler war freilich schon bei Kant vorhanden, nur das sein nüchtern und exact angelegtes Denken nicht die letzten Consequenzen desselben zog.

Man hat Kants System zutreffend einen phänomenalistischen Rationalismus genannt. Wollen wir aber eine Formel finden, welche ihn und seine eben characterisirten Nachfolger umfasst, so ist der Ausdruck nicht entsprechend; denn bei den letzteren ist von Phänomenalismus Nichts mehr zu spüren (vgl. oben S. 61). Daher möchte ich einen anderen Namen vorschlagen, welcher das Gemeinsame dieser ganzen, im weiteren Sinne Kantischen Strömung bezeichnet: psychologischer Rationalismus. Ich nenne ihn so im Gegensatz zum logischen Rationalismus, der den Satz des Widerspruchs und die von Aristoteles ausgebildete formale Logik als oberstes Regulativ ansieht, während jener psychologische Rationalismus, wie schon oft hervorgehoben, die Erwerbung von Kenntnissen aus dem reinen Denken, das allgemeine und nothwendige Wissen auf durchaus psychologische Principien begründet. Der angegebene Name deutet besser, als die bisher übliche Bezeichnung als „Idealismus" den eigenthümlichen methodologischen Character jener ganzen Richtung an. Ihr Versuch, die Hauptschwierigkeit bei allem Rationalismus, nämlich wie derselbe für seine logischen Formen den erforderlichen Inhalt finden soll, dadurch zu beseitigen, dass man allen Erkenntnissgehalt a priori in das „Gemüth" verlegt und durch diese Idealisirung rationalisirt, verdient jedenfals eine besondere Stelle unter den geschichtlich gegebenen erkenntnisstheoretischen Ansichten.

In diese von Kant ausgehende Entwicklungsreihe passt nun Herbart mit seiner Metaphysik ganz und gar nicht hinein. Eines zwar hat er mit jener gemein: den Rationalismus. Seine philosophische Entwicklung nimmt — gleich derjenigen Schelling's — den Ausgang vom Streben nach einem allumfassenden a priori zu construirenden System des Welterkennens, und diesem Plane bleibt die Ausführung treu. Zwar spricht Herbart viel von der Erfahrung, aber im Grunde genommen ist sie bei ihm doch mehr Zielpunct, als Ausgangspunkt der Metaphysik. Denn das an der Schwelle des Systems stehende „Gegebene" macht einen so winzig kleinen Bruchtheil unseres Erfahrungswissens aus, dass hier von feiner Erfahrungsbasis — im heutigen strengeren Sinne des Wortes „Erfahrung" — nicht die Rede sein kann. Im Sein, auf welches das „Gegebene" schliessen lässt, liegt der Keim, aus dem nun in der Treibhausatmosphäre des reinen Denkens das System mit Stamm, Aesten und Zweigen üppig emporschiesst. Steht also der rationalistische Character der Herbartischen Metaphysik ausser Zweifel, so unterscheidet er sich doch wesentlich von dem durch Kant begründeten psychologischen Rationalismus als ein rein logischer. Herbart hat als alleiniges Kriterium des Erkenntnisswerthes den Satz des Widerspruchs, alle Ableitung durch Entwicklung aus apriorischen Geistesanlagen weist er entschieden zurück, und seinen Standpunct gegenüber dem Wissen um Thatsachen, als dessen Princip seit Leibniz der Satz des zureichenden Grundes galt, spricht bezeichnend die Habilitationsthese aus: Principium rationis sufficientis demonstrari potest etc. (s. oben S. 36). Also ganz wie bei Wolff: der Satz des zureichenden Grundes wird logisch aus dem Satze des Widerspruchs bewiesen. Das Causalgesetz bedarf keiner anderen Fundirung, als des formal-logischen Denkens — Hume und Kant sind überflüssig gemacht. Auf eine eingehende principielle Erörterung ihres wichtigsten Problems: ob und wie Urtheile über Thatsachen aus blossem Denken möglich sind, hat Herbart sich nicht eingelassen. Ihm bewährt sich die alte rationalistische Erkenntnissmethode bei den ersten Schritten und sie steht forthin als schlechthin giltig für ihn fest. Weder der Empirismus zu dem Hume, noch der psychologische Rationalismus, zu dem Kant von jenem Problem aus sich gedrängt sieht, wird nach der principiellen Seite von ihm beachtet. Er bleibt trotz der Enquiry und der Vernunftkritik auf dem Boden des hergebrachten Rationalismus, wie er zuletzt eine breite Darstellung bei Wolff gefunden hatte.

Herbart bemerkt es selbst gelegentlich, wie er sich zu der so vielfach heruntergebrachten „älteren Schule" gar in keinem so schroffen Gegensatz befindet, und wie er an Kant's Leistungen vom Standpuncte seines Systems aus ganz gleichgiltig vorübergehen muss. Er erklärt geradezu: „Das eigentliche metaphysische Wissen ist durch Kant nicht von der Stelle gekommen; die Fragen darnach sind auch nicht aufgehoben, nicht beseitigt worden; sie stehn noch, wie sie gestanden haben, und warten auf Antwort" (III. 126). Darum kann er auch behaupten, „die ganze Periode der drei Männer (Kant, Fichte, Schelling) sei nur eine *Episode* in der Geschichte der Philosophie" — eine Behauptung, die er allerdings selbst „gewagt" nennt, aber nur „darum, weil eine Episode voraussetzt, dass nach dem Ende derselben der Hauptfaden des ganzen Epos wieder aufgenommen, und gemäss seiner ursprünglichen Bestimmung weiter gesponnen werde" (III. 341).

Wir können Herbarts Stellung in der Geschichte der Philosophie nicht besser bezeichnen, als indem wir ihn bei diesen seinen eigenen Worten fassen. Er knüpft unmittelbar an an den Rationalismus der Leibniz-Wolffischen Schule. Freilich setzt er sich ihm in kampfbereiter Positur gegenüber und versäumt nicht, als Eingang seiner Metaphysik eine einschneidende Kritik an demselben zu vollziehen. Nun auch Freunde streiten mit einander und das Interesse am Streit kann gerade einen Massstab abgeben für die Werthschätzung, die man dem Gegner schenkt. Der Hauptangriff, welchen Herbart wider die Schule richtet, geht auf die Zusammensetzung der Dinge aus Essenz und Existenz und die Definition der letzteren als complementum possibilitatis. Hier hatte, wie er meint, Kant's Reform eingesetzt und an diesem Puncte musste sie consequent durchgeführt werden, um dem kritischen Geschäfte Kant's zu seinem Ziele zu verhelfen. In der That war der Punct wichtig genug, um eine wesentliche Differenz begründen zu können. Sehen wir aber dann nach dem Erfolg, welchen jene Kritik für Herbart's System hat, so drängt sich uns unwillkürlich die Frage auf: Wozu der Lärm? Recht besehen kehren doch dieselben metaphysischen Begriffe, derselbe Inhalt, dieselben Tendenzen wieder, freilich etwas anders angeordnet, mit einem anderen methodologischen Gewande versehen, zum Theil auch anders benannt. Es sind genau dieselben Fragen, um welche sich die Untersuchung dreht, und wir erhalten zum grossen Theil genau dieselben Antworten. Dass sich die Schule am Eingange des Systems ein Weilchen unter den Begriffen des Unmöglichen und Möglichen herumtreibt, mag man ihr als eine unerhebliche Spielerei nachsehen, denn dann kommt sie ja auf alle für Herbart wichtigen Fragen zu sprechen: nach dem Was des realen Weltinhaltes, d. h. nach den Dingen, ihren äusseren und inneren Eigenschaften, positiven und negativen Bestimmungen, nach Veränderlichem und Unveränderlichem, Substanz und Accidenz, Einfachem und Zusammengesetztem, endlich nach Raum und Zeit u. s. f. — und die Antworten sind vielfach denen, die Herbart gefunden hatte, zum Verwechseln ähnlich. Es werden ebenso punctuelle Reale gelehrt, die, einfach und unveränderlich, die Veränderungen nur als modi in sich aufnehmen, — eine Bezeichnung die auch auf das wirkliche Geschehen in Herbart's Realen vollständig passen würde; sie wirken als Kräfte auf einander (wenigstens bei der Mehrzahl von Wolffianern, welche nicht festhält an der praestabilirten Harmonie), erzeugen durch ihr Zusammen und Aussereinander den Raum — mit einem Wort: wir erhalten ein aus Begriffen metaphysisch construirtes Weltbild[31]) genau von demselben Aussehen, wie Herbart sich es denkt. Mögen auch in der Art des Aufbaus vielfach Differenzen vorkommen, so ist doch die Totalanschauung der fertigen Systeme durchaus die gleiche, so dass es unmittelbar geboten ist, Herbart in den nächsten sachlichen Zusammenhang mit Wolff zu bringen[32]). Auf diesen Gesammtcharacter kommt es ja in erster Reihe an, wo wir die Aehnlichkeiten der Systeme bestimmen, und dem gegenüber kann in der That das Verfahren der Wolffischen Schule, „das Seiende aus Essenz und Existenz zusammenzusetzen, als eine unschuldige Grille erscheinen" (III. 205).

So steht Herbart noch unerschüttert auf dem alten rationalistischen Dogma, dessen consequente Durchführung — selbst bis zu ausgesprochenen Absurditäten — ihn als nächsten Verwandten Spinoza's erscheinen lässt, während der Inhalt seiner Lehre ihm die grösste Aehnlichkeit mit Wolff verleiht. Wie Herbart das methodologische Problem, den Streit zwischen Rationalismus und Empirismus sich nie zu klarem Bewusstsein gebracht hat, wie er die Zweifel, die sich hiebei aufdrängen, die Fragen, welche Lösung fordern, so ganz und gar nicht begreift, geht auch aus der enormen Geringschätzung hervor, mit welcher er Hume, den classischen Vertreter des Empirismus behandelt.[33]) Zwar unterlässt er nicht, sich in einem besonderen Capitel (Allgem. Metaph. §§. 60 ff.) auch gegen „den gemeinschaftlichen Feind aller Systeme, den Empirismus"[34]) zu wenden, aber was macht er sich da für einen Popanz zurecht, um ihn dann mühelos in den Sand zu werfen! Zuerst wird uns der „Empirismus im Allgemeinen" vorgeführt als „die Maxime, es bei den rohen Producten des psychologischen Mechanismus bewenden zu lassen." Dass es so Etwas gar nicht geben kann, bemerkt nun freilich auch Herbart, denn „wer die erwähnte Maxime ausspricht, der hat schon angefangen zu denken." Dann war aber auch die Aufstellung der Definition, da sie ganz und gar keine Anwendung finden kann, ja geradezu auf ein Unmögliches geht, höchst überflüssig. Eine gewisse Orientirung erhalten wir erst, indem Herbart in den Umfang des Begriffes „Empirismus" eingeht und uns Locke als Haupt der Empiristen nennt, nicht (wie allerdings zu erwarten gewesen wäre) weil bei ihm „aus Sensation und Reflexion alle Erkenntnisse abgeleitet werden" — dies wäre nur der richtige Weg zu einer wahren Psychologie und Philosophie — „sondern wegen des resignirenden Stillestehens bei gewissen Dunkelheiten, die sich durch fortgesetztes Nachdenken gar wohl aufhellen lassen." (III. 194 ff.) Herbart meint hier vor allen Dingen den Substanzbegriff, welchen Locke bekanntlich zu einem something I know not what gemacht und es daher für nicht unmöglich — weil überhaupt nicht entscheidbar — erklärt hatte, dass auch die Materie denken könne. In diesem Zusammenhange vermag es Herbart dann, den Materialismus unter den Empirismus einzureihen und lezteren unmittelbar mit Spinoza zu verknüpfen (III. 198 ff.) Diese merkwürdige Zusammenstellung erweckt fast die Vermuthung, als hätte jedes System seine schadhaften Stellen für den Empirismus hergeben müssen, deren Vereinigung dann natürlich die miserabelste Philosophie liefert.[35]) Wenn aber wirklich das Stehenbleiben bei der Unerkennbarkeit der Substanz, bei der Möglichkeit eines einheitlichen Daseinsgrundes für materielle und geistige Erscheinungen das Wesen des Empirismus ausmachte — und das ist in der That, wie sich zeigt, bei Herbart die Hauptsache — so war auch Kant Empirist, indem er erklärte, von den Dingen an sich Nichts zu wissen und sich wiederholt im Sinne einer durchaus monistischen Anschauung vom Grundwesen der menschlichen Erscheinung aussprach. — Jedenfalls wird sich der heutige Empirismus von den Streichen, welche Herbart gegen ein Phantasiegebilde dieses Namens führt, nicht getroffen fühlen.

Indess trotz des eben betonten Mangels der Herbartischen Metaphysik in ihrem Verhältniss zu Kant darf das geschichtliche Urtheil über sie nicht so schlechthin abfällig lauten. Bleibt es Kant's Verdienst, das methodologische Problem in Deutschland zuerst deutlich erkannt und auch halbwegs klar ausgesprochen zu haben, so wird allerdings durch den Lösungsversuch, den er demselben zugewandt hat, der Werth seiner Leistung erheblich vermindert. Im Rationalismus bleibt auch er befangen, nur gibt er diesem eine neue Formung: er schafft, wie ich dies oben darzulegen versuchte, den psychologischen Rationalismus. Die Früchte, die derselbe zeitigte, der Umsturz alles geregelten wissenschaftlichen Verfahrens, die Verabschiedung der Logik und der exacten Forschung, lassen über seinen Werth kaum mehr einen Zweifel bestehen. Ueber der neugefundenen Art der Systemconstruction war den Fortbildnern Kant's das Bewusstsein des methodologischen Problems wieder total abhanden gekommen. Um so weniger kann es Herbart zu schwerem Vorwurf gereichen, dass ihm das Gleiche passirte. Dass er dagegen vom Stand-

puncte seines logischen Rationalismus aus jener ganzen Richtung sich
entgegenstemmte, hat ihm die Geschichte wohl als wesentliches Verdienst
anzurechnen. Können die altbewährten logischen Methoden auch für
eine inhaltliche Erkenntniss nicht viel leisten, so arbeiten sie doch, so
weit sie fehlerlos gehandhabt werden, durchaus sicher. Und was vor
Allem wichtig ist: die strenge Einhaltung und Uebung dieser Formen
gibt dem Geiste die Zucht und Schulung, welche ihn vor Gedankensprüngen,
vor schweifenden, vagen Conceptionen, überhaupt vor jener crassen Un-
wissenschaftlichkeit hüten, welche auf dem Gebiete der Philosophie so
oft ihr Wesen getrieben hat. Herbart und seiner Schule gebührt der
Ruhm, eine Zeit lang in den philosophischen Kreisen Deutschlands den
nahezu einzigen Hort einer solchen strengeren philosophischen Sinnesart
gebildet zu haben, die sich das Epitheton „exact" im Vergleich mit den
concurrirenden Systemen wohl ohne Scheu beilegen durfte. Diese hatten
die Grundlage aller wissenschaftlichen Forschung vernichtet und damit
das erkenntnisstheoretische Problem völlig erstickt. Herbart dagegen
stellte die Philosophie wieder auf jenen Boden, aus welchem dasselbe
unter günstigen Bedingungen binnen Kurzem aufs Neue emporkeimen
musste. Allerdings sind in dieser Beziehung nun bereits die Bemühungen, Kant richtiger — vor allen Dingen historisch — zu verstehen, sowie englische Einflüsse zuvorgekommen und haben ihrerseits unmittelbar
Anlass zu einer Reform der Anschauungen gegeben.

Das Ergebniss, zu welchem wir, rein an den Inhalt des fertigen
Systems uns haltend, über die Stellung der Herbartischen Metaphysik
innerhalb der Geschichte der Philosophie gelangt sind, steht im besten
Einklange mit der Entwicklungsgeschichte derselben. Allerdings war
dort kein Anlass gegeben, in breiter Ausführlichkeit über den Einfluss
der Wolffischen Philosophie zu sprechen, aber um so markirter konnte
auf die für Herbart durchaus fundirende Bedeutung dieser Einwirkung
hingewiesen werden. War dagegen der Einfluss Fichte's in weit grösserem
Umfange zu behandeln, so wäre es doch sehr verfehlt, deshalb Herbart
auch in die von Kant ausgehende Richtung, welcher Fichte angehört,
einzureihen. Denn so weit jene Einflüsse auch reichen mögen, so haben
sie doch Herbart dieser Richtung in keiner Weise angenähert. Ich habe
gehörigen Orts im Einzelnen darzulegen versucht, wie selbst das Positive,
welches Herbart von Fichte in seine eigene Philosophie herübernimmt,
hier eine durchaus veränderte Form gewinnt und immer nur dazu dient,
diese in der anfänglich eingeschlagenen Richtung auf den logischen Rationalismus zu bestärken. Daher geschieht es völlig in Uebereinstimmung
mit jenen entwicklungsgeschichtlichen Thatsachen, wenn unser bloss nach
den inhaltlichen Bestimmungen sich richtender Gruppirungsversuch zum
Resultate kommt: Die Metaphysik Herbart's gehört unter die von Descartes anhebenden logisch-rationalistischen Systeme der neueren Philosophie, wobei sie am nächsten der Leibniz-Wolffischen Schule sich anschliesst, und steht dadurch im Gegensatz zu dem von Kant begründeten
psychologischen Rationalismus des sogen. deutschen „Idealismus".

Die bloss historische Würdigung der Herbartischen Metaphysik, die ich
aus dieser ihrer geschichtlichen Stellung ableitete, wird nun freilich Vielen
nicht genügen. Herbartische Gedanken finden sich noch so mannigfach
in den philosophischen Ueberzeugungen der Gegenwart, dass jene heute

noch in der That eine mehr als bloss historische Bedeutung für uns besitzt. Zudem mag man mit Recht eine nähere Begründung der werthschätzenden Beurtheilung, wie ich sie wiederholt in meine bisherige Darstellung einfliessen liess, von mir fordern. Diese Ansprüche zu befriedigen, soll die Aufgabe des nächstfolgenden letzten Abschnittes sein.

III. Kritische Beleuchtung des Herbartischen Rationalismus.

Dass ich diesen Abschnitt noch der Betrachtung über die historische Stellung der Herbartischen Metaphysik einreihe, rechtfertigt sich leicht durch die Bemerkung, dass eine Kritik auch nur dem Verhältniss ihres Objectes zu dem ebenfalls geschichtlich gegebenen Standpunct, den sie selbst einnimmt, Ausdruck gibt. Die Ueberschrift des vorliegenden Abschnittes hätte daher auch lauten können: Stellung der Herbartischen Metaphysik zum gegenwärtigen Stande der Philosophie, wodurch dann die Coordination mit den beiden vorausgegangenen Abschnitten augenfälliger geworden wäre. Allein nun einem solchen Titel gerecht zu werden, müsste man den vielverzweigten Gestaltungen der modernen philosophischen Bestrebungen viel weiter nachgehen, als ich es thatsächlich zu thun gedenke.

Eine gewisse Uebereinstimmung scheint übrigens innerhalb derjenigen Kreise, wo ein strengerer Betrieb der philosophischen Forschung gepflegt wird, doch wenigstens rücksichtlich der zu lösenden Aufgaben zu herrschen. Vor allem ist man hier bemüht, über die specifisch erkenntnisstheoretischen Fragen ins Reine zu kommen, und dabei dürfte das Hauptinteresse dem allgemeinsten und ersten Problem der Erkenntnisstheorie, der Frage nach den Methoden der Erkenntnissgewinnung zufallen. Weit wichtiger und erheblicher als der Streit um Realismus oder Phänomenalismus — um diese schärfere Bezeichnung statt des vieldeutigen Wortes Idealismus zu gebrauchen —, ist gegenwärtig derjenige um Rationalismus oder Empirismus.

Das thatsächliche Bestehen eines solchen Kampfes zeigt an, dass es noch keineswegs überflüssig ist, im Anschluss an geschichtlich gegebene Systeme die Haltbarkeit jener entgegengesetzten Methoden zu prüfen. Auf Seiten des Rationalismus bietet hiezu die Metaphysik Herbart's ein besonders geeignetes Object dar; denn weit mehr, als andere rationalistische Systeme hat sie sich von überlieferten Scholasticismen frei gemacht, sie zeichnet sich vor jenen aus durch eine grössere Strenge der logischen Durchbildung, durch mehr Präcision und Klarheit der Darstellung und endlich durch eine entschiedene Tendenz, der Erfahrung in umfassendem Masse Rechnung zu tragen. Freilich dürften diese Vorzüge nur geeignet sein, die Mängel des Rationalismus desto schärfer hervortrete zu lassen und zu einer, man kann sagen typischen Ausprägung zu bingen.

Eine classische Characteristik dieses Typus hat der vorkritische Kant geliefert, die ich als leitenden Gesichtspunct — zugleich der heutigen Kantmode damit meinen Tribut entrichtend — der weiteren Ausführung vorausschicke. „Man muss wissen, dass alle Erkenntniss zwei Enden habe, bei denen man sie fassen kann, das eine a priori, das andere a posteriori. Zwar haben verschiedene Naturlehrer neuerer Zeit vorgegeben, man müsse es bei dem letzteren anfangen und glauben, den Aal der Wissenschaft beim Schwanze zu erwischen, indem sie sich grausamer Erfahrungserkenntnisse versichern und denn so allmälig zu allgemeineren und höheren Begriffen hinaufrücken. Allein ob dieses zwar nicht unklug gehandelt sein möchte, so ist es doch bei Weitem nicht gelehrt und philosophisch genug: denn man ist auf diese Art bald auf einem Warum, worauf keine Antwort gegeben werden kann, welches einem Philosophen gerade so viel Ehre macht als einem Kaufmann, der bei einer Wechselzahlung freundlich bittet, ein ander Mal wieder anzusprechen. Daher haben scharfsinnige Männer, um diese Unbequemlichkeit zu vermeiden, von der entgegengesetzten äussersten Grenze, nämlich dem obersten Puncte der Metaphysik angefangen. Es findet sich aber hiebei eine neue Beschwerlichkeit, nämlich dass man anfängt, ich weiss nicht wo, und kommt, ich weiss nicht wohin, und dass der Fortgang der Gründe nicht auf die Erfahrung treffen will, ja dass es scheint, die Atomen des Epikur dürften eher, nachdem sie von Ewigkeit her immer gefallen, einmal von ungefähr zusammenstossen, um eine Welt zu bilden, als die allgemeinsten und abstractesten Begriffe, um sie zu erklären. Da also der Philosoph wohl sah, dass seine Vernunftgründe einerseits und die wirkliche Erfahrung oder Erzählung andererseits, wie ein paar Parallellinien wohl ins Unendliche nebeneinander fortlaufen würden, ohne jemals zusammenzutreffen, so ist er mit den Uebrigen, gleich als wenn sie darüber Abrede genommen hätten, übereingekommen, ein jeder nach seiner Art den Anfangspunct zu nehmen und darauf nicht in gerader Linie der Schlussfolge, sondern mit einem unmerklichen Clinamen der Beweisgründe, dadurch dass sie nach dem Ziele gewisser Erfahrungen oder Zeugnisse verstohlen hinschielten, die Vernunft so zu lenken, dass sie gerade hintreffen musste, wo der treuherzige Schüler sie nicht vermuthet hatte, nämlich dasjenige zu beweisen, wovon man schon vorher wusste, dass es sollte bewiesen werden. Diesen Weg nannten sie alsdann noch den Weg a priori, ob er gleichwohl unvermerkt durch ausgesteckte Stäbe nach dem Puncte a posteriori gezogen war, wobei aber billigermassen der so die Kunst versteht, den Meister nicht verrathen muss" (Träume eines Geistersehers II. Thl. II. Hptst. Kirchm. S. 102).

Um nachzuweisen, dass diese Characteristik im vollsten Masse auf Herbart zutrifft, dass sein vermeintliches Apriori entweder Wahrheit a posteriori, oder aber mit der Erfahrung unvereinbar ist, dass er nur durch Umbiegung und Fälschung von Erfahrung und Denken seinem Ziele, der angestrebten Uebereinstimmung beider, sich annähert, ohne es doch schliesslich zu erreichen, knüpfe ich an an die Stellung Herbart's zur Kantischen Grundfrage, auf welche schon die geschichtliche Betrachtung als auf den Incidenzpunct für die Kritik hingewiesen hatte (S. 58).

Die erheblichen Seiten dieses Verhältnisses haben dort auch bereits eine vorläufige Beleuchtung erfahren. Die Frage Herbart's, welche in weiterem Umfange und mit grösserer Tragweite das Kantische Problem aussprechen soll, lautet: Wie können Gründe mit Folgen zusammenhängen? Ihr Sinn ist ebenfalls: Wie ist eine Erweiterung unserer Erkenntniss möglich, und zwar eine Erweiterung von apodiktischem Werthe?

III. Kritische Beleuchtung des Herbartischen Rationalismus.

Die Schwierigkeit freilich, welche Herbart zu finden glaubt, geht nicht auf die Unzulänglichkeit des principium contradictionis zur Erzeugung neuen Wissens, sondern liegt darin, dass die Folge in dem Grunde enthalten und doch etwas von ihm Verschiedenes sein soll. Solange das Neue, welches in der Folge sich findet, nur auf die Form der bereits vordem vorhandenen Erkenntnissmaterie sich bezieht, ist die Lösung einfach. Die Form beruht auf einer Verbindung, Zusammenfassung. Der Grund muss also ein Mehrfaches sein, das in veränderter Zusammenfassung die Folge ergiebt. Ein naheliegendes Beispiel liefert der Syllogismus (III. 6. IV. 39). Wie aber nun, wenn die Folge der Materie nach von dem Grunde verschieden sein soll? Wie kann in apodiktischer Weise neuer Wissensstoff aus den vorhandenen Prämissen hervorgehen? — Der Grund, lautet Herbart's Antwort, muss so beschaffen sein, dass er nicht allein gedacht werden kann, daher eine über seinen Inhalt hinausgehende Ergänzung fordert, durch die er denkbar wird. Undenkbar ist, was sich widerspricht; der Grund muss also einen Widerspruch enthalten, dessen Lösung erst durch die Ergänzung bewerkstelligt wird. Auf diese Weise schreitet das Denken in nothwendigem Gange von Gründen zu Folgen fort, denn Nothwendigkeit wird immer erzielt durch Aufhebung des logischen Widerspruchs. Dadurch aber, dass hier der in der Erfahrung vorgefundene Widerspruch nicht einfach negirt, sondern durch Ergänzungen gelöst wird, erzielt man zugleich eine wahre Synthesis, deren Schema die Methode der Beziehungen folgendermassen formulirt: Besteho der Widerspruch in der geforderten Gleichsetzung der einander widerstreitenden Begriffe M und N, so muss mit denselben eine Veränderung vorgenommen werden, die wir durch Hinzufügung der Buchstaben X und Y andeuten, so dass der Satz nun heisst $M + X = N + Y$, und es muss die Veränderung so gewählt sein, dass hieraus der Widerspruch verschwindet. Offenbar hat durch Hinzufügung des X und Y, die nicht ursprünglich in M und N lagen, ein synthetischer Fortschritt des Denkens stattgefunden.

Der Einwand, welcher schon vom Kantischen Standpuncte aus die Haltbarkeit dieser ganzen Theorie in Frage stellt, wurde bereits (S. 58) ausgesprochen. In der That sollte man meinen, die Einsicht, dass es unmöglich ist, die Apriorität synthetischer Urtheile durch den Satz des Widerspruchs zu begründen, sei zu einfach, als dass sie jemals einem Denker hätte verborgen bleiben können. Der Satz des Widerspruchs ist schlechterdings unfähig, irgendwie neue Verbindungen zu stiften, oder auch nur in ihrer Giltigkeit zu rechtfertigen: Seine Function beschränkt sich vielmehr darauf, unzulässige Verbindungen abzuwehren; er kann daher allein in dem Masse zur Anwendung gelangen, als er fertige Verbindungen vorfindet. Die Meinung, den Satz des Widerspruchs fruchtbar zur Gewinnung neuer Synthesen verwenden zu können, wird somit jedenfalls auf eine Illusion hinauslaufen. Die Art und Weise, wie Herbart sich in dieselbe hineinarbeitet ist für sein Philosophiren und namentlich für seine Behandlung der „Erfahrung" characteristisch und fordert dadurch zu etwas näherer Betrachtung auf. Dieselbe wird sich übersichtlicher gestalten, wenn ich sie nach der doppelten Form, in welcher der Satz des Widerspruchs auftreten kann, in zwei Theile zerlege.

In seiner einfachsten Form ist der Satz des Widerspruchs nur der negative Ausdruck des Identitätsgesetzes und wird in die Formel gefasst: A ist nicht = Non-A, d. h. es ist unmöglich, dass ein Denkobject sich nicht selbst gleich sei. Abgesehen davon nun, dass diese ewige Sichselbstgleichheit eines jeden Gedachten zwar unumstösslich gewiss, aber für eine Fortbewegung unseres Denkens schlechthin unfruchtbar ist, scheitert das Unternehmen Herbart's schon daran, dass ein derartiger Widerspruch gegen das Identitätsgesetz gar nicht gegeben werden kann.

In der That glaubt aber Herbart, in einigen Vorstellungsweisen, welche uns die Erfahrung liefert, solche Widersprüche zu entdecken. So in der beanspruchten Identität des einheitlichen Dinges mit seinen mehreren Merkmalen (I. 186. III. 19. IV. 100), und in der Veränderung, durch welche das Ding seiner eigenen Identität verlustig geht, indem es jetzt ein solches und gleich darauf ein anderes ist; dieser Process des Anderswerdens soll sogar die Idendität von Sein und Nichtsein in sich schliessen (I. 208 f. III. 21, IV. 121 f.). Im Continuum ferner, meint er, widerspreche sich die geforderte Gleichsetzung einer endlichen Grösse mit einer unendlichen Anzahl von Theilen (I. 180 ff. IV. 150 f.). Das Ich endlich soll die Identität von Subject und Object beanspruchen und damit die offenbarste Verletzung des Identitätsgesetzes enthalten (I. 192 f. III. 36. IV. 301. V. 274). Sehen wir diesen vermeintlichen Widersprüchen etwas näher auf den Grund. Sie sollen gegeben sein, also in der Erfahrung sich vorfinden.

Zuerst also: was sagt die Erfahrung über das Ding mit mehreren Merkmalen? Sie sagt, dass in der uns umgebenden Erscheinungswelt gewisse Eigenschaften, Empfindungsqualitäten und Formen, in constanter Verbindung vorkommen. Eine solche constante Complexion nennen wir ein Ding und bezeichnen sie mit einem Namen[36]). Was mit einem Namen bezeichnet wird, ist auch Eins — kann der Philosoph sich durch diese schlechte Metaphysik der Sprache auch nur einen Moment hintergehen lassen? darf er ihr vollends die Anknüpfungspuncte für sein Philosophiren entnehmen? Eine strenge „Erfahrung" geht über diese schlechte Metaphysik sofort hinaus. Es fällt ihr nicht ein, zu sagen: das Ding ist schlechthin Eins, sondern sie nimmt die Sache genau so, wie sie dieselbe bei kritischer Betrachtung vorfindet: Ding bezeichnet Nichts als eine constante Complexion von Merkmalen, also ist der Satz Ding = Merkmale nur eine Worterklärung, die mit dem Identitätsgesetz noch gar Nichts zu thun hat. Dieses tritt erst in Kraft, wo wir einen bestimmten Denkinhalt sich selbst gleich setzen: Ding = Ding, d. h. Merkmale = Merkmale. Sehen wir nun bloss auf die Form, so ist diese allerdings bei dem Dinge Einheit, d. h. Einheit der Verbindung, mit Rücksicht auf die Merkmale aber Vielheit. Also kämen wir hier doch zur Formel Einheit = Vielheit? Allerdings, — nämlich: Einheit der Verbindung = Vielheit des Verbundenen, oder: einheitliche Verbindung des Vielen = Vielheit des einheitlich Verbundenen. Hier ist denn offenbar, wie der Schein des Widerspruchs nur daraus entsprungen ist, dass genau derselbe Inhalt von zwei verschiedenen Seiten aus aufgefasst wurde.

Fand aber Herbart in dem Ausspruch der Erfahrung: Einheit des Dinges = Vielheit der Merkmale wirklich einen Widerspruch, so hat er denselben mit aller methodischen Künstelei nicht gelöst; denn worauf er chliesslich kommt, ist auch nur, dass diese Einheit eben nicht eine wahre Einheit, sondern eine Vielheit von Realen sei. Das Einschiebsel eines mittelpunctlichen Realen, seiner sogenannten Substanz, die den Character der Einheit bedingen soll (IV. 108), ist hiebei völlig irrelevant. Also es bleibt der Satz bestehen: Einheit = Vielheit. Was als Lösungsversuch vorgetragen wird, hätte man sich einfach von der reinen Erfahrung können schenken lassen, und dazu keiner logisch-speculativen Kunststückchen bedurft. Doch freilich, man wird es auch sonst bestätigt finden, dass es weit schwerer ist, eine reine Erfahrung, als ein reines Denken zu Stande zu bringen.

Zur höchsten Ungereimtheit soll sich der Widerspruch in der Veränderung steigern, denn diese statuirt, wie Herbart meint, geradezu die Identität verschiedener Dinge. Die Complexion von Merkmalen, die ich jetzt wahrnehme, ist im nächsten Moment eine andere und doch soll sie ein und dasselbe Ding darstellen. Dies letztere ist aber eine pure Erschleichung, der Nichts als eine falsche Hypostasirung des sprachlichen Ausdrucks zu Grunde liegt. Indem wir das Ding definirten als eine constante Complexion von Merkmalen, wurde über die Dauer einer solchen Complexion ganz und gar Nichts ausgesagt. Man mag sich nur nicht durch das Wort „constant" irreführen lassen, welches bloss die Anwendung des Begriffs normirt, und nicht auf die Gestaltung des realen Sachverhaltes sich bezieht. Die Thatsache, dass eine in concreto gegebene Complexion nicht in dauernder Unveränderlichkeit besteht, das vielmehr Merkmale austreten und durch andere ersetzt werden, stört unsere Auffassung daher nicht im Mindesten. Nun hat man allerdings den Character einer bestimmten Dinglichkeit (Substantialität) vielfach bloss an einige Merkmale geknüpft, und spricht, so lange sich diese vorfinden, noch immer von demselben Ding. So hat der Chemiker denselben Körper vor sich, solange dieser nach der Formel H_2O zusammengesetzt ist, mag er dabei fest, tropfbarflüssig oder gasförmig sein, und es involvirt gar keinen Widerspruch, wenn ihn die Chemie in all' diesen wechselnden Gestaltungen als „Wasser" bezeichnet. Man muss eben nur beachten, dass die Definition des Chemikers lautet: Wasser = H_2O. Dieselbe hört erst auf, zutreffend zu sein, wenn durch Zersetzung der chemische Character des betreffenden Stoffes aufgehoben wird, wenn also an Stelle der Verbindung H_2O das Gemenge $2H+O$ tritt. Dieses nennt die Chemie aber dann auch nicht mehr Wasser, sondern Knallgas. Der gewöhnliche Sprachgebrauch verfährt in dem angeführten Beispiele schon genauer, weil für das alltägliche Leben gerade die Aggregatzustände des Wassers das Erhebliche sind. Daher hält man hier durchgehends fest an der Distinction: Eis, Wasser, Dampf. Hienach kann schon rein sprachlich das Gefrieren des Wassers zu Eis keinen Widerspruch begründen, denn die beiden von einander verschiedenen Complexionen tragen auch verschiedene Namen. Weniger distinct ist der Sprachgebrauch in anderen Fällen. Mit dem Namen Wachs z. B. bezeichnen wir einen bestimmten Stoff, sowohl wenn derselbe fest, als wenn er flüssig ist; die Bedeutung des Namens geht aber dann auch nur auf diejenigen Merkmale, die in beiden Fällen die gleichen geblieben sind, daher die Entscheidung darüber, ob fest oder flüssig, noch die besondere Angabe der betreffenden Eigenschaft fordert.

So simpel und überflüssig breit diese Ausführung erscheinen mag, so war sie doch Herbart gegenüber nöthig, um recht deutlich darauf hinzuweisen, dass bei den Vorgängen der Veränderung für die Verletzung des Identitätsgesetzes die Grundbedingung, nämlich das Vorhandensein eines und desselben Subjectes, das zugleich als ein verschiedenes sich erweisen soll, fehlt. Nur eine höchst unkritische Hypostasirung des Namens kann dazu verleiten, dass man in allen Veränderungen ein und dasselbe Ding zu sehen glaubt. Mit dem Wechsel der Merkmale verändert sich auch das Subject und eine Handhabe für den Satz des Widerspruchs ist nicht mehr anzutreffen.

An diesem Puncte fühlt sich allerdings die Herbartische Metaphysik besonders stark. Sie glaubt eine sichere Gewähr für die Richtigkeit ihrer Ansicht in dem Causalbegriff des gewöhnlichen Bewusstseins zu finden, welches auch nur durch den erwähnten Widerspruch zur nothwendigen Annahme einer Ursache für jede Veränderung gedrängt worden sei (I. 177 Anm. IV. 119). Daher stamme auch die Apodikticität der Causalkategorie, die der Philosophie so viel zu schaffen gemacht habe. Allein die psychologische Entstehung des Causalbegriffes wird gewiss nicht in diesem Zusammenhange zu suchen sein. Die primitive Auffassung des Geschehens ist vielmehr eine durchaus anthropomorphistische, wo jede Aenderung als Aeusserung eines selbstständigen, mit freiem Willen begabten Wesens angesehen wird. Zum Begriff einer causa transiens dürfte es in der That erst auf Grund der beobachteten Coexistenzen und Successionen gekommen sein, wobei dann der Anthropomorphismus in die Ursache überging, aus welcher ihn erst die neueste Philosophie allmälig auszumerzen beginnt. Ebensowenig als die Entstehung kann aber die wissenschaftliche Rechtfertigung des Causalbegriffs auf Grund des Identitätsgesetzes erfolgen, denn es fehlt der postulirten Anwendung desselben auf die Erfahrung, wie wir sahen, jeglicher Anknüpfungspunct.[37]) Wie übrigens Herbart auf anderem Wege einen solchen thatsächlich gewinnt, werden wir etwas später zu sehen haben.

Hier ist nur noch darauf hinzuweisen, dass ebensowenig, als bei dem Ding mit mehreren Merkmalen, bei dem Problem der Veränderung die Denkbewegungen, welche Herbart unternimmt, sich irgendwie fruchtbar erweisen. Der vorgefundene Widerspruch wird dadurch gelöst, dass die Veränderung nicht einheitlichen Existenzen, sondern dem wechselnden Zusammen und Nichtzusammen vieler gesonderter Existenzen beigelegt wird — also im Wesentlichen dasselbe Resultat, zu dem uns eine einfache Analyse des Thatbestandes führte, nämlich zu einem Wechsel der coexistirenden Bestimmungen. Wäre dieser Wechsel nicht in der Erfahrung gegeben, so würde ihn Herbart weder durch seine Speculation haben finden, noch irgendwie als thatsächlich bestehend haben verificiren können. Die ganze Auflösung besteht darin, dass, wie wir es von vorn herein thaten, die Auffassung, welche die Dinge mit dem Character strenger Einheitlichkeit und Beharrlichkeit belegt, für falsch erklärt und die gegentheilige, durch die Erfahrung unmittelbar an die Hand gegebene Ansicht dafür substituirt wird. Wozu also noch die Umwege einer mühseligen Logistik? Und auch hier werden wir hinzufügen müssen, dass dasjenige, was nach Herbart ein Widerspruch ist, doch bestehen bleibt. Denn war jener Thatbestand von Dingen, deren Merkmale sich zum Theil ändern, auszulegen als Identität des Verschiedenen, so gilt durchaus dasselbe von einem Complex mehrerer Realen, deren einige bleiben, während andere austreten.

Das Schlimmste ist aber, dass die allein irgendwie erhebliche Schwierigkeit, welche uns bei der Auffassung der Veränderung entgegentritt, nämlich der Vorgang des Werdens, in welchem Herbart — hierin mit Hegel übereinstimmend — die Identität von Sein und Nichtsein zu finden glaubt, damit nun gar nicht beseitigt wird, sondern in dem wechselnden Zusammen und Nichtzusammen seinen Platz behält. Jene Identität von Sein und Nichtsein ist allerdings nur das Phantasieproduct einer unklaren Speculation, und es kommt allein die Schwierigkeit in Betracht, die für unser Denken jedem Continuum, also auch der continuirlichen Aenderung anhaftet. Der logische Widerspruch freilich, den Herbart aus der (in Gedanken) unendlichen Theilbarkeit des Continuums ableitet: endliche Grösse = einer unendlichen Anzahl von Theilen d. h. Endlichkeit = Unendlichkeit, ist ebenfalls nichtig. Es ist schon längst aus den Kreisen der Herbartischen Schule selbst (Drobisch in den Berichten der math. phys. Classe der Kön. Sächs. Gesellsch. d. Wissensch. 1853. S. 155 ff.) die erforderliche Berichtigung dazu gegeben worden: endliche Grösse = einer unendlichen Anzahl unendlich kleiner Theile. Die Mathematiker wissen ja, dass die Formel $a = \infty \cdot \frac{a}{\infty}$ einen vollkommen klaren, logisch unanfechtbaren Sinn hat, der in jedem Integral wiederkehrt. Nur muss man festhalten, dass Unendlichkeit hier nichts Anderes heisst, als Schrankenlosigkeit innerhalb unseres Denkprocesses, und nicht als in wirklichem Fortschritt zu realisirend — wie dies bei den Eleatischen Beweisen wider die Bewegung geschieht — gedacht werden muss. Sollte Herbart mit seiner Ausflucht, das Continuum berge wohl Widersprüche, sei aber nichts Reales und daher gleichwohl zulässig, nur das eben Bemerkte sagen wollen, so könnten wir dieselbe wohl annehmen. Allein bei seiner Art sich auszudrücken, können wir uns durchaus nicht befriedigen. Lägen noch wirkliche Widersprüche vor, so könnten wir sie auch in den Formen unserer Weltauffassung nicht dulden. Wir werden übrigens darauf hinzuweisen haben, dass es Herbart in der That gelingt, durch seine Widerspruchsdialektik wirkliche Widersprüche in das Continuum hineinzubringen.

Werfen wir jetzt noch einen Blick auf das Problem, welches uns in der Entwicklungsgeschichte so viel beschäftigt hat, auf das Ich. Prüfen wir hier wieder den Thatbestand, so sagt die Erfahrung, dass es Wesen giebt, die in sich ein Bewusstsein von der sie umgebenden Welt und in dieser Welt auch von ihrer eigenen Person finden. Die einzelnen Bewusstseinsinhalte nennen wir Vorstellungen; es giebt also auch eine Vorstellung der eigenen Persönlichkeit, der die Sprache für das vorstellende Subject selbst den Namen „Ich" gegeben hat. Das Ich findet alle Vorstellungen in sich und unter diesen auch die Vorstellung von sich selbst. Will man diese vollkommen klare und logisch, wie es scheint, in keiner Weise anfechtbare Thatsache auf den Ausdruck bringen: Identität von Subject und Object, so mag man sich dabei nur immer des inhaltlichen Sinnes erinnern, der diesem Ausdruck zukommt, und nicht die Sache für Widersprüche verantwortlich machen, die man bloss durch die Worte hineingelegt hat. Die übrigen Schwierigkeiten, welche Herbart im Ich-begriff findet, sind ebenfalls logisch vollständig irrelevant, und entspringen aus der höchst unzureichenden Fichte'schen Definition des Ich als des sich selbst Vorstellenden. Dies ist gewiss das Letzte, woran Jemand bei dem Worte Ich — dem es ganz und gar nicht, wie Herbart (V. 274) meint, an der Materie fehlt — denkt. Der unendliche Cirkel aber, der aus jener Definition entspringt, sollte ebensowenig Jemanden quälen, wie etwa der Gedanke, dass man jede Schachtel in eine grössere stecken kann, diese wieder in eine grössere u. s. f. ins Unendliche. Jeden beliebigen Vorgang kann ich zum Object meines Vorstellens machen, also auch dieses Vorstellen selbst, dann wieder das Vorstellen des Vorstellens, und auf diese Weise eine Unendlichkeit vorstellender Thätigkeiten in einander schachteln — in Gedanken nämlich, denn auch nur eine geringe Zahl dieser ins Endlose gehenden Uebereinanderthürmungen vorstellender Ich wird Niemand in Wirklichkeit auszuführen suchen. Ein unbefangenes, der Natur der Sache hingegebenes und nicht in die Winkelzüge überfeiner Speculation hineingerathenes Denken würde aus jenen einfachen, klaren Thatsachen niemals logische Widersprüche haben heraustifteln können. Ueberhaupt lässt sich diese ganze Widerspruchspartie in Herbart's System nur entwicklungsgeschichtlich verstehen, in welcher Beziehung ich die obwaltenden Zusammenhänge möglichst genau zu kennzeichnen versucht habe (vgl. z. B. S. 17).

Vom kritischen Standpuncte aus können wir es diesen Versuchen Herbart's gegenüber allgemein aussprechen, dass der strenge Satz der Identität niemals durch die Erfahrung einen Widerspruch erfahren kann. Eben auf dieser Unmöglichkeit einer Verletzung desselben beruht die unumstössliche Gewissheit, die er für uns besitzt. Es ist schlechthin unverträglich mit den Bedingungen unseres empirischen sowie auch denkenden Auffassens, dass ein und dasselbe zugleich ein Anderes sei. Aussprechen lässt sich ein solches Monstrum wohl, aber nicht denken, und so laufen in der That die angeführten Widersprüche Herbart's auf falsche Hypostasirungen der sprachlichen Bezeichnung hinaus. Gesetzt aber nun, wir meinten — wie Herbart — in unserer Erfahrung auf so etwas zu stossen, dass ein Ding nicht es selbst sei, so werden wir dadurch allerdings auf eine nothwendige Correctur unserer Auffassungsweise hingewiesen, — eine Correctur, die wir eben an der Hand der Erfahrung vornehmen müssen. Wie aber dadurch eine Synthesis a priori zu Stande kommen soll, ist ganz unerfindlich. Wenn nun unglücklicher Weise die Auffassung von vorn herein richtig gewesen wäre und der Correctur durch die „Methode der Beziehungen" gar nicht bedurft hätte, war dann die so auf directem Wege gewonnene Erkenntniss von geringerem Werthe? Nach Herbart gewiss, denn sie war ja dann nicht durch die „höhere Methode der Synthesis a priori" erworben. Dieser Frage werden wir auch bei der zweiten Form begegnen, in der sich der Satz des Widerspruchs ausdrücken lässt und die wenigstens den Vortheil für Herbart bietet, dass sie durch das „Gegebene" thatsächlich veranlasst werden kann.

In dieser Form nämlich behauptet der Satz des Widerspruchs die Unmöglichkeit eines Zugleichbestehens der beiden Urtheile A ist B und A ist Non-B. Urtheile, die in diesem logischen Widerspruch stehen, können allerdings in unserem Erfahrungskreise sich finden und sind nicht nur im alltäglichen Leben, sondern auch in der Entwicklung der Wissenschaft sehr zahlreich nachweisbar. Hiemit scheint also in der That das Denken eine angemessene Handhabe für seine Operationen gewonnen zu haben. Aber was soll das „Denken" eigentlich dabei anfangen? Die logische Forderung geht auf Negirung eines jener beiden Urtheile. Kann das Denken aus sich heraus für das eine oder das andere sich entscheiden? Der Voraussetzung gemäss nicht; die Urtheile sollen beide durch die Erfahrung gegeben sein, und den gleichen Anspruch auf Giltigkeit besitzen; sonst — wenn das eine einfach für hinfällig erklärt werden könnte, wäre das Problem ja gar nicht vorhanden. Es bleibt also Nichts übrig, als sich abermals an die Erfahrung zu wenden, und sie zu befragen, welches Urtheil in Wahrheit bestehen bleibt und welches aufzuheben ist. Denn auch die blosse Veränderung durch die Methode ist als Aufhebung, Ungiltigkeitserklärung zu betrachten.

Gerade die von Herbart entworfene allgemeine Lösungsformel, die ich S. 71 kurz wiedergab, zeigt recht deutlich die Ohnmacht eines „apriorischen" Denkens in diesem Falle. Bleibt es für dasselbe schon völlig unentschieden, welches der beiden einander widersprechenden Glieder eigentlich verändert werden solle, so steht es vollends rathlos da vor der Frage, worin die Aenderungen zu bestehen haben, was das X und Y bedeuten solle? Herbart hat sich diesen Einsichten zwar nicht völlig verschlossen (vgl. IV. 52, 55) und schreitet sogar zur Bemerkung fort: „Man könnte die Methode der Beziehungen ganz entbehren, wenn man nur in den einzelnen (sehr wenigen) Fällen, auf welche sie passt, genau genug dem Antriebe folgt, der in den Problemen selbst enthalten ist". Gleichwohl hat er nicht vermocht, sich die unausweichliche Consequenz dieser Gedanken, das Illusorische seiner ganzen Betrachtungsweise, klar zu machen. Der Zweck derselben war ja, die Bildung synthetischer Urtheile a priori nachzuweisen. Dabei fasst Herbart in anerkennungswerther Vermeidung einer Kantischen Vermischung das Apriori rein logisch als das apodiktisch Nothwendige. Aber hinsichtlich der Nothwendigkeit ist er noch ganz befangen in der Schulüberlieferung, welche dieselbe allein in der Negation des logischen Widerspruchs findet. „Durch das Ungereimte, in welches man durch eine natürliche Unbehutsamkeit verfiel, wird man erst dahin gebracht, die Nothwendigkeit der richtigen Auffassung einzusehen" (IV. 54). Abgesehen davon, dass die Ungereimtheit erst aus der Aufhebung einer Nothwendigkeit entspringt, daher irgend eine unumgängliche Synthesis immer das Primäre sein muss, aus welchem sich erst die Unmöglichkeit des Gegentheils ergiebt, dieser Unmöglichkeit somit auch kein höherer Werth zukommt, als jener vorausgesetzten Nothwendigkeit, abgesehen ferner davon, dass es selbst ungereimt scheint, den höchsten Erkenntnisswerth erst aus einer vorausgegangenen Verirrung entspringen zu lassen, ähnlich fast wie im Himmel mehr Freude sein soll über einen reuigen Sünder, denn über neunundneunzig Gerechte, — abgesehen von alle dem bietet sich doch eben nach der allgemeinen Formel Herbart's für Abstellung der vorgefundenen Ungereimtheit nicht nur ein Ausweg dar, der dann allerdings mit der gleichen Nothwendigkeit einzuschlagen wäre, als diejenige ist, wider welche jene Ungereimtheit streitet. Es sind vielmehr verschiedene Correcturen der widerspruchsvollen Auffassungsweise möglich, somit keine derselben nothwendig, a priori festzustellen. Den einzigen Leitfaden zur Entdeckung und Rechtsgrund zur Verificirung der neuen Synthesen liefert die Erfahrung und dieselben besitzen daher auch nur eine **empirische** Giltigkeit. Die „Methode der Beziehungen" mit ihren wichtigthuerischen Formeln sagt gar nichts Anderes, als was der natürliche logische Tact jedem klaren Kopfe unmittelbar eingibt: die vermeintliche Erfahrung muss falsch sein, es muss genauer auf den vorgefundenen Thatbestand geachtet, derselbe muss nach allen Seiten analysirt, beleuchtet, unter die verschiedensten Bedingungen gebracht werden, damit dadurch der Fehler offenbar werde, der sich in die erste Auffassung eingeschlichen hatte. Wir werden also hingewiesen auf Beobachtung und Experiment, die wahrhaft schöpferischen Hilfsmittel der Erkenntnissgewinnung, ohne dass uns jenes eingeschobene Mittelglied logischen Denkens, wie es die Methode zum Ausdruck bringt, das Geringste dabei zu helfen, oder den gewonnenen Resultaten ein höheres Ansehen zu verleihen vermöchte.³⁸)

So ist es denn ein grosser Irrthum, wenn Herbart meint, eine „höhere Methode der Synthesis a priori" ausfindig gemacht zu haben. Eine Synthesis vermag seine Methode gar nicht zu stiften, sondern kann nur auf einen Mangel in den vorhandenen Synthesen hinweisen, zu dessen Entdeckung und Berichtigung sie aber Nichts zu sagen weiss. Daher tragen die etwaigen neuen Synthesen, die auf Grund selbständiger Untersuchung gewonnen werden, gar keinen anderen Charakter, als wie er den besonderen Methoden zukommt, durch welche sie in Wahrheit erarbeitet wurden. Geschah die Erwerbung derselben auf Grund der Erfahrung, so sind sie aposteriorisch; konnten sie unabhängig von der Erfahrung festgestellt werden, so haben wir es mit apriorischen Erkenntnissen zu thun. Ob es aber dergleichen gibt und wie sie möglich sind, bleibt trotz der Methode der Beziehungen völlig unentschieden. Die Kantische Grundfrage steht nicht nur ungelöst, sondern überdies durch schiefe Auffassung verdunkelt und verwirrt inmitten der Herbartischen Metaphysik da.

Dies ist um so schlimmer, als Herbart sich nicht gescheut hat, veritable Synthesen a priori zu vollziehen, welche die Frage nach dem quid juris? recht ernstlich herausfordern. Sie begegnen uns in den Bestimmungen über das absolut Seiende. Dass wir überhaupt von einem Sein sprechen, geschieht wohl auf Grund der Erfahrung, dass aber demselben die Eigenschaften der Einfachheit, Unveränderlichkeit, Punctualität zukommen, ist — wie Herbart selbst gar wohl weiss (vgl. z. B. IV. 139) — offenbar Nichts, wovon uns die Erfahrung belehrt, vielmehr sind diese Aussagen alle aus dem reinen Denken geschöpft, d. h. streng apriorisch. Synthetisch aber sind sie, da sie keineswegs blosse Identitäten constatiren. Allerdings meint Herbart, indem er richtig bemerkt, sein ontologischer Vortrag habe kein anderes Fundament, als den Begriff des Sein: „Dieser wurde gewonnen durch blosse **logische Analyse** derjenigen Begriffe, die wir bei dem Anfange des Philosophirens schon vorfinden. Hier also sind wir noch gar nicht aus dem gemeinen Gedankenkreise der Menschen herausgetreten" (IV. 91). Allein jene vermeintlich logische Analyse setzt offenbar eine Synthesis im Seinbegriff voraus, die durchaus nicht so unmittelbar von dem gewöhnlichen Bewusstsein wird zugestanden werden. Zwar wird für die Einfachheit des Seienden auch ein Beweis zu erbringen gesucht (I. 219 f. IV. 83 f.). Aber der nervus probandi liegt darin, dass

III. Kritische Beleuchtung des Herbartischen Rationalismus.

die Position keine Relation enthalten soll — was nach Herbart's Meinung bei einer Vielheit von Bestimmungen eintreten würde — denn das „Relative" streitet eben wider die „absolute Position." In der That ein classisches Beispiel, wie sich „aus Worten ein System bereiten" lässt.[29]) Dem gegenüber werden wir freilich an der wahrhaft „Kantischen absoluten Position" festhalten, die auf das uns umgebende Wirkliche als das in seinem Bestehen unmittelbar und schlechthin Anzuerkennende geht. Und das dürfte denn doch wohl auch im „gemeinen Gedankenkreise der Menschen" unter dem Sein verstanden werden.

Aus diesen Feststellungen über das Seiende ergeben sich nunmehr ebenfalls Widersprüche, wobei aber nicht mehr entgegengesetzte Erfahrungsaussagen, sondern Erfahrung und reines Denken einander gegenüberstehen. Eine apriorische streitet mit einer aposteriorischen Synthesis. Die logische Forderung geht darauf, dass man sich für die eine oder für die andere entscheide. Entweder heisst es mit dem apriorischen Denken: das Seiende ist einfach und unveränderlich, oder gemäss der Erfahrung: das Seiende ist zusammengesetzt und veränderlich. Es scheint damit ein contradictorischer Gegensatz aufgestellt: tertium non datur. Entweder man stellt sich auf die Seite des Denkens, oder auf die Seite der Erfahrung, wobei natürlich der entgegengesetzte Standpunct negirt werden muss. Das erstere haben die Eleaten und Platon gethan, für das letztere muss jede auf das Wirkliche gerichtete Philosophie sich entscheiden. Diese Richtung ist zwar bei Herbart sehr ausgeprägt, aber gleichwohl will er auch die Ansprüche seines Denkens nicht fahren lassen. Die Consequenz, welche bei Vermittlungsversuchen so leicht Schiffbruch leidet, glaubt er dadurch gewahrt zu haben, dass er neben dem Reich des Seins ein Reich des Geschehens einführt, und eine strenge Sonderung beider statuirt, die er selbst einmal (VII. 176) als den Hauptcharakter des Systemes bezeichnet. Dass er geradezu auf eine Trennung der beiden Gebiete ausgeht, kann im Hinblick auf verschiedene Aeusserungen nicht zweifelhaft bleiben. „Es wäre die vollkommenste Probe einer Irrlehre, wenn das, was wir Geschehen nennen, sich irgend eine Bedeutung im Gebiete des Seienden anmasste." Wir erfahren, „dass die Begriffe des Seins und Geschehens völlig incommensurabel sind, dass es im Reiche des Sein gar keine Ereignisse gibt, noch geben kann" (IV. 139), ferner: „dass alle Mannigfaltigkeit sogleich sammt dem Geschehen selbst verschwindet, wenn man aufs Seiende, sowie es an sich ist, zurückgeht" (IV. 141).

Es ist merkwürdig, dass Herbart an dieser Stelle die Methode der Beziehungen ihren Formelapparat nicht hat entfalten lassen, da es doch ganz gut möglich gewesen wäre. Zumal hier der Fall so einfach ist, dass sich sehr rasch der einzig mögliche Ausweg aus dem Widerspruh ergibt. Die apriorische Thesis darf nicht verändert werden; sie ist ja das unumstössliche Fundament des ganzen Bau's. Ebensowenig lässt sich vom Prädicat der zweiten These Etwas abdingen, denn das Wechselspiel der Veränderung ist ein unausweichlich Gegebenes. Also bleibt nur noch das Subject der Erfahrungsthese übrig, durch dessen Abänderung wir uns helfen können. Die Abänderung besteht darin, dass wir geradezu ein anderes Subject an die Stelle setzen und sagen: das Geschehende ist veränderlich.

Wir könnten am Ende mit dieser Auskunft zufrieden sein, indem wir unsererseits einfach bei dem Geschehen stehen blieben. Denn an diesem haftet doch unser gesammtes theoretisches und practisches Interesse. Unsere Seele z. B. ist nach Herbart ein einfaches Reale, d. h. ausdehnungslos, von streng einfacher Qualität und absolut unveränderlich. Was aber von dieser Seele für mich irgendwelche Bedeutung hat, ist eine Mannigfaltigkeit innerer Zustände, die, in stetem Wechsel begriffen, die Thatsache qualitativer Mannigfaltigkeit und Veränderlichkeit auf das Schlagendste darbieten. Und dies ist offenbar das Wirkliche, dasjenige, was für uns wahrhaft ist, mit dessen Darstellung und Erklärung unsere wissenschaftlichen Theorien sich beschäftigen. Schenken wir also dem Metaphysiker sein „reines Sein", welches uns doch zu Nichts hilft, lassen wir ihn ruhig damit handtieren in seinem Denken, und halten wir uns an die Erfahrung, die er, um mit uns in einer Welt zu leben, doch nachträglich auch zugestehen muss.

Allein der Metaphysiker ist mit dieser Abfindung nicht zufrieden. Er leugnet, dass das Reich des Sein völlig unnütz hinter den veränderlichen Gestaltungen der Erscheinungswelt stehe und uns zu Nichts helfe, sondern behauptet vielmehr, erst von seinem absoluten Sein aus unser Geschehen ableiten, es als ein wissenschaftlich Berechtigtes nachweisen zu können.

War das bisher Vorgeführte als Grundlegung zu betrachten, so bildet nunmehr diese Ableitung den eigentlichen Aufbau des Herbartischen Systems. Sie ist so characteristisch für das Verfahren, wie es der Rationalismus auch sonst eingeschlagen hat, dass es sich der Mühe lohnt, dieselbe etwas näher zu verfolgen.

Das wesentlichste Hilfsmittel dieser Ableitung sind die „zufälligen Ansichten", auf denen nach Herbart das Heil der Metaphysik zum guten Theil beruhen soll, denn „man lasse aus ihr die Forderung der zufälligen Ansichten hinweg: was wird herauskommen? Solche Metaphysik, wie man sie wohl kennt, und wie sie bisher gewesen ist." „Bei dieser Neuheit der Sache" wollen wir denn der Absicht Herbart's, „die Aufmerksamkeit des Lehrers auf den entscheidenden Punct zu richten", unsererseits entgegenkommen und prüfen, ob wir es hier wirklich mit einem „wissenschaftlich klaren, und durch hinreichende Proben belegten Gedanken, dessen die Speculation nicht entbehren kann" (Allgem. Metaph. §. 212. IV. 95), zu thun haben. Von vorn herein ist es schlimm, dass uns die zufälligen Ansichten in der That durch nichts Anderes, als durch einzelne Proben belegt werden: durch die Thatsache, dass ein mathematischer Ausdruck, ohne seinen Werth zu ändern, auf mannigfach verschiedene Weise in Theilausdrücke zerlegt werden kann, ferner durch das Verfahren der Mechanik, eine Kraft zu ersetzen durch mehrere andere, welche die gleiche Wirkung wie jene erste als Resultante erzeugen, endlich durch gewisse Verhältnisse unter den einfachen Empfindungsqualitäten (s. ebd. §§. 174—176, 190, 232 f.). In gleicher Weise, wie die Mathematik ihre Grössen, die Mechanik ihre Kräfte, glaubt Herbart ohne weiters auch die einfachen Qualitäten seiner Realen auf mannigfache Weise in Theilqualitäten zerlegen zu dürfen, die, bloss im Denken getrennt, immer wieder die eine ungetheilte Qualität als Gesammtausdruck erzeugen.

Der entscheidende Punct für die — von Lotze übrigens bereits im

XI. Bande der Fichte'schen Zeitschr. f. Phil. u. phil. Kr. S. 213 mit vorzüglicher Klarheit geübte Kritik ist die Hinfälligkeit der verwendeten Analogie. Ein so fruchtbares Hülfsmittel auch die Analogie aller Forschung bietet, bleibt ihr Nutzen doch nur bei einer äusserst vorsichtigen Anwendung ungeschmälert. Vor allem darf sie niemals als eigentlich beweisende Instanz, sondern stets nur als heuristisches Princip benutzt werden. So muss bei Uebertragung gewisser Bestimmungen auf einen verwandten Fall immer erst untersucht werden, ob dieselben auch auf den in beiden Fällen gleichen Eigenschaften, welche eben die Verwandtschaft bedingen, beruhen, — vorausgesetzt, dass, wie ebenfalls besonders festgestellt werden muss, nicht unter den beiderseits verschiedenen Bestimmungen sich solche finden, die den gleichen Erfolg aufheben.[40]) Hätte Herbart diese allgemeine methodologische Forderung sich klar zum Bewusstsein gebracht, sie würde ihm mehr genutzt haben, als jene so gepriesene Methode der Beziehungen. In seiner Lehre von den zufälligen Ansichten aber hat er sie gröblich verletzt.

Die Möglichkeit, einen algebraischen Ausdruck in mannigfach verschiedener Weise zu zerlegen, beruht auf der eigenthümlichen Natur der Grössen, deren Wesen eben (nach Herbart's eigenem Ausdruck) in der Zusammenfassung besteht, wobei die Ordnung der Zusammenfassung im Allgemeinen gleichgiltig bleibt. Daher kann ich die in einer Grösse zusammengefassten Einheiten wieder unter sich auf die mannigfachste Art zusammenfassen, und werde aus der Zusammenfassung dieser Theilausdrücke stets wieder dieselbe Grösse erhalten. Dass ferner in der Geometrie eine und dieselbe Linie bald Radius, bald Tangente, bald Kathete, bald Hypotenuse u. s. f. sein kann, hat seinen Grund in der Freiheit, mit der der Raum uns gestattet, die verschiedenartigsten Gebilde neben und in einander nach bestimmten Regeln angeordnet uns zu denken, wobei dann ein und dasselbe Object zu jedem Gebilde gesondert in Beziehung gesetzt werden kann und so vielfältig verschiedene Relationen — denn anderes sind jene Bezeichnungen Tangente u. s. w. nicht — zum Ausdruck bringt. Wir sehen, wie ganz anders als bei der Zahl schon hier dasjenige ist, was Herbart zufällige Ansichten nennt. Noch anders aber verhält es sich damit in der Mechanik, wo die Thatsache vorliegt, dass mehrere Kräfte in ihrer Zusammenwirkung dasselbe Bewegungsresultat ergeben, wie eine oder mehrere andere. Da nun die Mechanik bloss das Resultat der Kräftewirkungen, eben die entstehende Bewegung, in Betracht zieht, so erwächst ihr daraus die Möglichkeit, sofern nur dieses Resultat dasselbe bleibt, ihm verschiedenartige Kräftewirkungen zu substituiren. Von einer wirklichen Zerlegung, Theilung irgend einer Kraft kann dabei nie die Rede sein; jede wirkt voll und ungetheilt ihren ganzen Erfolg und auch der Gesammterfolg ist bei verschiedenartigen Kräftezusammensetzungen nur insofern als identisch anzusehen, als es sich dabei lediglich um die auftretende Bewegung handelt. Die einander — wie man zu sagen pflegt — aufhebenden Kraftcomponenten verschwinden keineswegs, sondern kommen sehr wohl in gewissen Pressungen und Spannungen zur Geltung, die aber unter Voraussetzung starrer Gebilde im Bewegungseffect nicht zur Erscheinung gelangen. So findet selbst unter den von Herbart herbeigezogegenen Beispielen durchaus nicht die Analogie statt, die man bei so verwandten

Gebieten noch am ersten hätte erwarten dürfen, und es wäre höchst verfehlt gewesen, auch nur in diesem Umkreise sich von ihr leiten zu lassen und etwa von der Zerlegbarkeit der mathematischen Ausdrücke auf die Zerlegbarkeit der Kräfte zu schliessen. Dadurch wäre es freilich der mathematischen Physik leicht geworden, den Satz vom Parallelogramm der Kräfte zu beweisen, allein sie war vorsichtiger als Herbart und hält einen stricten Beweis für jenen Satz noch heute nicht für erbracht. Und doch wäre das von ihr begangene Versehen nicht im Entferntesten so schlimm gewesen, als wie Herbart es sich zu Schulden kommen liess, wenn er jene Vorstellungsweisen nur ohne weiteres auf die so gänzlich differenten Verhältnisse einfacher Seinsqualitäten übertrug, wobei alle diejenigen Bedingungen, welche in den obigen Fällen die Substitution verschiedener Ausdrücke für einander ermöglichen, durchaus fehlen.

Es ist auch nicht denkbar, dass Herbart jemals auf diese Analogieen verfallen wäre, wenn nicht die mathematisch-psychologischen Betrachtungen ursprünglich das Vermittlungsglied für ihn abgegeben hätten. In der That stehen die Verhältnisse, welche wir hier finden, dem angenommenen metaphysischen Sachverhalt weit näher. Hier haben wir es wirklich mit einfachen Qualitäten zu thun, und Herbart meint, ein solches Verhältniss qualitativer Verschiedenheit, welches sich ungeachtet der strengen Einfachheit der beiderseitigen Qualitäten durch Zerlegung in völlig Verschiedenes und völlig Gleiches, also durch „zufällige Ansichten" ausdrücken lasse, finde „factisch statt in den einfachen Empfindungen Roth und Blau, oder cis und gis" (IV. 133). Er erklärt geradezu, „dass man dies Verhältniss zweier Töne als das allernächste Gleichniss für das Verhalten zweier realen Wesen, in Hinsicht des Gegensatzes ihrer Qualitäten nehmen soll; daher soll man auch jeden Einwurf, der sich darbieten könnte, zuerst an diesem Beispiele versuchen; verschwindet er hier, so ist er überhaupt nichtig und widerlegt" (IV. 135). Die letzten Worte sind beachtenswerth, sofern sie zeigen, dass Herbart in der That glaubt, auf blosse Analogie einen vollgiltigen Beweis stützen zu können. Freilich wird unsere Prüfung des Thatbestandes ergeben, dass die Tonverhältnisse nicht gerade das geeignetste Beispiel bieten. Das Thatsächliche, was der Bildung „zufälliger Ansichten" für die einfachen Sinnesqualitäten zu Grunde liegt — wie dies namentlich die durchsichtigen und präcisen Erörterungen Drobisch's[1]) in seinen „Grundlehren d. math. Psychol." §§ 20—25 zeigen —, ist kurz Folgendes. Wir können die Empfindungsqualitäten desselben Sinnesgebietes (wenigstens der beiden höchsten Sinne) in eine Reihe anordnen, so dass im Fortschritt derselben eine stetige Aenderung der Qualität erfolgt. Dabei erscheint uns die Abänderung der Qualität um so grösser, je weiter wir uns vom Ausgangspunkt entfernen, bei dem Farbencontinuum allerdings mit der wichtigen Einschränkung, dass ein hinreichend weites Fortschreiten in der Reihe uns wieder zum Ausgangspunkte zurückführt. Dadurch werden wir hier in den Stand gesetzt, von jedem Punkte aus nach zwei Seiten bis zu einer Stelle des grössten Gegensatzes fortzuschreiten. Drücken wir den Abstand zwischen solchen Punkten des grössten Gegensatzes durch eine bestimmte Zahl aus, so wird der Gegensatz zwischenliegender Stellen nach Massgabe ihrer gegenseitigen Annäherung vermindert werden. Dazu kommt die fernere Thatsache, dass eine solche mittlere Farbe durch

Zusammensetzung aus den beiden Endgliedern, die den grössten Gegensatz darstellen, erzeugt werden kann und zwar müssen diese letzteren quantitativ in dem reciproken Verhältniss ihrer beiderseitigen Abstände von dem zu erzeugenden Farbenton gemischt werden. Ich kann mir also jede einfache Farbenqualität als zusammengesetzt denken aus zwei Grundqualitäten. Die wechselnde Quantität, mit welchen diese eingehen in die zwischengelegenen Mischfarben, gibt einen Anhaltspunkt für die quantitative Bestimmung des Gegensatzes unter den letzteren, wie Herbart sie in seiner mathematischen Psychologie durchführt. Es ist augenscheinlich, dass wir es hier mit Verhältnissen zu thun haben, die ganz eigenthümlich dem Gebiet der Farben angehören und schon im Bereich der Töne nicht mehr gelten, da in einer nach beiden Seiten gerade fortschreitenden Reihe, wie sie das Continuum der Töne darbietet, von einem völligen Gegensatz keine Rede sein kann, und eine Zusammensetzung zweier Qualitäten zu einer einfachen mittleren hier vollends nicht stattfindet. Daher die vielen Unzukömmlichkeiten in den Betrachtungen Herbart's über die Tonreihe. Er weiss sich nicht anders zu helfen, als dass er dem Intervall der Octave den vollständigen Gegensatz beimisst und den minderen Gegensatz zwischenliegender Töne durch ihren Abstand innerhalb der Tonleiter bestimmt. Die Zumuthung, die damit an unsere natürliche Auffassung des Sachverhaltes gestellt wird, ist eine so störende und harte, dass selbst die sonst so treue Schule in diesem Puncte von der Ansicht des Meisters abgewichen ist.[42]) — So reducirt sich denn auf psychologischem Gebiete die Verwendung „zufälliger Ansichten" für einfache Qualitäten auf die Thatsache, dass es im System der Farbenempfindungen eine Abstufung des Gegensatzes von Null bis zu einem Maximum gibt und dass der Grad des schwächeren Gegensatzes sich durch das Mass, in welchem zwei völlig entgegengesetzte Qualitäten zu einer mittleren sich mischen, bestimmt wird. Und damit sind wir ebensoweit entfernt von den mathematischen und mechanischen Zerlegungen und Substitutionen, als von einer allgemeinen Verhaltungsweise einfacher Seinsqualitäten, so dass das psychologische Vermittlungsglied sich nach keiner Seite hin als zulänglich erweist.[43]) Statt einen einheitlichen Gedanken von allgemeiner Giltigkeit zu bilden, zerfällt die Lehre von den zufälligen Ansichten in mindestens fünferlei verschiedene, einzelnen Sachgebieten in concreto zugehörige Betrachtungsweisen, und wir können in ihr daher Nichts weiter, als eine ganz kritiklose Vermischung des Heterogenen sehen.

Diese Vermischung steigert sich zu einer völligen Confusion des Denkens, wo Herbart dazu übergeht, mit Hilfe der zufälligen Ansichten sein eigentliches Ziel, die Theorie des auf Störung und Selbsterhaltung beruhenden Geschehens zu erreichen (Allgem. Metaph. §§ 232—237). Die einfachen Qualitäten A und B zweier Realen werden zerlegt in die zufälligen Ansichten: $A = \alpha + \beta + \gamma$ und $B = m + n - \gamma$. Dabei soll das $+\gamma$ u. $-\gamma$ andeuten, „es verhalte sich irgend Etwas in den Qualitäten, wie Ja und Nein." Vorher schon war gesagt: „Fassen wir zwei Wesen, A und B, zusammen: so ergeben ihre einfachen Qualitäten eine blosse Summe" — und dass diese „Summe" recht wörtlich zu fassen ist, erfahren wir auf einmal am Ende des § 232: „Was nun die Begriffe $\alpha + \beta + \gamma$ und $m + n - \gamma$ zusammengenommen ergeben: das liegt vor

Augen. Das Entgegengesetzte hebt sich auf und verschwindet; es bleibt $a+\beta+m+n$." Allerdings liegt dies vor Augen, sobald wir es mit algebraischen Ausdrücken zu thun haben, für welche allein auch der Ausdruck „Summe" einen völlig klaren, wissenschaftlich verwendbaren Sinn besitzt. Aber führt uns denn Herbart in Wahrheit ein blosses Rechenexempel vor? Dem Wortlaut der letzt citirten Stelle und dem Character des ganzen Problemes nach offenbar nicht. Hier heisst es vielmehr, es sollten Begriffe zusammengefasst werden. Nun wohl: mit „Begriffen" lehrt uns die Logik operiren, was meint also diese zu dem Fall? Sollen die Ausdrücke $a+\beta+\gamma$ und $m+n-\gamma$ Begriffe darstellen, so müssen wir uns unter den einzelnen Buchstaben offenbar Theilmerkmale denken, und die beiden Begriffe stehen dann für die Logik im Verhältniss der disjuncten Verschiedenheit. Die Frage ist mithin: was weiss die Logik über das Zusammenfassen disjuncter Begriffe zu sagen? Zunächst ist ihr der Ausdruck „Zusammenfassen" etwas Unverständliches; sie kennt nur die Zusammenfassung von Subject und Prädicat im Urtheil, daher müssen wir sie auch hier urtheilen lassen. Versuchen wir demnach, die beiden disjuncten Begriffe als Subject und Prädicat in einem Satze zusammenzufassen! Die Logik weist das Urtheil zurück, sie will von Zusammenfassung in diesem Falle Nichts wissen, d. h. die „Begriffe" müssen getrennt bleiben. Wir könnten die logische Zusammenfassung noch in etwas anderer Weise versuchen, indem wir die beiden disjuncten Begriffe einem und demselben Subject als Prädicat beilegten. Auch das verbietet aber die Logik. Sie lässt wohl das eine der beiden Urtheile: S ist A und S ist B gelten, nicht aber beide zugleich. Von einer wechselseitigen Aufhebung der „Begriffe" kann also in keiner Weise die Rede sein und wir müssen entschieden protestiren gegen die Vermischung, durch welche hier eine rein algebraische Operation auf Begriffe im Allgemeinen übertragen wird.

Nun haben wir aber in dem zu behandelnden Problem weder mathematische Ausdrücke, noch blosse Begriffe vor uns, sondern einfache Qualitäten zweier Realen, die „zusammen" sein sollen. Ein wirklich strenges Philosophiren würde sich daher, wenn es von jenen Verhältnissen auch noch so viel wüsste, hieraus noch keinen Schluss auf dieses erlauben, um so viel weniger, als die ganz besondere, mit allen unseren gewöhnlichen Auffassungsarten durchaus incommensurable Natur des Seienden von Herbart so oft betont wird. Was kann denn zwei Realen, deren jedes eine absolut unveränderliche Qualität besitzt, ein Zusammen, das wir ihnen im intelligiblen Raum ertheilen, anhaben? Doch gewiss Nichts. Diese höchst einfache Frage und höchst einfache Antwort gewinnt bei Herbart eine seltsam verwickelte Gestalt: „Hier ist bloss von einer Abänderung der Qualität die Rede, die jedes zwar von dem anderen erleiden sollte, aber wogegen es sich erhält als das, was es ist. Störung sollte erfolgen; Selbsterhaltung hebt die Störung auf, dergestalt, dass sie gar nicht eintritt." Völlig Nichts soll aber damit doch nicht geschehen sein; vielmehr sollen jene Selbsterhaltungen bleibende innere Zustände im Realen begründen, wie sie z. B. unser gesammtes seelisches Leben constituiren. Und was so als das aller Realste sich kund gibt, was zugleich eine Mannigfaltigkeit und einen Wechsel ohne Gleichen manifestirt — soll dennoch nicht wider die einfache, absolut unveränderliche Natur des Realen streiten! „Dies nun ist", fährt Herbart im Vollgefühle seiner Leistung fort, „die ausführliche Deduction der Lehre vom wirklichen Geschehen; deren frühere kürzere Darstellungen man mit den Waffen der Vorurtheile bestritten hat, und noch lange bestreiten wird" (IV. 138) — gewiss so lange, als noch die „Vorurtheile" bestehen, dass zwischen Algebra, Logik und realen Seinsqualitäten eine reinliche Scheidung gemacht werden müsse und dass alle Störungen, Selbsterhaltungen und inneren Zustände mit absoluter Unveränderlichkeit nun einmal schlechthin unverträglich seien. In der That verdient dieser Theil der Herbartischen Lehre keine andere Kritik, als wie sie F. A. Lange zwar kurz und nicht ohne Schärfe, aber sehr zutreffend ausgesprochen hat: „Der Metaphysiker widerlegt mit einem enormen Aufwand von Scharfsinn alle möglichen anderen Ansichten, und wo er seine eigene Meinung entwickelt, schiesst er einen logischen Purzelbaum von der gewöhnlichsten Sorte. Jeder Andere sieht, dass Selbsterhaltung gegen eine **drohende** Einwirkung nicht ohne eine, wenn auch noch so feine **wirkliche** Einwirkung denkbar ist. Der Metaphysiker sieht dies nicht. Er hat sich mit seiner Dialektik an den Rand des Abgrundes getrieben, alle Begriffe hundertmal herumgewendet, hervorgezogen, weggeworfen, und endlich **muss durchaus und durchaus Etwas gewusst werden.** Also die Augen zugedrückt und den salto mortale herzhaft gemacht — von den Höhen der schärfsten Kritik hinab in die allergewöhnlichste Verwechslung von Wort und Begriff!" (Gesch. d. Mat. II, S. 380).

Wir wollen indess, um Herbart möglichst gerecht zu werden, nicht bei seiner verkehrten Deduction der Lehre vom wirklichen Geschehen stehen bleiben, sondern uns noch näher nach der Quelle umsehen, aus welcher seine Anschauungen in Wahrheit geflossen sind. Der natürliche Gang der Denkentwicklung wird selten so krause Bahnen einschlagen, wie wir sie vielfach in den Beweisversuchen der Philosophen finden. Zu seinen Störungen und Selbsterhaltungen ist Herbart nur dadurch gekommen, dass er unter analogen Verhältnissen auf psychologischem Gebiet einen Vorgang partieller Aufhebung von Qualitäten, der hier mit dem Namen der Hemmung belegt wurde, constatirt zu haben glaubte. In ähnlicher Weise könnte man sich in der That — natürlich aber nur unter Preisgebung des unveränderlichen Seins — die Wechselwirkung der Seinselemente nach Massgabe ihres qualitativen Gegensatzes denken. Hier wäre die Analogie eine zutreffende — wenn nur das zu übertragende Factum in der Psychologie sich vorfände. Aber das letztere ist leider nicht der Fall. Herbart hat auch in diesem für ihn so wichtigen Puncte sich mit allzugrosser Nonchalance über eine genaue Untersuchung des Thatbestandes hinweggesetzt. Lege ich ein rothes und ein grünes Object neben einander vor mich hin, so erscheinen mir die beiden Farben durchaus nicht weniger hell, als wenn ich Roth und Gelb oder Blau und Grün zusammenstelle, welch' letztere Farben in geringerem Gegensatze stehen, also nach Herbart's Theorie einander auch weniger hemmen müssten. Wenn Herbart sich in einer zwar, wie er selbst sagt, nur „flüchtigen Erwähnung der Thatsachen" der inneren Wahrnehmung darauf beruft, dass wir „die Vorstellung des Blauen nicht vollkommen festhalten können, wenn die des Rothen dazu kommt" (V. 286), so gilt diese allgemeine Erfahrung genau in der gleichen Weise bei jeder Vielheit von Eindrücken völlig abgesehen von deren qualitativem Gegensatz. Damit sind wir also noch keineswegs so weit, behaupten zu dürfen, dass die Hemmung unter entgegengesetzten Vorstellungen „sich ziemlich deutlich unmittelbar in der Erfahrung zu erkennen" gebe, und daher recht füglich als eine gegebene Thatsache oder mindestens als hinreichend verbürgte Hypothese in die Untersuchung eingeführt werden könne (V. 195). Herbart hätte in jenen Constatirungen weniger flüchtig sein sollen. Mit besserem wissenschaftlichem Tact hat Drobisch es unternommen, die wahrhaft „fundamentalen Thatsachen," welche Herbart's Theorie stützen sollen, präcis festzustellen, ohne dabei freilich auf mehr zu kommen, als auf die Enge des Bewusstseins, sowie auf den Wechsel und die Reproduction der Vorstellungen (Math. Psych. § 4). Er hätte vielleicht noch eine Thatsache hinzufügen können, welche Herbart bei seinen Betrachtungen über das Ich wohl den ersten Anlass gegeben hat, eine Hemmung unter den Vorstellungen anzunehmen, d. i. die Bildung abstracter Begriffe (vgl. oben S. 27). Auch die Erscheinungen des Begehrens und Fühlens dürften nicht ohne Einfluss auf ihn gewesen sein. Ein Hemmungsvorgang wird aber bei allen diesen Phänomenen nicht unmittelbar wahrgenommen, und bildet auch keineswegs das einzig mögliche Erklärungsprincip für dieselben, sondern erweist sich im Gegentheil vielfach als ganz unzureichend hiezu, wie dies namentlich die von Lotze [44]) und Wundt geübte Kritik dargethan hat. Zugleich haben diese Psychologen — obwohl bei beiden auch ein positiver Einfluss Herbart's unverkennbar ist — zusammenhängende Theorieen des seelischen Lebens aufgestellt, ohne dabei von einer Hemmung der Vorstellungen im Sinne Herbart's Gebrauch zu machen. Für die Psychologie Herbart's ist aber diese Hemmung thatsächlich der Grundbegriff und daher braucht man auch, um jene in ihrem Systembau zu untergraben, nicht erst, wie F. A. Lange und Wundt es gethan haben,[45]) die willkürliche Aufstellung der Hemmungssumme anzugreifen, sondern kann gleich die Haltbarkeit des wesentlichsten Fundamentes, der wechselseitigen Hemmung entgegengesetzter Vorstellungen, bestreiten. Hier indess ist eine solche speciell auf die Psychologie gerichtete Kritik nicht beabsichtigt; es sollten nur die Mängel des von Herbart eingeschlagenen Beweisganges kenntlich gemacht werden durch die Darlegung, dass weder die begrifflichen Deductionen noch die aus den exacten Wissenschaften und aus der Empirie herbeigezogenen Analogieen sich als stichhaltig erweisen.

Es könnte in der Aufdeckung derartiger methodologischer Mängel noch weiter gegangen werden. Ein sehr ergiebiges Feld würde in dieser Beziehung noch die Synechologie Herbart's mit ihrer Lehre vom Raum und der kräftebegabten Materie bieten. Doch wird sich, was hierüber zu sagen ist, mit wenigen Worten abthun lassen im Zusammenhang mit einer allgemeinen Formulirung des Urtheils über Herbart's Metaphysik, zu dessen Begründung das Vorausgegangene ein hinreichendes Material bietet.

Der Grundsatz Herbart's, sich bei seinem Systembau durch Erfahrung und Denken leiten zu lassen, war zwar recht schön, nur lässt er, in dieser Allgemeinheit hingestellt, immer noch die Frage offen: durch was für eine Erfahrung und durch was für ein Denken? In Beantwortung dieser Frage mit Bezug auf Herbart wird ein dreifaches Moment hervorzuheben sein, welches zugleich von allem Rationalismus mehr oder weniger gelten dürfte: die Erfahrung sowohl als das Denken, mit welchem operirt wird, sind höchst **primitiv und unzulänglich**, sie sind fernerhin geradezu fehlerhaft, und es kommt schliesslich zu **keiner Uebereinstimmung** zwischen ihnen.

Sehen wir uns zunächst nach der „Erfahrung" um, welche in Herbart's System eine Rolle spielt, so zeigt sich auf Schritt und Tritt die Unzulänglichkeit derselben. Herbart kennt nur die **aller allgemeinste** Erfahrung. Zunächst zum Widerstand gegen den Idealismus herbeigerufen, wobei sie Nichts weiter zu sagen brauchte, als dass der „gegebene" Schein unabweisbar auf ausser uns existirende Dinge hindeute, musste sie dann noch die widerspruchsvollen Formen der Erscheinungswelt liefern: die Dinge mit den inhärirenden Merkmalen, mit ihrer veränderlichen Existenz in Raum und Zeit, sowie das in sich zwiespältige Ich — und ihre Schuldigkeit war gethan. Man fordert von ihr nur diejenigen Daten, die jedem vollsinnigen Menschen auf Schritt und Tritt unmittelbar sich darbieten, und über welche Thales und die Eleaten schon ganz ebenso gut verfügten, wie der Physiker des neunzehnten Jahrhunderts. Dagegen meinen wir, dass nur die **aller speciellste** Erfahrung, tausendfach wiederholt und modificirt, erweitert und geläutert durch Zuhilfenahme künstlicher Methoden uns zu annähernd entsprechenden Ansichten über die allgemeinsten Verhältnisse des Existirenden führen könne, und auf Grund einer solchen umfassenden, aus der Detailforschung heraus verallgemeinernden Erfahrung sucht die moderne Naturwissenschaft zu gewissen letzten Annahmen über Sein und Geschehen zu gelangen, die zur Erklärung der gesammten Erscheinungswelt dienen können, dabei aber — wenigstens in ihren hervorragendsten Vertretern — der Schranken wohl bewusst, die ihr von einer wahrhaft kritischen Philosophie gezogen sind.

Und wie steht es mit dem „Denken," durch welches Herbart das umfassendste und strengste Wissen zu erlangen sucht? Zum höchsten Ausdruck kommt dasselbe in der „Methode der Beziehungen," welche das Meisterstück der Methodologie bilden und alle bisherigen Leistungen der Schullogik weit hinter sich lassen soll. Aber thatsächlich operirt Herbart mit gar keinen andern Mitteln, als diese, und kommt an keinem Puncte über die Aristotelische Logik hinaus. Es hat etwas Betrübendes, zu sehen, wie sein klares und den exacten Wissenschaften mit Vorliebe zugewandtes Denken sich so oft gegen jene engen Schranken kehrt und doch völlig in denselben befangen bleibt. Es ist in der That nur ein Klirren mit den eigenen Ketten, wenn er über die Mängel der bisherigen philosophischen Methoden spricht (Einl. in d. Phil. §§ 30—32) und auf „das Unbefriedigende und Gehaltlose einer bloss analytischen Art zu philosophiren (dergleichen grossentheils die ältere Schulphilosophie war, z. B. die Wolffische)" hinweist. Aehnlich macht die Allgem. Metaph. (§ 128 III. 387) darauf aufmerksam, „wie wenig die blosse Logik über metaphysische Schwierigkeiten vermag," während doch „die höheren Methoden der Mathematik" deutlich genug zeigen, „dass noch nicht alle künstlichen Verbindungen der Begriffe, die einen nothwendigen Zusammenhang derselben an den Tag legen könnten, erschöpft seien," denn — wie es später (§ 179 IV. 40) heisst — „die erste beste mathematische Substitution ist schon zu reichhaltig, um in dem dürftigen Syllogismus einen passenden Ausdruck zu finden." Den so gerügten Mängeln soll die neue Methode abhelfen, die auch kein anderes Princip kennt, als den Satz des Widerspruchs, und daher auch in keiner Weise über die „bloss analytische Art zu philosophiren" hinaus zu einer wahren Erkenntnissbereicherung führen kann. Die wesentlichen Requisite für diese Methode lagen bereits im Aristotelischen Organon fertig da, und nach Herbart hätte somit recht füglich die tiefste aller Wissenschaften, aus welcher alle übrigen sich müssten ableiten lassen, die Metaphysik, bereits ausgeführt werden können zu einer Zeit, wo von den Einzelwissenschaften und ihren ausgebildeten Forschungsmethoden nur erst unerhebliche Anfänge vorhanden waren. Sehen wir, wie dieses Herbartische „Denken" mit ein Paar dürftigen Formeln sich über alle tieferen erkenntnisstheoretischen und methodologischen Probleme hinwegsetzt, wie es nicht einmal die Kantische Frage recht zu verstehen vermag, und vollends Nichts weiss von den wahrhaft schöpferischen Methoden einer aufs Inhaltliche gerichteten Forschung, von Induction, Wahrscheinlichkeitstheorie u. s. w., so können wir nicht einen Augenblick anstehen, dasselbe für äusserst unzulänglich und primitiv zu erklären.

So ist denn das ganze Rüstzeug der Herbartischen Metaphysik ein höchst dürftiges und kümmerliches, verglichen mit dem Apparat der modernen philosophischen Forschung, und mag sich zu diesem ähnlich verhalten, wie das Observatorium und die Rechentabellen des Ptolemäus zur Sternwarte und den mathematischen Hilfsmitteln des heutigen Tages. Allein Ptolemäus konnte mit den zwar unvollkommenen Hilfsmitteln wenigstens seinen Ansprüchen genügen; er erreichte eine für ihn hinreichend genaue Uebereinstimmung zwischen Rechnung und Beobachtung, Theorie und Wirklichkeit.

Darf Herbart das Gleiche von sich rühmen? Hat er seinen Plan correct ausgeführt, den Ansprüchen der Erfahrung und des Denkens gehörig Rechnung getragen, und ihre Aussagen zu einem einstimmigen und in sich befriedigenden Gesammtresultate verarbeitet? In diesem Falle hätte seine Lehre, wenn auch nur dürftig, so doch vielleicht richtig die allgemeinen Umrisse hingestellt, in die wir unser specialisirtes Weltbild hineinzeichnen könnten. Stände nur unter ihm der Boden fest, so könnten wir uns auf seine Schultern stellen, gleichwie ja auch die Reihenausdrücke unserer Astronomen in ihren Sinusgliedern die Epicykeln des Ptolemäus nur vervielfältigt und in verfeinerter Form wiederholen, und wie auf seine Beobachtungen ein Theil unserer heutigen astronomischen Kenntnisse fundirt ist. Allein in der That vermissen wir in den von Herbart gegebenen Umrissen die Folgerichtigkeit des Zuges, die von ihm geschaffene Basis bricht auseinander.

Schon für sich kommt keines seiner beiden Hauptforschungsmittel rein und richtig zur Verwendung — ein Vorwurf, der sich ebenfalls in Bezug auf jeden Rationalismus wird verallgemeinern lassen. Weil die rationalistischen Methoden ihrer Natur nach unzulänglich sind, das gesammte Erfahrungsgebiet zu beherrschen, so müssen im Denken allerlei Umbiegungen vorgenommen werden, die es sich selbst entfremden, und die Erfahrung muss sich gleichfalls die verschiedensten Drückungen, Pressungen und schiefen Auffassungen gefallen lassen, um in die inadaequate

Form des beschränkten logischen Rahmens hineinzupassen. Es ist natürlich, dass, wo das Werkzeug dem zu behandelnden Stoff nicht angemessen ist, beide unter der Arbeit leiden. Dank der klaren Durchbildung und Darstellung des Herbartischen Systems lassen sich diese Fehler bei ihm recht gut verfolgen. Eine Umbiegung des Denkens und eine Abstumpfung seiner Schärfe zu Gunsten des Gegenstandes finden wir schon in der Methode der Beziehungen. War das $M = N$ ein Widerspruch, so wird sich eine strenge Logik auch das $\Sigma M = N$ nicht gefallen lassen. Das „Zusammen," welches Herbart hier einschiebt, ist ein jedenfalls sehr unlogisches Auskunftsmittel, das, aus den Verhältnissen der concreten Erfahrungswelt entlehnt, nur der anfänglich intendirten Strenge der begrifflichen Auffassung die Spitze abbricht. Aeusserst bedenklichen Umbiegungen und Verunreinigungen des logischen Denkens durch falsche Uebertragung unzulänglicher Analogieen begegnen wir ferner bei der Ableitung des wirklichen Geschehens und in den vermeintlichen Denknothwendigkeiten, von welchen dabei die Rede ist. Ebenso bestehen endlich die synechologischen Untersuchungen, die den „intelligiblen Raum" aus dem reinen Denken construiren wollen, aus Nichts als Erschleichungen, indem die empirische Raumanschauung versteckter Weise vorausgesetzt wird und die Bestimmungen derselben für den intelligiblen Raum dann auf angeblich logisch-metaphysischem Wege deducirt werden. Wer einen recht auffälligen Beleg hierfür haben will, lese den § 264 der Allgem. Metaph. nach, wo die begriffliche Deduction auf einmal so derb in den dreidimensionalen Raum unserer Erscheinungswelt hereinplumpst, dass nur ein recht tiefer metaphysischer Schlaf davon nicht aufgeweckt werden konnte. Es findet sich in allen diesen Ableitungen das „Clinamen der Beweisgründe," von welchem Kant spricht (s. oben S. 70), in der schlagendsten Ausprägung vor und wir erhalten damit zugleich classische Belege für die Bemerkung J. St. Mill's: „Die Metaphysiker aller Zeiten, welche die Gesetze des Weltalls zu construiren suchten, indem sie aus unseren vermeintlichen Denknothwendigkeiten Schlüsse herleiteten, sind immer so verfahren und konnten nicht anders verfahren, als dass sie in ihrem eigenen Bewusstsein sehr mühevoll das entdeckten, was sie früher selbst hineingelegt hatten, und aus ihren Begriffen von den Dingen das entwickelten, was sie früher in diese Begriffe hineingewickelt hatten" (Logik B. V. C. III. § 3). Wäre nun Herbart mit seinen synechologischen Untersuchungen wenigstens zu einer exacten Auffassung des empirischen Raumes gekommen! Aber er sagt ganz ungenirt „mit der alten Metaphysik: extensio lineae ex numero punctorum, quibus constat, determinatur" (ebd. § 249), indem er die Linie aus dem unmittelbaren „Aneinander" mathemathischer Puncte construirt. Ja, er versteigt sich zur Monstrosität, solche Puncte „zum Theil zusammenfallen" zu lassen (ebd. § 259) — ein Kunststück, zu dem es allerdings selbst der alte Baumgarten nicht hatte bringen können.

Hand in Hand mit den Fehlern des Denkens geht die höchst fehlerhafte Behandlung der Erfahrung. Ganz kritiklos werden Anschauungen des gewöhnlichen, durch die Sprache beherrschten Bewusstseins für „Erfahrungen" genommen. Unklare Analogien, vorgefasste Meinungen, metaphysische Vorurtheile werden in die Auffassung des Thatsächlichen hineingetragen und es kann vielfach erst eine eingehendere Untersuchung aus dem zusammengehäuften Material den reinen Thatbestand herausschälen.

Der ärgste Uebelstand freilich ist, dass da, wo das System seinen Abschluss finden soll, die angestrebte Congruenz zwischen Erfahrung und Denken sich als eine völlige Discrepanz erweist. Wir brauchen uns nur zu erinnern an die einfachen und unveränderlichen Realen, die gleichwohl alle Mannigfaltigkeit und allen Wechsel der Erscheinungswelt in sich aufnehmen müssen — man denke an das Seelenreale! — wobei dann jene Sophistik der Störungen und Selbsterhaltungen zu Hilfe kommt, welche durch ein Flickwerk aus dem Heterogensten, durch Vertuschen und Verkleistern der schadhaften Stellen mit wohlfeilen Worten und polemischen Wendungen alle Schwierigkeiten zu heben sucht, und ein wahres Cabinetsstück bildet in der Curiositätensammlung philosophischer Verirrungen. Die Erfahrung fordert dann weiterhin eine Theorie der Materie, und Herbart versucht in der That, sie zu liefern. Aber wie? — denn aus streng punctuellen Wesen, die keine Fernewirkung ausüben dürfen, ist unsere gegebene Materie schlechterdings nicht abzuleiten. Da erzwingt sich nun die Erfahrung ihr Recht: sie kann nur ausgedehnte Reale brauchen, also gut, man lässt die Realen ausgedehnt sein und beschwichtigt sein logisches Gewissen, indem man in parenthesi hinzufügt: dies ist aber nur eine Fiction (ebd. § 267). So mag nur immerhin mit ausgedehnten Realen operirt werden, das Denken weiss sich in seinem guten Rechte, und freut sich im Stillen, dass die Erfahrung so genügsam mit dem Zugeständniss einer blossen Fiction sich zufrieden gibt. Der Erfahrung freilich wird das Denken hintergangen scheinen, indem es über einem blossen Wort die Sache vergisst, — und sie wird damit wohl Recht haben. Das Schlimmste ist, dass zwischen beiden auf diese Weise ein unwahres Verhältniss gestiftet ist, und das hätte der Philosoph nie zulassen sollen. Er sagt uns freilich, jener bedenkliche Compromiss sei nicht zu vermeiden gewesen, „weil wir den einfachen, realen Wesen nicht verbieten können, Materie zu bilden" (IV. 224). Wohl aber hätte man dem Denken verbieten können, Bestimmungen aufzuwerfen über Dinge, die es nun einmal nicht versteht, und mit denen es doch nie durchdringen kann. — Es ist bemerkenswerth, dass die vielgerühmte Methode der Beziehungen an diesem Puncte nicht einmal den schwachen Versuch macht, zur Aussöhnung der streitenden Parteien Etwas beizutragen, und hier wäre doch der schönste Lohn zu verdienen gewesen. Es liegt darin der beste Beweis wider ihre Fruchtbarkeit. Sie kann eben nur da Etwas anfangen, wo die Erfahrung schon die Lösung entgegenbringt, — d. h. wo man sie gar nicht braucht.

So mancherlei Windungen unsere Untersuchungen in diesem zweiten Theile auch durchlaufen haben, lässt sich ihr Hauptergebniss doch sehr kurz folgendermassen formuliren. Herbart steht ganz abseits der durch Kant in die Philosophie gebrachten Bewegung. Das erkenntniss-theoretische Problem Kant's existirt für ihn noch nicht, vielmehr knüpft er an die älteren rationalistischen Ueberlieferungen an, wie sie ihm zunächst durch Leibniz-Wolff vermittelt waren. Sein System scheitert daher auch an den Mängeln dieses Rationalismus, bei welchem Erfahrung und Denken weder gesondert zu ihrem Rechte kommen, noch auch eine Einstimmigkeit beider erzielt wird.

Hier, wo es sich um die Metaphysik in ihrem geschlossenen Ganzen, als System handelte, war unser kritisches Ergebniss ein völlig negatives. Eine unparteüsche historische Würdigung wird auch über die specifisch metaphysischen Leistungen Herbart's nicht nur abfällig urtheilen. Herbart hat in einer Zeit voll philosophischer Verkehrtheit einen relativ gesunden Standpunct vertreten (vgl. S. 67 f.), dabei aber freilich der Verkehrtheit — nur in anderer Richtung als die Zeitgenossen — auch seinen Tribut entrichtet. Ein Ausspruch F. A. Lange's, der allerdings nur auf die mathematische Psychologie Herbart's sich bezieht, kennzeichnet treffend den Gesichtspunct, der für die geschichtliche Beurtheilung auch seiner Metaphysik massgebend ist. Ich führe denselben um so lieber an, da er zugleich eine Schätzung der wissenschaftlichen Persönlichkeit Herbart's enthält, der ich vollkommen beistimme, ohne ihr aber bei Besprechung seiner Metaphysik recht Ausdruck geben zu können. „Es bleibt ein merkwürdiges Denkmal der philosophischen Gährung in Deutschland, dass ein so feiner Kopf wie Herbart, ein Mann von einer bewunderungswürdigen Schärfe der Kritik und von grosser mathematischer Bildung auf einen so abenteuerlichen Gedanken kommen konnte, wie der ist, das Princip für eine Statik und Mechanik der Vorstellungen durch Speculation zu finden. Noch auffallender ist, dass ein so aufgeklärter, in echt philosophiscer Weise dem practischen Leben zugewandter Geist sich in die mühevolle und undankbare Arbeit verlieren konnte, ein ganzes System der Statik und Mechanik des Geistes nach seinem Princip auszuarbeiten, ohne irgend eine Gewähr der Richtigkeit an der Erfahrung zu haben . . . . Dass Herbart die mathematische Psychologie erfinden konnte, während er in den Eigenschaften, welche vor solchen Bahnen zu bewahren pflegen, geradezu eminent war, wird immer als ein höchst denkwürdiges Zeugniss gelten müssen für die Gewalt des metaphysischen Strudels, welcher in jener Zeit in unserem Vaterlande auch den Widerstrebenden ergriff und in die geistige Kometenbahn gegenstandloser Entdeckungen hinausschleuderte" (Gesch. d. Mat. II. S. 377).

Speculationstrieb und Systemsucht haben noch weit wunderlichere Producte zu Tage gefördert, als die Metaphysik Herbart's; aber sie besitzen nicht alle eine so einfache und klare Gliederung, dadurch ihre Absurditäten leicht augenfällig werden. Vor den krausen Scholasticismen Kant's ist die deutsche Philosophie bald ein Jahrhundert lang ehrfurchtsvoll dagestanden, und dieselben boten gerade durch ihre Dunkelheit und Verworrenheit jedem Philosophen ein Plätzchen, wo er sich mit seinen eigenen Liebhabereien und Neigungen ungestört glaubte ansiedeln zu können. Es hat bei uns in diesem Kantischen Jahrhundert keine philosophische Richtung und philosophische Verirrung gegeben, die nicht wenigstens in Einem Puncte des Kantianismus eine feste Stütze zu haben glaubte.

So ist es nun bei Herbart nicht. Sein Bau ist zu klar und durchsichtig, als dass in demselben irgend ein dunkler Handel getrieben werden könnte. Die Formen sind zu scharf und zu entschieden ausgeprägt, als dass man über die wahre Gestalt derselben einen Augenblick getäuscht werden, und Verwandtschaften sehen könnte, wo solche thatsächlich nicht vorliegen. Wer an das Halbdunkel einer mystischen und mystificirenden

Philosophie gewohnt war, musste von einer solchen geradezu beleidigenden Helligkeit und Klarheit nothwendig zurückgestossen werden. Daher die der Breite nach verhältnissmässig geringe Einwirkung des Herbartischen Systems auf das Zeitalter, die sich mehr aus seinen Vorzügen als aus seinen Mängeln erklärt; denn es mag viel Wahres sein an dem Ausspruche Dühring's, „dass theoretischer Irrthum und moralische Verkehrtheit weit eher geeignet sind, die Grundlagen für Sectenstiftungen jeder Art abzugeben, als die Elemente der Wahrheit" (Gesch. d. Phil. 1. Aufl. S. 384). Herbart's System hat nicht das Zeug dazu, eine coincidentia oppositorum abzugeben, die freilich zumeist auf den Beifall der Menge rechnen darf. Es fordert zu einem entschiedenen Für oder Wider heraus, und wo ein solches nicht mit der gehörigen Bestimmtheit auftritt, ist in der Regel eine mangelhafte Consequenz des Denkens zu vermuthen. Darum gibt es auch keine strengere, orthodoxere Schule als die Herbartische; denn sie fühlt, dass ihre Hauptstärke im geschlossenen Ganzen des kunstgerecht zusammengefügten Systembau's liege.

Diese bedingte Anerkennung, die nach manchen Seiten bereits als eine Ueberschätzung Herbart's erscheinen mag, wird mir von anderen Seiten den Vorwurf, ihn weit unterschätzt zu haben, nicht ersparen. Ohne mich auf die extreme Fassung, in welcher dieser Vorwurf bei der Schule auftreten wird, einzulassen, muss ich zu seiner Abwehr doch hinzufügen, dass hier nicht von einer Schätzung Herbart's, sondern nur seiner Metaphysik die Rede war, und das ist keineswegs dasselbe, sondern vielfach ein geradezu Entgegengesetztes, wie man auch aus den zuvor citirten Worten Lange's entnehmen mag.

Für eine Gesammtwürdigung Herbart's liegen weit positivere Leistungen vor, als seine verunglückte Metaphysik. Am meisten anerkannt ist dies hinsichtlich seiner Psychologie, wenngleich auch hier die Urtheile noch mannigfach variiren von der unbedingtesten Lobpreisung, welche die Psychologie Herbart's den Leistungen Kepler's und Newton's für die Astronomie an die Seite stellt, bis zur absoluten Verwerfung, die in der „Bizarrerie" dieser „Psychologistik" nur die vollständigste Unfähigkeit zu allem exacten Denken zu Tage treten sieht. Allein es wäre ungerecht, derselben alle Vorzüge abzustreiten, zumal wenn man den Standpunct einer geschichtlichen Beurtheilung nicht ganz ausser Acht lässt. Es gab in der deutschen Psychologie — besonders nach Kant — einen förmlichen Augiasstall auszufegen, dass wir es Herbart verzeihen können, wenn er, ähnlich dem griechischen Heros, in seinem Reinigungseifer auch das Brauchbare niederriss, um den Strom der Kritik recht voll und breit hineinzuleiten, und letztlich den Bau der Psychologie allzu frei und luftig dastehen liess. Es ist äusserst natürlich, dass der Begründer eines neuen Gedankens mit der Durchführung desselben über das Ziel hinausschiesst. So war Herbart in der Realisirung seines Strebens, die Psychologie zu einer exacten, mathematisch präcisirten Wissenschaft zu gestalten, jedenfalls zu voreilig, denn jene atomistisch auf einander einwirkenden und gleich Perlenschnüren aneinander gereihten Vorstellungen sind in der That zu exact einfach, um eine mit dem Thatbestand sich deckende Anschauung vom seelischen Leben geben zu können. Aber die Tendenz war eine berechtigte, und die Voreiligkeit in positiver Richtung nicht so schlimm, als die voreilige Negation, durch welche Kant eine mathematische Be-

III. Kritische Beleuchtung des Herbartischen Rationalismus.

handlung der Psychologie auf alle Zeiten für unmöglich erklärte. Ein so unkritisches „Ignorabimus!" kommt in Herbart's System überhaupt nicht vor. An jenem exacten Geiste der Herbartischen Psychologie aber, der sich im ersten Vollgefühl seiner Kraft allerdings zu sorglos über manche klaffende Lücke hinwegsetzte, haben ein Lotze, ein Wundt, ein Steinthal, vieler Anderer nicht zu gedenken, ihre Nahrung empfangen.

In philosophischen Kreisen weit weniger beachtet[46]), und doch, wie ich glaube, für unser Zeitalter von noch grösse.er Bedeutung als Herbart's Psychologie ist seine **Pädagogik**. Die Gegenwart ist unermüdlich im Aufhäufen neuen Wissens, die Gedankenkreise breiten sich nach allen Seiten ins Unabsehbare aus, und in gleichem Masse erweitert und complicirt sich die Aufgabe, das heranwachsende Geschlecht in dieselben einzuführen. Die Uebelstände, welche aus einer mangelhaften Lösung dieser umfassenderen Aufgabe nicht minder, als aus ihrer völligen Ignorirung entspringen, treten bereits so augenfällig an den Tag, dass dutzendweise die Reformvorschläge für das Erziehungswesen auftauchen, zumal ein Jeder auf der anscheinend herrenlosen Domäne der Pädagogik ungescheut und ungestraft glaubt dilettiren zu können. Mit echtem Dilettantismus bleiben diese Vorschläge aber auch meist an den Aeusserlichkeiten kleben, flicken an den Lehrplänen herum, wobei natürlich ein Jeder den grössten Lappen, der allem Schaden abhelfen soll, aus dem Zeuge schneidet, welches er selbst trägt, und welches ihm daher am besten gefällt. Dabei hat man keine Ahnung von der Hauptsache, man übersieht, dass das Werk der Eziehung und des Unterrichts keine solche Flickarbeit sein darf, dass es vielmehr aus Einem Gusse geschaffen, ein wohlgefügtes Kunstwerk sein soll. Darum setzt es aber auch eine geschulte Kunstübung voraus, und diese Schulung wieder kann — zumal sie auf einen so ausgebreiteten Arbeiterkreis übertragen werden muss — nur von einem wissenschaftlichen **Systeme** ausgehen. Was uns daher vor Allem Noth thut, wenn unsere erweiterte und gesteigerte Cultur nicht an ihrer eigenen Masse ersticken soll, wenn die Reformbestrebungen für eine entsprechendere Jugendbildung nicht ohne durchgreifende Erfolge in Zerfahrenheit und Zersplitterung endigen sollen, ist ein, nach wissenschaftlichen Anforderungen entworfenes **System der Pädagogik**. Ein solches aber finden wir heute noch allein bei Herbart und seiner Schule, welch' letztere in dieser einen Richtung auch eine lebensvolle Fortbildung der überkommenen Lehren bethätigt hat.[47]) Es können diese Behauptungen hier nur aufgestellt, nicht näher begründet werden. Wer sich mit klarem, vorurtheilsfreiem Blick auf pädagogischem Gebiete orientirt, wird zugestehen, dass man hier in Wahrheit fast durchweg nur auf mehr oder weniger glückliche und vollständige Conglomerate von Meinungen stösst, dagegen bei Herbart ein wohlgefügter systematischer Bau uns entgegen tritt, nicht a priori aus vagen Principien construirt, sondern im Zusammenhange mit der Wirklichkeit entstanden und für diese eingerichtet. Dabei birgt die Einzelausführung einen inneren Gehalt, der durch trübende Beimischung falcher Philosopheme hie und da verunreinigt, nie aber völlig entwerthet werden kann. Diesem werthvollen Gehalt entspricht — namentlich in der „Allgemeinen Pädagogik" v. J. 1806, die mir überhaupt als das formvollendetste Werk Herbart's erscheint — eine originale Classicität der **Darstellung**, die freilich über die langweilige Breite des hergebrachten Schulmeisterjargons weit hinausliegt, einem gebildeten Geschmack aber nur um so mehr zusagen wird.

Die Pädagogik bildet bei Herbart ein Vermittlungsglied zwischen der theoretischen und practischen Sphäre, deren völlige Trennung in den Grundlagen er so entschieden durchgeführt hat, in sehr verdienstlicher Consequenz eines Kantischen Gedankens, der vom Urheber lange nicht streng genug festgehalten worden war. Noch mehr aber wird die Geschichte an Herbart's practischer Philosophie rühmend hervorzuheben haben, dass sie den starren Rigorismus und den kahlen Formalismus der Kantischen Ethik corrigirte, durch Parallelisirung der ethischen mit der ästhetischen Werthschätzung und durch inhaltliche Gestaltung jener vermittelst Aufstellung der practischen Ideen. Sie bildet auf diese Weise eine Art Ueberleitung von Kant zu den englischen Moralisten, welche sich durch ihre freisinnige und natürliche Auffassung der ethischen Verhältnisse auszeichnen.

Diese kurze Ueberschau mag genügen, darauf hinzuweisen, dass unter den Leistungen Herbart's gerade die Metaphysik am wenigsten Etwas von bleibendem Werthe enthält. Ein solcher Hinweis schien, wenn er gleich die Grenzen, welche dieser Darstellung durch ihren Gegenstand gezogen sind, einigermassen überschritt, doch sehr nöthig, um zu verhüten, dass nicht das über Herbart's Metaphysik ausgesprochene Urtheil eine verallgemeinerte Deutung erfahre, die mir selbst sehr fern liegt.

Die volle Würdigung der Verdienste eines Philosophen hat bis noch die Geschichte der Philosophie stets der Culturgeschichte überlassen. Eine Culturgeschichte des neunzehnten Jahrhunderts steht erst von der Zukunft zu erwarten. Jedenfalls wird sie auf Herbart eingehend Rücksicht zu nehmen haben und an ihm ein werthvolles und fruchtbares Object ihrer Nachforschung finden.

Anmerkungen.

¹) So wenig systematische Erörterungen im Bereich der gegenwärtigen Betrachtungen liegen, so scheint doch eine kurze Erklärung über den Gebrauch des Wortes „Apperception" erforderlich. Zwar ist dasselbe besonders nach dem Vorgange Steinthal's immer allgemeiner in der durch Herbart eingeführten Bedeutung der Aneignung einer Vorstellungsmasse durch eine andere — der „Bewegung zweier Vorstellungsmassen gegen einander zur Erzeugung einer Erkenntniss," wie Steinthal (Abriss d. Sprachwiss. I. S. 171) sagt — in Aufnahme gekommen. Gegen eine derartige Auffassung des Sachverhalts sind aber von Wundt (Physiol. Psychol. S. 718, 798) gewichtige Bedenken erhoben worden, wobei zugleich die Verwendung des Ausdrucks „Apperception" in einem von Herbart wesentlich abweichenden Sinne durchgeführt wird. Allein als zusammenfassende Formel für gewisse psychische Thatbestände scheint mir jene Herbart-Steinthal'sche Bezeichnung unbeschadet der Bedenken Wundt's durchaus zulässig. Nach Steinthal (a. a. O. S. 181) „bezeichnet Apperception ganz allgemein nur die theoretische, vorstellende, erkennende Thätigkeit der Seele von Seiten des innern Geschehens oder Thuns selbst — den Inbegriff der seelischen Processe, auf denen die jedesmalige Erkenntniss beruht." Fügt man auch den specielleren Gedanken des Apperceptionsbegriffs hinzu, das die Erkenntnissbildung in der Wechselwirkung verschiedener Vorstellungen und Vorstellungsgruppen bestehe, so kann man sich damit immer noch im Kreise des rein Thatsächlichen halten und in diesem Sinne allein, der auch der gegenwärtig allgemeineren Verwendung des Apperceptionsbegriffs zu Grunde liegen dürfte, gedenke ich ihn zu gebrauchen.

²) Die systematologischen Kategorien, durch welche die verschiedenen philosophischen Richtungen characterisirt werden, leiden vielfach an Unklarheit und schwankendem Gebrauch. Daher ist es oft nöthig, ihrer Verwendung eine Definition voranzuschicken. Was ich unter „Rationalismus" verstehe, habe ich im Text in aller Kürze angedeutet; zum Zweck einer näheren Bestimmung verweise ich auf die Ausführungen Paulsen's in seiner Entwicklungsgeschichte der Kantischen Erkenntnisstheorie S. 5 ff. und in Vierteljahrsschr. f. wiss. Phil. Bd. I. S. 161.

³) Es ist nicht ohne Interesse, zu bemerken, wie Herbart hier genau denselben Unterschied berührt, welchen Kant in seiner Abhandlung: „Versuch den Begriff der negativen Grössen in die Weltweisheit einzuführen" (1763) als den Gegensatz logischer und realer Repugnanz aufstellt, und der für seine Entwicklung in Richtung auf den Empirismus grundlegend geworden ist. Jener Gegensatz nämlich führt ihn zur Unterscheidung des logischen Grundes vom Realgrunde und damit zur Einsicht in die Unzulänglichkeit des Rationalismus (vgl. Paulsen, Entwicklungsgesch. d. Kantischen Erkenntnisstheorie S. 37. ff.). Diesen Consequenzen freilich ist Herbart nicht nachgegangen.

Anmerkungen.

⁴) Zimmermann hat in seiner „biographischen Studie" über die „Perioden in Herbart's philosophischem Geistesgang" eine entgegengesetzte Ansicht entwickelt, indem er nachzuweisen sucht (Sitz.-Ber. d. Wien. Akad. 83. Bd. S. 188 ff.), dass der betrachtete Aufsatz sich in vollständiger Uebereinstimmung mit der Wissenschaftslehre befinde. Dadurch wird ihm derselbe zu einem Zeugnisse für Herbart's Anhängerschaft an Fichte, die demnach bis in den Sommer 1796 — nach Zimmermann's richtiger Bestimmung ist der Aufsatz zwischen Juli und September verfasst — gedauert hätte. Diese letztere Annahme wird aber an sich durch die oben citirten Briefstellen hinfällig. Bereits am 1. Juli hatte Herbart seinen Zweifel der Wissenschaftslehre gegenüber ausgesprochen, und erklärt, sich eine „eigene" machen zu wollen. Dürfen wir ihn bei solchen Aeusserungen noch mit Zimmermann als „Fichteaner" ansehen, und aus demselben nur entnehmen, dass er „es auch während der Zeit seiner hingebendsten Verehrung (für Fichte) niemals mit Verzicht auf das eigene Urtheil war" (S. 195)? — Rasche Umschwünge kommen in Herbart's Denkentwicklung nicht vor; die Ueberlegungen keimen lange bei ihm, ehe sie in einer gewissen Vollständigkeit ans Licht treten. Wäre es bei dieser Eigenart denkbar, dass er zwischen Juli und September noch Anhänger Fichte's war, um im September und October darauf, wie wir noch zu sehen haben, die Kritiken auszuarbeiten, welche stets als der entschiedene Ausdruck seines Gegensatzes zu Fichte angesehen worden sind? — Alle diese Umstände machen es schon für sich unmöglich, dass Herbart bei Abfassung jenes Aufsatzes noch Fichtes Anhänger war, zu welcher Annahme überdies der Aufsatz selbst keinen Anlass gibt. Vielmehr zeigt er in völliger Uebereinstimmung mit den übrigen Kundgebungen die Ansätze eines selbständigen Philosophirens, das sich wohl an die Wissenschaftslehre anlehnt, aber nur unter wesentlicher Umgestaltung ihrer Grundgedanken.

Zimmermann ist zu seiner Auffassung, die sich so viele selbstbereitete Schwierigkeiten entgegenstellt, wie es scheint, nur verleitet worden durch Hartenstein's Urtheil, welches letztere wieder bedingt sein dürfte durch die falsche Datirung des Aufsatzes. War dieser, wie das Hartenstein angenommen hat, 1794 verfasst, so musste er noch in die Periode der Anhängerschaft Herbart's an Fichte fallen, sonst bliebe für diese Periode, die durch anderweitige Zeugnisse als thatsächlich verbürgt war, gar keine Zeit übrig. Durch die Correctur der chronologischen Daten hatte sich Zimmermann unmittelbar die Bahn zu einer richtigeren und ungezwungeneren Deutung des Aufsatzes eröffnet und Hartenstein's Autorität hätte ihn nicht abhalten sollen, dieselbe zu betreten.

⁵) Ueber das Verhältniss Schelling's zu Spinoza, und Herbart's richtige Beurtheilung desselben vgl. man Zimmermann a. a. O. S. 200 f. In dem dort angeführten Brief an Hegel characterisirt Schelling seine Stellung zu Spinoza genau in derselben Weise, wie dies durch Herbart geschieht.

⁶) Näheres über Schelling's Verhältniss zu Fichte findet sich ebenfalls bei Zimmermann a. a. O. S. 197 f.

⁷) Als schlagendsten Beleg für die Behauptung des Textes führe ich hier eine Stelle aus der „ersten Einleitung in die Wissenschaftslehre" (1797) an: „Der letzte Grund der Verschiedenheit des Idealisten und Dogmatikers ist die Verschiedenheit ihres Interesse. Das höchste Interesse und der Grund alles übrigen Interesse ist das *für uns selbst*. So bei dem Philosophen. Sein Selbst im Raisonnement nicht zu verlieren, sondern es zu erhalten und zu behaupten, dies ist das Interesse, welches unsichtbar alles sein Denken leitet. Nun gibt es zwei Stufen der Menschheit; und im Fortgange unseres Geschlechts, ehe die letztere allgemein erstiegen ist, zwei Hauptgattungen von Menschen. Einige die sich noch nicht zum vollen Gefühl ihrer Freiheit und absoluten Selbständigkeit

erhoben haben, finden sich selbst nur im Vorstellen der Dinge. Das Princip der Dogmatiker ist Glaube an die Dinge um ihrer selbst willen, also mittelbarer Glaube an ihr eigenes zerstreutes und durch die Objecte getragenes Selbst. Wer aber seiner Selbständigkeit und Unabhängigkeit von allem was ausser ihm ist, sich bewusst wird, der bedarf der Dinge nicht zur Stütze seines Selbst und kann sie nicht brauchen, weil sie jene *Selbständigkeit aufheben und in leeren Schein verwandeln"* (Fichte's S. W. I. S. 433). Seine Philosophie, erklärt Fichte (ebd. S. 467), sei „ganz unabhängig von aller Willkür, und ein Product der eisernen Nothwendigkeit — d. h. der *practischen* Nothwendigkeit. Vgl. auch ebd. S. 121 und S. 175 Anm.: „Zum Philosophiren gehört Selbständigkeit."

*) Es ist vielleicht nicht überflüssig, hier darauf hinzuweisen, dass Hume, den die Gegenwart mit Recht aus der Reihe der Skeptiker gestrichen, und zum Haupt der Empiristen gemacht hat, in dem Abschnitte über Freiheit und Nothwendigkeit den Determinismus durch Berufung auf die alltäglichen Erfahrungen stützt, und ihn für diejenige Anschauung erklärt, der das natürliche Bewusstsein des Menschen unbedingt huldige, so dass der ganze Streit um Freiheit oder Nothwendigkeit des menschlichen Willens nur ein Wortstreit sei (vgl. Anm. 33). Es kann danach nicht befremden, wenn wir auch bei Herbart die deterministische Ueberzeugung unmittelbar aus der Berücksichtigung der Erfahrung entspringen lassen.

⁹) Hiebei ist nicht ausser Acht gelassen, dass Herbart selbst wiederholt die strenge Widerlegung des Idealismus nur auf die inneren Widersprüche eines spontan producirenden Ich gründen zu können erklärt. Der Idealismus ist ihm „von aussen unwiderleglich. Aber *seine inneren Widersprüche* machen ihn platzen" (III. 35). „Es giebt überhaupt keinen gründlichen Realismus, als nur allein den, welcher aus der Widerlegung des Idealismus hervorgeht", diese aber wird geleistet durch „die Unmöglichkeit und völlige Ungereimtheit" des Fichte'schen Ich (VI. 71). An einer andern Stelle (VII. 152) bemerkt er, die bedingte und abhängige Natur der Ichheit sei das erste, was sich ihm enthüllt habe; bestimmter noch XI. Vorw. S. IX.: „Sie wissen, dass ich weit entfernt bin, diesen meinen Realismus als ein Axiom hinzustellen. Das Ich des Idealismus war gerade der erste Gegenstand meiner selbständigen Untersuchungen. Die Unmöglichkeit dieses Ich war deren erstes Ergebniss. Völliges Aufgeben des gesammten Idealismus als einer in jeder Gestalt unrichtigen Ansicht, war die unvermeidliche Folge. So entstand auf rein theoretischem Wege mein Realismus". Allein die Art und Weise, wie die Kritik über Schelling das Reich des Seins als das mit dem Gefühl des Zwanges und der Nothwendigkeit Gesetzte einführt, sowie die weitere Thatsache, dass die systematischen Darstellungen der Metaphysik den Begriff des Seins aus dem Gegebenen ableiten (Allgem. Metaph. § 201) dürfte es rechtfertigen, dass ich das realistische Element der Metaphysik Herbart's in genetischen Zusammenhang bringe mit seiner Lehre vom „Gegebenen". In diesem Punkte mag Fichte's Aeusserung, der Character des Menschen bestimme die Philosophie, welche er wähle, vollständig zu Recht bestehen, und es kam mir darauf an, denjenigen Characterzug Herbart's hervorzuheben, der seine realistische Richtung in der That bedingte. Der Idealismus, meint Kant, habe immer eine „schwärmerische Absicht" und eine solche ging Herbart gänzlich ab. — Für die richtige Auffassung seines Systems als Rationalismus, wie sie im Schlusswort unseres ersten Theiles (oben S. 48) kurz ausgesprochen ist, bleibt immerhin zu beachten, wie Herbart auch seinen Realismus durch rein logische, d. h. also rationalistische Beweismittel zu begründen sucht.

¹⁰) Dass überhaupt die Frage nach dem Sein Herbart mindestens ein Jahr vor Abfassung jener Recension beschäftigt hatte, geht aus den Mittheilungen eines seiner vertrautesten Jenenser Freunde, des nachmaligen däni-

schen Conferenzrathes Rist hervor. Dieser war 1795 nach Jena gekommen, wo ihn Herbart zuerst gezeigt wurde, „wie eine gewaltige, unnahbare Grösse, tiefsten Gehaltes", mit der er „keine Beziehung möglich sah". Doch kam es bald zu einer Annäherung zwischen beiden, und Rist's Tagebuch nennt den Abend, wo ihm Herbart „zum ersten Male die Tiefen der Abstraction, die Lehre vom Sein und dem Ich öffnete." Wie sehr auch Rist „mit frischer Sinnlichkeit widerstrebte", sich „an die Wirklichkeit klammerte", Herbart's „Sieg war vollkommen" und die Freunde setzten ihre philosophischen Unterhaltungen von da an regelmässig zu bestimmter Tagesstunde fort (Rel. S. 229).

[11]) Ueber die Unmöglichkeit, auf den Idealismus eine Pädagogik zu gründen, hat sich Herbart nochmals wiederholt ausgesprochen, so im A B C der Anschauung XI. 208 und 216, an welch' letzterer Stelle es heisst: „Kein leisester Wind von *transcendentaler Freiheit* darf in das Gebiet des Erziehers durch irgend ein Ritzchen hineinblasen." Derselbe Band enthält einen besonderen Aufsatz über das Verhältniss des Idealismus zur Pädagogik", aus dem ich folgende Stelle (S. 337) hervorhebe: „Der Begriff der Erziehung ist ein *gegebener*; keine idealistische Construction kann ihn erreichen, ohne in die gröbsten und offenbarsten Fehler zu gerathen. Das allein schon ist eine genügende Widerlegung des Idealismus in jeder Form, die er versuchen kann. Und eine von den wichtigsten Proben wahrer Metaphysik und Psychologie besteht gerade darin, dass sie das pädagogische Causalverhältniss begreiflich macht."

[12]) Die Mittheilungen an H. von Steiger sind von Hartenstein in den S. W. falsch angeordnet und datirt. Die Richtigstellung findet sich im „Jahrbuch d. Vereins f. wiss. Pädag." herausgeg. v. Ziller. Bd. II, S. 251.

[13]) Was die Zeitbestimmung der ersten mathematisch-psychologischen Versuche Herbart's anlangt, so sagt er selbst, dass sie „noch in die letzten Monate des 18. Jahrh. fallen" (VII. 135) und dass die Grundformeln seiner mathem. Psychologie mehr als 6 Jahre vor Anwendung derselben auf die Tonverhältnisse gefunden sei (VII. 25). Diese Anwendung enthalten aber bereits die 1806 zuerst gedruckten Hauptpunkte der Metaphysik. Daher scheint mir auch der Zweifel, den Zimmermann (a. a. O. S. 224) hegt, ob wirklich die psychologischen Rechnungen, welche Hartenstein erwähnt, noch in der Schweiz geschrieben seien, unbegründet. In ähnlich schwankender Weise spricht sich Zimmermann über diesen Punkt bereits in einem früheren Aufsatze (Sitz.-Ber. d. Wien. Akad. phil.-hist. Cl. 73. Bd. S. 35) aus.

[14]) Je mehr sich Herbart der Mathematik zuwendet, um so entschiedener wird sein Gegensatz gegen Fichte. So schreibt er am 28. Oct. 1798 (Ungedr. Br. S. 7) an Muhrbeck: „Seit Deiner Abwesenheit hat mich Kästner beschäftigt, nicht Fichte, sein Feenpallast ist für mich nicht wohnbar. Unsere Stunden sind gezählt, bei mir wenigstens wird das Verlangen nach dem Sicheren und Festen jeden Tag ungestümer; zu wissen, dass dieser und der sich irrt, wie wenig ist das? — Was Deine Augen sehen, was meine Rechnungen lehren, das ist doch etwas, worüber man nachdenken kann, — und worüber man nachdenken muss. — Kästner wurde mir anfangs sehr schwer, nach und nach leichter. Da ich mich bei der Differentialrechnung in gutem Gange fand" u. s. w. — Kästner's mathematische Lehrbücher, die sich in 7 Bänden fast über alle Theile der Mathematik verbreiten, bildeten lange Zeit zufolge ihres encyclopädischen Characters und einer anziehenden, gleichwohl aber nicht ungründlichen Darstellungsart, das vorzüglichste Hilfsmittel derjenigen, die sich in weiterem Umfange mathematische Kenntnisse aneignen wollten. Auch Kant spricht voll Anerkennung über den „berühmten Herrn Prof. Kästner, unter dessen Händen Alles genau, fasslich und angenehm wird" (Versuch d. Begr. d. neg. Grössen u. s. w. Kl. Schr. z. Log. u. Metaph. ed. Kirchm. I. S. 24).

Anmerkungen

¹³) Herbart hatte in Bern einen Freundeskreis um sich, der aus früheren Jenenser Studiengenossen bestand und allwöchentlich eine Zusammenkunft hielt. Hier hat er, wie es scheint, sein „neues System" mitgetheilt und zwar eingeleitet durch einen Vortrag „über philos. Wissen und philos. Studium" (Rel. S. 231 ff.) — eine nach Form und Inhalt vorzügliche Leistung. Die Schwierigkeit, in der Philosophie zu einem festen Wissen zu gelangen, die Forderung allergrösster Vorsicht an den Philosophen, dass er nicht bloss subjective Meinungen in sein System aufnehme, wird mit ausgezeichneter Klarheit, Umsicht und mit grossem Nachdruck entwickelt. Hierauf bespricht die Abhandlung die verschiedenen Antriebe zum Philosophiren und geisselt dabei das bloss historische oder gar eklektische Philosophiren mit zutreffender Schärfe. Dass Herbart gleichwohl die Geschichte der Philosophie nicht vernachlässigt hatte, zeigen die Beispiele, die er derselben als Belege für seine Ausführungen entnimmt. Unter anderen tritt die Bemerkung auf, dass in der Philosophie grossen Erfindern treffliche Ordner folgen — so „auf Kant Reinhold". Die Systematisirung der Kantischen Philosophie durch letzteren bilde den Uebergang zu Fichte's Deductionen, also auch zu Herbart's System, und die Ausführlichkeit, mit welcher er am Schlusse des Aufsatzes auf Reinhold's Beschreibung der systematischen Form eingeht, soll augenscheinlich die Ueberleitung zum Vortrag des eigenen Systems bilden. — Zehn Jahre später suchte umgekehrt Reinhold den Anschluss an die Philosophie Herbart's (s. Ungedr. Br. S. 120 ff.).

¹⁶) Zwei kurze Aufzeichnungen, die Herbart zu Anfang des J. 1800 über „Kantischen und Fichte'schen Idealismus" und „zur Kritik der Ichvorstellung" verfasst hat (Rel. S. 247) enthalten nichts Neues und scheinen nur Commentare zu den früheren Arbeiten zu bilden.

¹⁷) An Hartenstein's Aeusserungen über die Thesen darf man wohl nicht einen so strengen Massstab anlegen, da sie nicht im Zusammenhang einer historischen Untersuchung, sondern nur als kurz charakterisirende Bemerkungen zu Herbart's Geistesproducten auftreten, und keineswegs den Zweck haben, scharf begrenzte Perioden seiner Entwicklung zu unterscheiden, wie dies die ausgesprochene Absicht Zimmermann's ist. Darum hätte auch Zimmermann sich nicht — wie es fast der Fall gewesen zu sein scheint — so sorglos dem Urtheil Hartenstein's anschliessen dürfen, zumal ihm am Briefwechsel ein Material zu Gebote stand, über welches Hartenstein noch nicht verfügte.

Zimmermann's Aufstellung, wonach die Entwicklungsperiode Herbart's mit den Thesen abschliessen soll, lässt sich um so weniger rechtfertigen, als er über Herbart's „philosophischen Geistesgang" im Ganzen schreibt, und auch Hartenstein hervorhebt, dass Herbart über die Principien der practischen Philosophie erst später (1804) mit sich ins Reine gekommen sei. Noch 1806 erklärt letzterer in einem Brief an Gries, sein System sei noch in so manchen Theilen erst im Werden (Rel. S. 164), wobei indess wohl hauptsächlich an die practische Philosophie zu denken ist. Hinsichtlich der Genesis dieser letzteren fehlt es fast gänzlich an Daten, und daher ist es freilich natürlich, dass auch Zimmermann nur den Entwicklungsgang der theoretischen Philosophie Herbart's in Betracht zieht.

¹⁸) Man würde vor allem geneigt sein, einen genetischen Zusammenhang Herbart's mit Leibniz anzunehmen. Dass ein solcher rücksichtlich der speciell psychologischen Ansichten nicht existire, hat Herbart selbst erklärt. Im ersten Bde. seiner Psych. a. Wiss. (§ 18. V. 241) gibt er als psychologischen Hauptsatz Leibniz's an: „Les qualités et actions internes d'une monade ne peuvent être autre chose que ses perceptions — et ses appétitions, c'est-à-dire, ses tendances d'une perception à l'autre," in welchem sich recht deutlich die Verwandtschaft mit seiner eigenen Psychologie zu erkennen gibt. Bald darauf heisst es aber: „Leibniz's richtigen Gedan-

ken hoffe ich am gehörigen Orte bestätigen und ausführen zu können; obgleich die dahin gehörigen Ueberzeugungen viel früher, bevor ich die Werke jenes Philosophen studirte, bei mir fest standen. Es ist die Untersuchung über das Ich, welche mich hier, wie in mehreren Punkten, auf Leibniz's Spur geführt hat." Unter diesen „mehreren Punkten" dürfte wohl auch die allgemeine Analogie der Realen Herbart's mit den Leibniz'schen Monaden einbegriffen sein.

[19]) Dass Herbart die mathematischen Betrachtungen nur dem in seinen Grundzügen fertigen System hinzufügte, scheint mir auch daraus hervorzugehen, wie er den metaphysischen Gedanken mathematische Analogieen in offenbar unzutreffender Weise an die Seite setzt. So nennt bereits das A B C der Anschauung (XI. 96) die mathematischen Integrationen einen Specialfall der philosophischen Methode, durch Hinzudenken der nothwendigen Beziehungen die Widersprüche der Erfahrung zu lösen; — was aber hat denn die Integration mit Lösung gegebener Widersprüche gemein? — Solche Wendungen werden nur begreiflich, wenn wir annehmen, Herbart habe erst vom gewonnenen metaphysischen Standpunkt aus jene mathematischen Lehren aufgefasst, appercipirt, wodurch es freilich nahe gelegt war, dass sie den Formen des Systems sich einfügten.

[20]) „Unsere Grundsätze sind zu sehr ein Werk der Anstrengung und der Jahre, als dass sie, schon gebildet, sich füglich wieder umbilden könnten" (X. 110).

[21]) Eine kurze Ueberschau mag darlegen, wie weit verbreitet jene (wie sich zeigen wird irrige) Ansicht über das Verhältniss Herbart's zu Kant ist.

Dass die Schule auch in diesem Punkte strenge an der Meinung des Meisters festgehalten hat und seine Lehre nur für den richtig verstandenen und fortgeführten Kriticismus ausgibt, ist natürlich. Selbst ihr bedeutendster Vertreter, Drobisch, der sich noch am meisten von Schulvorurtheilen freigehalten hat, lässt Herbart mit Locke und Kant an der gleichen Aufgabe, der Untersuchung über Umfang und Grenzen des Erkennens, arbeiten (Logik, 4. Aufl. S. 209), und hat in seinem Vortrag „Ueber die Fortbildung der Philosophie durch Herbart" (1876) die Herbartische Metaphysik völlig unter dem Gesichtspunkt eines — wenn auch Vieles ablehnenden und umgestaltenden — Anschlusses an die Kantische Philosophie und einer Fortbildung derselben dargestellt.

Auch in den gebräuchlichen Handbüchern der Geschichte der Philosophie begegnen uns ähnliche Ansichten. Erdmann (Grundr. d. Gesch. d. Phil. 2. Aufl. Bd. II. S. 515) nennt dasjenige, was Herbart selbst über sein Verhältniss zu Kant gesagt, „Alles buchstäblich richtig; er hat wirklich seinen Ausgangspunkt von Kant genommen, dabei aber alles das bei Seite gelassen, was dessen Nachfolger zum Idealismus und Pantheismus geführt hatte." Seine Darstellung verfolgt ausdrücklich den Zweck, „den Zusammenhang Herbart's mit Kant hervortreten zu lassen" (ebd. S. 516). Uebrigens erscheint hier Herbart's Philosophie (gemeinschaftlich mit derjenigen Schopenhauer's) unter der Ueberschrift: „Kritische Reaction gegen das Identitätssystem und die Wissenschaftslehre", was mit Rücksicht auf Herbart's Entwicklungsgang und auf den breiten Raum, welchen die Polemik gegen Fichte und Schelling in seinen Schriften einnimmt, nicht ungerechtfertigt ist; aber es ist doch unzukömmlich, dass dadurch das negative Moment der Gegnerschaft so ausschliesslich in den Vordergrund gerückt wird. Positiv wird Herbart's System bei Erdmann als „individualistischer Realismus" bezeichnet, womit erst der specifisch metaphysische Character angegeben ist, während doch die erkenntnisstheoretisch-methodologische Seite, namentlich mit Rücksicht auf Kant, bei Herbart das Erhebliche ist.

Ueberweg spricht sich weniger ausführlich über den fraglichen Punkt aus, doch lässt er ebenfalls von Kant den Anstoss ausgehen welcher, Herbart in die realistische Richtung führte (Grundr. d. Gesch. d. Phil. III. Bd. 3. Aufl. S. 153), indem dieser anknüpfte „an das realistische Element in der Kantischen Philosophie" (ebd. S. 298).

Weniger scheint Zeller der Tradition zu folgen, wenn er zwar auch -- gleich Erdmann — den Character der Herbartischen Philosophie in erster Reihe durch den Gegensatz gegen die Wissenschaftslehre und die Identitätsphilosophie als realistisch und individualistisch bedingt sein lässt, gleichzeitig aber sie für einen Versuch erklärt, dasjenige, was Kant von der früheren deutschen Philosophie noch herübergenommen hatte, weiter zu verfolgen, die Leibniz-Wolffische Metaphysik dem veränderten wissenschaftlichen Standpunct entsprechend umzubilden (Gesch. d. deutschen Phil. 1. Aufl. S. 835 f.).

K. Fischer hat im V. Bd. seiner Gesch. d. n. Phil. auch bereits das Schema entworfen, nach welchem er Herbart unter die von Kant ausgehenden Philosophen einreiht, und seine Ausführungen verdienen als ein Curiosum des construirenden Verfahrens etwas nähere Beachtung. Vor allen Dingen wird die „logische Ordnung" der Systeme festgestellt (S. 26), die zunächst die Gegensätze der anthropologischen und der metaphysischen Richtung erzeugt; diese spaltet sich weiter in den Standpunct der Nichtidentität und den der Identität. Den ersteren nimmt Herbart ein, während der andere den Vertretern des sogen. Idealismus zugehört. Ohne hier zu untersuchen, in wie weit mit dieser allgemeinen, dürftigen und namentlich rücksichtlich Herbart's nicht ohne Künstelei zurechtgeschnittenen Schablone der wahren Eigenthümlichkeit der Systeme Rechnung getragen ist, wollen wir nur zusehen, wie unser Geschichtslogiker seine aprioristische Construction in der „historischen Ordnung" (S. 28) bestätigt findet: „Die metaphysische Richtung musste den Standpunct der Identität in seinen Hauptformen ausgebildet und erschöpft, also den Abschluss in Hegel erreicht haben, bevor aus metaphysischen Gründen der Standpunct der Nichtidentität in Herbart dagegen auftreten konnte. Hegel's erste grundlegende Schrift, die Phänomenologie, fällt in das Jahr 1807 . . Herbart's „Hauptpuncte der Metaphysik", die erste seinen Standpunct begründende Schrift erscheint 1808." Nun sind aber leider die „Hauptpuncte" bereits im Sommer 1806 als Manuscript gedruckt worden, und K. Fischer's „historischer" Nachweis könnte bloss in der Weise einige Begründung erhalten, wenn man etwa die Buchhändler für das eigentliche Organ des Weltgeistes erklärte, so dass nur dasjenige als anzuerkennende Manifestation seiner Entwicklungen erscheinen dürfte, was durch ihre Hände gegangen wäre. Ueberlassen wir das K. Fischer, der die historischen Belege für die Richtigkeit seiner logischen Constructionen den Jahreszahlen auf den Büchertiteln entnimmt! Geht man der wahren „historischen Ordnung" nach, wie nur die Entwicklungsgeschichte der Systeme sie darlegen kann, so hatte Herbart seinen Standpunct im Wesentlichen bereits 1796, also jedenfalls früher als Hegel, gewonnen.

Um hier schliesslich noch eine Kundgebung neuesten Datum's anzuführen, verweise ich auf das Werk „Speculation und Philosophie" von Dr. Wolff (Berlin 1878), wo Bd. I. S. 131 ff. Herbart ebenfalls in den engsten sachlichen Zusammenhang mit Kant gebracht, und sein System geradezu für dasjenige erklärt wird, „welches Kant's metaphysische Grundansicht am treuesten wiedergibt."

[22]) Den Sinn dieser Terminologie: „logisches Prädicat" erklären uns unmittelbar die Worte im „Beweisgrund": das Dasein bilde „nicht sowohl ein Prädicat von dem Dinge selbst, sondern vielmehr von dem Gedanken, den man davon hat."

[23]) Den durchgreifenden Unterschied zwischen der Herbartischen und der Kantischen „absoluten Position" hat bereits Langenbeck („Die theoretische Philosophie Herbart's und seiner Schule und die darauf bezügliche Kritik". Berlin 1867, S. 28, 36) richtig hervorgehoben. Ich fühle mich

umsomehr verpflichtet, hierauf hinzuweisen, als Langenbeck nicht ohne Grund sich über die geringe Beachtung, die seinem Buch zu Theil geworden sei, beklagt hat (Philos. Bd. II. S. 368 ff.) Monatsh. Doch fällt die Schuld hieran zum guten Theil auf die wenig geniessbare Darstellung, die er seinen Gedanken gegeben hat. Dieselbe erschwert das Studium seines Werkes so sehr, dass gar Mancher sich scheuen mag, die mühsame Arbeit zu unternehmen, um am Ende doch nur zu wissen, was bereits vor dem für ihn feststand: dass die theoretische Philosophie Herbart's in wesentlichen Puncten unhaltbar ist. Die positiven Um- und Fortbildungen aber, welche Langenbeck derselben zu geben sucht, dürften für Jemanden, der den Standpunct Herbart's im Principe aufgibt, kaum von erheblichem Interesse sein. Auch ich kann nicht sagen, dass ich dem Werke Langenbeck's eine irgendwie belangreiche Förderung danke, zumal meine hieher gehörigen Ueberlegungen völlig unabhängig von demselben zu Stande gekommen waren, weshalb ich ihnen auch in meiner Darstellung ihre selbständige Form gelassen habe.

Die differente Fassung des Seinsbegriffs bei Kant und bei Herbart musste hier umsomehr noch einmal eingehend erörtert werden, als das diesbezügliche Vorurtheil vielfach noch ungeschwächt fortbesteht (vgl. Drobisch's citirten Vortag S. 14 f. u. Wolff, a. a. O. S. 131). Characteristisch — und daher besonders hervorzuheben — ist, wie von Seiten der Herbartischen Schule der Nachweis Langenbeck's, „dass Herbart den Begriff Kant's vom Sein nicht verstanden habe," abgewehrt worden ist. Flügel (Zeitschr. f. exacte Phil. Bd. VIII. S. 156) fragt dawider ungläubig: „Sollte Herbart wirklich so kurzsichtig gewesen sein?" — um sofort alle weitere Erörterung abzuschneiden durch die Erklärung: „Es mag hier unberührt bleiben, ob Herbart oder Langenbeck Kant hinsichtlich seines Begriffs vom Sein richtiger beurtheilt hat." Wo die wissenschaftliche Discussion in solcher Weise abgethan wird, wo man auf die richtige Einsicht des Meisters blind vertraut, da hat man den Anspruch auf weitere Berücksichtigung verscherzt. Flügel mag es daher seiner eigenen, und der ähnlichen Kampfweise einiger unter seinen metaphysischen Gesinnungsgenossen zuschreiben, wenn es, wie er einmal (ebd. Bd. IX. S. 392) klagt, „herkömmlich geworden ist, auf das, was zur Verdeutlichung und Vertheidigung der betreffenden Punkte gesagt ist, nicht zu achten, und ebenso wenig auf die Widerlegung der gemachten Einwürfe." Von „Verdeutlichung" habe ich übrigens in den metaphysischen Arbeiten der Herbartischen Schule nicht viel antreffen können, dagegen aber mancherlei Unklarheit und Verwirrung. Die unermüdlichen Bestrebungen z. B., welche Cornelius unternimmt, die Metaphysik Herbart's mit den naturwissenschaftlichen Auffassungen auf guten Fuss zu setzen, können hiefür augenfällige Belege abgeben.

²⁴) Etwas schärfer hatte die Dissertation „de mundi sensibilis atque intelligibilis forma et principiis" in § 4 es ausgesprochen, dass die Gegenstände durch die Form die Sinne afficiren, doch kehrt auch hier das Argument in der Zusammenstellung der Hauptsätze §§ 14 und 15 nicht wieder. Uebrigens ist es noch keineswegs dasselbe, zu sagen: die Dinge afficiren uns nicht durch die Form, und: die Form ist nicht gegeben. Aber auf solche feinere Unterschiede dürfen wir uns, wo wir es mit der Interpretation Kant's durch Herbart zu thun haben, schon gar nicht steifen.

²⁵) Was die Prolegomena (ed. Kirchm. S. 144 f.) dem Recensenten der Vernunftkritik, Garve, vorwerfen, passt vortrefflich auch auf Herbart; nämlich, „dass er von der Möglichkeit der synthetischen Erkenntniss a priori, welche die eigentliche Aufgabe war, auf deren Auflösung das Schicksal der Metaphysik gänzlich beruht und worauf meine Kritik (ebenso, wie hier meine Prolegomena) ganz und gar hinauslief, nicht ein Wort erwähnte. Der Idealismus, auf den er stiess und an welchem er auch hängen blieb, war nur,

als das einzige Mittel, jene Aufgabe aufzulösen, in den Lehrbegriff aufgenommen worden."

²⁶) In § 2 der genannten Abhandlung heisst es, „dass die erste und allgemeine Regel aller bejahenden Vernunftschlüsse sei: ein Merkmal vom Merkmal ist ein Merkmal der Sache selbst." Achtzig Jahre später hat J. St. Mill's Logik das „Axiom", auf welchem das syllogistische Verfahren beruht, genau in derselben Weise formulirt: „Alles was ein Merkmal eines Merkmals ist, ist ein Merkmal von dem, wovon das letztere ein Merkmal ist" (B. II. C. II. § 4. Deutsche Ausg. v. Gomperz Bd. I. S. 188). Schon diese einzige Aufstellung Kant's, welche viel Unklarheiten und Unrichtigkeiten der hergebrachten Logik beseitigte, würde genügen, die Behauptung Wolff's (Speculat. u. Philos. Bd. I. S. 47 u. 56) zu entkräften, dass Kant in seiner vorkritischen Periode der Untersuchung der logischen und erkenntnisstheoretischen Processe noch ziemlich fern stehe, und wir auf diesem Gebiet der schwächsten Partie der vorkritischen Weltanschauung begegnen.

²⁷) Es könnte vielleicht als auffällig vermerkt werden, dass in meiner obigen Darstellung nirgends Gebrauch gemacht ist von den Reden Herbart's über Kant (wir besitzen deren sechs, XII. 137 ff. u. Rel. 322 ff.), wo doch Herbart einen besonderen Anlass hatte, sich über sein Verhältniss zu Kant auszusprechen. Er thut es auch, namentlich in der Rede, welche seine Benennung als Kantianer gegen den erwähnten Conversationslexiconartikel vertheidigen soll (XII. 157 ff.). Aber an erheblichen Gesichtspunkten wird dabei Nichts weiter zu Tage gefördert, als was schon die oben citirten Stellen enthalten. Zumal die hervorgehobene Rede, welche mit viel Emphase „die Ehre Kant's" verkündigt, spricht fast nur von den persönlichen Vorzügen Kant's, seiner Geradheit, Wahrheitsliebe, Vielseitigkeit, kritischen Besonnenheit u. s. w., womit die Frage nach der Aehnlichkeit der Systeme offenbar Nichts zu thun hat.

²⁸) Die angeführte Theorie ist entwickelt in Hume's „Enquiry concerning human understanding", besonders in Section IV. und V.

²⁹) Auf den gerügten Fundamentalfehler bei Kant hat Ueberweg (Logik. 4. Aufl., § 28, S. 46 und Gesch. d. Phil., III. Bd., 3. Aufl., S. 181) aufmerksam gemacht, ohne indess die gänzliche Heterogeneität der beiden Gesichtspunkte, welche Kant vermischt, genügend hervorzuheben. Eine weit tiefer dringende, überaus wichtige Erörterung hat der Gegenstand in Lotze's Logik (1874) erfahren. Ich verweise hiebei besonders auf Cap. 3 und 5 des dritten Buches. Jenes — über „Apriorismus und Empirismus" handelnd — statuirt gleich zu Anfang die völlige Divergenz der beiden Fragen nach dem Ursprunge und nach der Wahrheit der Erkenntniss (§ 322, S. 512 f.) und sehr entschieden tritt an späterer Stelle (S. 582) die Erklärung auf, dass die Apriorität einer Erkenntniss im Sinne einer unmittelbar empfundenen Nothwendigkeit (vgl. hierüber S. 526) gänzlich unabhängig sei vom subjectiven oder objectiven Ursprung derselben.

Indess bemerkt man die Unzulässigkeit jener Kantischen Vermischung vielleicht am ehesten an den Verirrungen, in welche selbst ein so eminent klarer und kritischer Denker wie F. A. Lange durch dieselbe gerathen konnte. Der Fehler tritt bei ihm deshalb so kenntlich hervor, weil er sich bemüht hat, die betreffenden Ansichten möglichst anschaulich und verständlich darzustellen. Es finden sich diesbezüglich in seiner Gesch. d. Mat. II, S. 20 zwei Beispiele, welche mir recht augenfällig zu zeigen scheinen, wie hier die unmittelbar empfundene Nothwendigkeit — etwa der mathematischen Axiome — verwechselt wird mit der causalen Nothwendigkeit, wie wir sie in jedem Geschehen von bekanntem gesetzmässigem Verlauf zu finden glauben. Diese Verwechslung tritt offen auf in dem Ausspruch (S. 19), „dass unser Bewusstsein von der Nothwendigkeit gewisser Erkenntnisse zusammenhängt mit unserer Ansicht von der Natur des Erkenntnissvermögens." — Wäre Lange eine weitere Entwicklung vergönnt gewesen, so würde er bei seinem intensiven Streben nach klarer Durchbildung seiner Ueberzeugungen und bei der staunenswerthen Beweglichkeit seines Geistes wohl bald selbst über jenen falschen Apriorismus hinausgekommen sein.

[30]) Fichte's Stellung zur Logik dürfte weniger allgemein bekannt sein, als diejenige Hegel's, so dass hier folgende Stelle aus der Abhandlung „Ueber den Begriff der Wissenschaftslehre" Platz finden mag: „Hieraus ergibt sich das bestimmte Verhältniss der Logik zur Wissenschaftslehre. Die erstere begründet nicht die letztere, sondern die letztere begründet die erstere: die Wissenschaftslehre kann schlechterdings nicht aus der Logik bewiesen werden, und man darf ihr keinen einzigen logischen Satz, auch den des Widerspruchs nicht, als giltig voraussschicken; hingegen muss jeder logische Satz, und die ganze Logik aus der Wissenschaftslehre bewiesen werden . . Die Wissenschaftslehre bedingt die Giltigkeit und Auwendbarkeit logischer Sätze" (S. W. 1. S. 68).

[31]) Da mir Wolff's metaphysische Schriften augenblicklich nicht zur Hand sind, verweise ich hier nur auf die sorgfältige und ziemlich ausgeführte Darstellung seiner Lehre bei Zeller, Gesch. d. deutschen Phil. (1. Aufl.) S. 225 ff. Auch Herbart referirt in den beiden ersten Capiteln seiner Allgem. Metaph. ziemlich eingehend über die Metaphysik der „älteren Schule".

[32]) Wenn es von her aus vielleicht scheinen könnte, als hätte ich die augenfälligen Uebereinstimmungen mit Wolff in der Entwicklungsgeschichte der Herbartischen Metaphysik zu wenig verwerthet, so muss ich vor allem darauf hinweisen, wie ich ausdrücklich das, den Charakter des ganzen Systems bedingende Fundament auf Wolff zurückgeführt habe, wobei allerdings hauptsächlich auf die methodologische Seite Gewicht gelegt wurde. Was den Inhalt der Lehren betrifft, darf uns die vielfach hervortretende Aehnlichkeit in der That nicht verleiten, überall eine unmittelbare Entlehnung von Wolff anzunehmen. Gewiss konnten auf Herbart Ansichten nicht ohne Einfluss bleiben, welche in seiner Jugend noch zum guten Theil die philosophische Atmosphäre der Zeit constituirten. Aber der Weg, auf welchem er zu den einzelnen Bestandstücken seiner Lehre wesentlich von logischen Formen und von psychologischen Materien aus gelangte, liegt zu bestimmt vorgezeichnet da, als dass wir denselben einfach aufgeben dürften unter Berufung auf die kürzere und leichtere Erklärung: Entlehnung von Wolff. Uebrigens erklärt sich die ähnliche Gestalt, welche die beiden Systeme schliesslich gewinnen, auch aus einer gewissen Characterähnlichkeit beider Philosophen: ihrer nüchternen rationalistisch-metaphysischen Tendenz, die sich mit einer ausgesprochenen Neigung für empirisches Wissen und exacte Forschung verband. Einer solchen Geistesrichtung entsprach am besten die klare Verständlichkeit des monadologisch gezeichneten Weltbildes.

[33]) S. I. 66 mit der in der 4. Aufl. der Einl. in d. Phil. weggebliebenen Anmerkung, welche an Hume „die schleichende und schweifende Beredtsamkeit, die mit nicht geringer Keckheit endigt," rügt; ferner III. 225, wo Hume, als „ein Witzling, der die ernsthaftesten Fragen im Conversationstone abzumachen gedenkt", sehr von oben herab behandelt wird.

Wäre Herbart in der Lage gewesen, den angeblichen Skeptiker mit etwas weniger befangenem Blick zu betrachten, so würde er in dessen Untersuchung über den menschlichen Verstand gar mancherlei Ansichten und Ausführungen gefunden haben, die er als Bestandstücke seiner eigenen Philosophie sehr hoch hielt. Dahin würde vor allen Dingen die schöne Section VIII über „Freiheit und Nothwendigkeit" gehören, welche die Frage nach der Causalität in den menschlichen Handlungen so durchsichtig erörtert und die deterministische Anschauung unter trefflich gewählter Berufung auf die Thatsachen des wirklichen Lebens begründet. Vorzügliches

Lob hätte hier Herbart von seinem System aus den Nachweise spenden müssen, dass der Determinismus mit der practischen Zurechnung nicht nur verträglich, sondern sogar die Bedingung für diese sei. Denn genau die gleiche Ansicht, wie Herbart sie diesbezüglich hegt, spricht Hume aus in den Worten: „Where would be the foundation of *morals*, if particular characters had no certain or determinate power to produce particular sentiments, and if these sentiments had no constant operation on action?" (Essays and treatises, London 1784, vol. II. p. 96). Gerade von der strengen Causalität und charactermässigen Motivation des Willens hängt, wie später (ebd. p. 104) ausgeführt wird, die persönliche Verantwortlichkeit für Gut und Böse ab. Wie nahe kommt dann Hume mit Herbart überein in seiner Characterisirung der ethischen Werthschätzung, die ganz unabhängig von von aller theoretischen Ueberlegung in unmittelbarer Selbstverständlichkeit über die ihr sich darbietenden Willensverhältnisse ergehe: „The mind of man is so formed by nature, that upon the appearance of certain characters, dispositions and actions, it immediately feels the sentiment of approbation or blame .. And these sentiments are not to be controuled or altered by any philosophical theory or speculation whatsoever" (ebd. p. 108 f.). Ich führe diese Uebereinstimmungen — zu welchen noch andere betreffs weniger fundamentaler Punkte kommen, z. B. in Bezug auf das Wesen der abstracten Begriffe, welche Hume (ebd. Note P. p. 485) ganz ähnlich wie Herbart beurtheilt — hier an, weil sie mir nicht rein zufällig und äusserlich zu sein scheinen; vielmehr entspringen sie aus einem Characterzuge, den Herbart mit Hume in gewissem Grade gemein hat: aus einer klaren, fein eindringenden und kritischen Auffassung des Wirklichen, wie sie sich in Herbart's Psychologie, Ethik und Pädagogik vielfach bethätigt. Bei der heutigen Gestaltung des historischen Urtheils kann Herbart durch die Parallele, welche ich hier gezogen habe, nur gewinnen. Er selbst freilich würde sie entschieden perhorresciren, und es unter seiner philosophischen Würde gehalten haben, in so wichtigen Fragen mit dem „Witzling" Eines Sinnes zu sein.

[34]) Herbart's Ausspruch über den „gemeinschaftlichen Feind aller Systeme" bestätigt die Bemerkung F. A. Lange's: „Der Hegelianer schreibt zwar dem Herbartianer ein unvollkommeneres Wissen zu als sich selbst, und umgekehrt; aber keiner nimmt Anstand, das Wissen des Anderen gegenüber dem des Empirikers als ein höheres und wenigstens als eine Annäherung an das allein wahre Wissen anzuerkennen" (Log. Studien, 1877. S. 6).

[35]) Wem die Narrenjacke, welche Herbart dem Empirismus anzieht, mit dem oben Angeführten nicht schon bunt genug ist, der findet noch einen Lappen dazu in der Einl. i. d. Phil. (I. 75), wo es heisst, dass „nach ihrem Verhalten zur Skepsis die Systeme im Allgemeinen in *Empirismus* und *Rationalismus* zerfallen, jene jenseits, diese diesseits des Zweifels, nämlich vom Standpunkte der Philosophie als Wissenschaft betrachtet. Der Unterschied liegt nicht darin, als ob der Rationalismus die Erfahrung verschmähte und sie übersprünge, der Empirismus aber sie gehörig in Ehren hielte, sondern darin, dass der Empirist nicht zweifeln gelernt hat, dass er die Begriffe der Erfahrung nicht kritisch behandelt" u. s. w. Diesem nach wäre Hume, der „Skeptiker", Rationalist. Dafür konnten wir ja aber — um die Sache vollständig auf den Kopf zu stellen — oben Spinoza und Kant zu den Empiristen rechnen.

[36]) Vgl. dazu Paulsen's Aufsatz über den Begriff der Substantialität in der Vierteljahrsschr. f. wiss. Phil. Bd. I. S. 488 ff. besonders 503 ff.

[37]) Es werden neuerdings wieder ähnliche Ansichten über den Causalbegriff laut, und zwar nicht ohne Zusammenhang mit Herbart. Riehl bringt in einem Aufsatz der Vierteljahrsschr. f. wiss. Phil. Bd. I, S. 365 ff. Causalität und Identität in die engste Beziehung, indem das Wesentliche am Causalverhältniss das logische Moment sein soll, wodurch der Schluss von

der Ursache auf die Wirkung nach dem Gesetz der Identität erfolge, da es ein Irrthum sei, für die Causalität noch ein anderes, als jenes allgemein logische Schlussprincip zu fordern (S. 373 f.). Als vollständigste und richtigste Deduction des Causalbegriffs wird sodann (S. 381 f.) diejenige Riemann's angeführt, welche — genau so wie Herbart — den Begriff der Ursache aus der Lösung des Widerspruchs, in welchen uns die Veränderung verwickle, entspringen lässt. Bei dem anderweitig constatirten Zusammenhange Riemann's mit der Herbartischen Philosophie ist es nicht zweifelhaft, dass er jene Deduction unmittelbar Herbart entlehnt hat, und diesen hätte somit auch Riehl als seinen eigentlichen Gewährsmann zu nennen.

³⁸) Drobisch hat der Herbartischen „Methode der Beziehungen" unter der Ueberschrift „Lösung antithetischer Probleme' durch Begriffsergänzung oder Synthesis a priori" eine Stelle in seiner Logik (4. Aufl. § 144) angewiesen, und ganz neuerlich noch ist auf dieselbe als auf ein anerkanntes und thatsächlich in Verwendung stehendes Hilfsmittel der exacten Forschung hingezeigt worden (Vierteljahrsschr. f. wiss. Phil. Bd. II. S. 169). Aber gerade die Darstellung Drobisch's ist recht geeignet, augenscheinlich zu machen, dass eine „Synthesis a priori" auf diesem Wege nie gewonnen werden kann, und dass dasjenige, was im Verfahren der exacten Wissenschaften für jene Methode ausgegeben wird, sich auf einen sehr einfachen Gedanken reducirt, dessen wahre Gestalt und unmittelbare Selbstverständlichkeit nur verhüllt wird dadurch, dass man ihn zu einer besonderen Methode aufzustutzen sucht. Drobisch schränkt die Anwendung der Methode auf hypothetische Urtheilsverhältnisse ein. Ich gebe seinen Gedankengang kurz wieder. Es stehe irgendwie fest, dass A der Grund sei für die Folge B. Nun zeigt sich ein Fall, wo als Folge von A nicht B, sondern Non-B eintritt. Dies die Prämissen für die weitere Operation, welche „unbedingt giltig" sein sollen. Indess gar so strenge darf ihre Giltigkeit doch nicht genommen werden. Denn in Wahrheit wird ja weiter gefolgert, dass die zweite Thesis nicht ganz richtig sei, indem A nicht allein, sondern erst in Gemeinschaft mit dem hinzutretenden A' den Erfolg Non-B erzeuge. Also A+A' — und darin soll die Synthesis a priori bestehen — ist der Grund von Non-B. In klaren Worten ausgedrückt heisst das Alles nur: unsere jetzigen Beobachtungen stimmen mit den früher erworbenen Erkenntnissen nicht überein, es muss also nach irgend einer Seite eine Correctur vorgenommen werden, ohne dass sich über das Wo? und Wie? derselben im Allgemeinen Etwas sagen liesse. Sie kann ebensogut die älteren Ansichten, als die wider diese streitenden neuen Thatsachen treffen, sie kann auf völlige Negation oder auf blosse Modification der vorhandenen Behauptungen hinauslaufen. Als Davy und Rumford mit ihren Versuchen über Erzeugung der Wärme durch Bewegung auftraten, hielten sie keinen Compromiss für möglich mit der hergebrachten Annahme eines besonderen Wärmestoffs, und ersetzten dieselbe durch die mechanische Theorie der Wärme. Dagegen nöthigten die Polarisationserscheinungen beim Lichte nicht, die Undulationstheorie aufzugeben, sondern nur dieselbe zu modificiren und an Stelle der longitudinalen transversale Schwingungen zu setzen. Die neuen Synthesen aber erfolgen hier — wie in allen Fällen — rein auf Grund der Erfahrungsthatsachen, denn auch die allgemeinen Theorien und Gesetze der Naturwissenschaft, wie wir solche eben anführten, sind nur abbreviirte und zusammenfassende Ausdrücke für die Thatsachen. Von einem „Apriori" ist bei all' diesen Synthesen nicht die Rede.

³⁹) Der Seinsbegriff Herbart's hat von jeher für die Gegner seiner Metaphysik ein Hauptobject des Angriffs gebildet; so namentlich in der eifrigen Polemik Trendelenburgs wider dieselbe (s. dessen Histor. Beiträge z. Philos. Bd. II, S. 313 ff.). Hier mag nur die treffende Bemerkung Zeller's (Gesch. d. deutschen Phil. 1. Aufl. S. 858) noch Platz finden: „Alle jene

Einwendungen gegen die gegebenen Begriffe, auf die Herbart seine eigene Metaphysik gründet, beruhen schliesslich doch nur auf seinen Bestimmungen über das Seiende; diese Bestimmungen hat er aber nicht auf Grund der Erfahrung, durch wissenschaftliche Analyse derselben gewonnen, sondern sie sind eine apriorische Voraussetzung, für die er keinen weiteren Beweis nöthig findet. So will er denn freilich das Gegebene erklären, aber die Richtung dieser Erklärung ist zum Voraus durch Principien vorgezeichnet, die weder aus der Erfahrung geschöpft, noch an ihr bewährt sind.

40) In sehr klarer und präciser Formulirung hat Drobisch (Logik § 149) sich über das Wesen der Analogie ausgesprochen. Nur hätte er sich der Einsicht nicht verschliessen sollen, dass, was er dort als „strenge Analogie" anführt, ein ganz regelrechter Syllogismus in der ersten Figur ist. Stricte beweisen lässt sich durch blosse Analogie Nichts.

41) Mit Recht findet F. A. Lange (Die Grundlegung der math. Psych. S. 32) in den oben erwähnten Ausführungen Drobisch's eine „zum Theil äusserst werthvolle Erörterung der Grundbegriffe, die vielleicht in einer zukünftigen exacten Logik besser an der Stelle wäre." Eine solche Stelle hat dieselbe seither auch wirklich gefunden in Lotze's feinsinnigen Ausführungen über die Anordnung der einfachen Qualitäten in continuirliche Reihen, das daraus resultirende „erste Allgemeine", und die Anwendung von Grössenbegriffen auf dieselben (Logik §§ 12—16), welche für eine „exacte Logik" wirklich von eminenter, geradezu grundlegender Bedeutung erscheinen. Jedenfalls kommt hiebei Herbart das Verdienst zu, die präcise Auffassung der qualitativen Mannigfaltigkeit eines Sinnesgebietes als Continuum begründet zu haben. Schon sein „erster Entwurf der Wissenslehre" von 1798 weist auf die „Continuität" der verschiedenen Empfindungsgebiete hin (s. oben S. 24), die dann in den späteren psychologischen Schriften vielfach erörtert wird (vgl. z. B. V. 57, 131, 349 f., 359 f.). Ihre weitreichende Bedeutung haben jene Betrachtungen für die Gegenwart vor allem in Helmholtz' bekannten Untersuchungen über die Natur des Raumes offenbart, welcher eben auf Grund einer verallgemeinerten und exact gestalteten Fassung des Begriffs „Continuum" zu einer strengen, logischen Charakterisirung unseres dreidimensionalen Raumcontinuums gelangt ist.

42) Vgl. Volkmann, Lehrb. d. Psychol. (1875 u. 1876) Bd. I, S. 355 und Bd. II, S. 327. Zimmermann, Sitz.-Ber. d. Wiener Ak. phil.-hist. Cl. 73, Bd. S. 46 ff. bes. S. 55 u. 61. Volkmann bemerkt an der erstcitirten Stelle auch, dass „der volle Gegensatz vielleicht mit Ausnahme der Gerüche nur in einem einzigen Falle innerhalb der Farbenqualitäten zur Anwendung" komme.

43) Lotze hat sich in seiner Kritik der zufälligen Ansichten auf eine nähere Erörterung der vom Gebiet der einfachen Empfindung hergeholten Analogie nicht eingelassen, sondern weist dieselbe nur durch die Bemerkung zurück, dass die, innere Zustände der Realen repräsentirenden Sinnesqualitäten zu sehr verschieden seien von den Qualitäten der Realen selbst, als dass hier ein Uebergang vermittelst der Analogie zulässig wäre (Fichte's Zeitschr. f. Phil. Bd. XI, S. 216).

44) Eine besonders feine und eindringende Kritik hat Lotze den psychologischen Vorstellungsweisen Herbart's zugewandt (Mikrokosmos, 2. Aufl., Buch II, Cap. 3 namentlich S. 227—237 von Bd. I). Es wird dort (S. 235) sehr schön ausgeführt, wie die Beobachtungsthatsachen eher gegen als für eine Hemmung entgegengesetzter Vorstellungen sprechen.

45) F. A. Lange, Die Grundlegung der mathematischen Phychologie. Ein Versuch zur Nachweisung des fundamentalen Fehlers bei Herbart und Drobisch. Duisburg 1865. Wundt, Physiol. Psychologie. S. 797, wo Herbart's ganze Theorie der Wechselwirkung unter den Vorstellungen der Kritik unterzogen wird.

⁴⁶) Innerhalb der pädagogischen Kreise ist gegenwärtig das Interesse an Herbarts Leistungen bereits lebhaft im Zunehmen begriffen. Dies beweist schon die Thatsache, dass jüngst von verschiedenen Seiten drei neue Ausgaben seiner pädagogischen Schriften veranstaltet worden sind, nachdem dieselben bereits in der Hartenstein'schen Gesammtausgabe einen wiederholten Abdruck erfahren hatten.

⁴⁷) Ich erinnere vor allen Dingen an die Arbeiten Ziller's, dessen neuestes Werk „Vorlesungen über allgemeine Pädagogik" (1876) das System der auf Herbartischen Fundamenten erbauten Pädagogik sowohl nach der Breite, als auch nach der Tiefe in vorzüglicher Weise zur Darstellung bringt.